김기택의 행복배움학교 생각

우리는 언제나 희망을 노래한다

김기택의 행복배움학교 생각

우리는 언제나 희망을 노래한다

초판 1쇄 인쇄일 2018년 6월 4일
초판 1쇄 발행일 2018년 6월 11일

지은이 김기택
펴낸이 양옥매
디자인 임홍순
교 정 임수연

펴낸곳 도서출판 책과나무
출판등록 제2012-000376
주소 서울특별시 마포구 방울내로 79 이노빌딩 302호
대표전화 02.372.1537 **팩스** 02.372.1538
이메일 booknamu2007@naver.com
홈페이지 www.booknamu.com
ISBN 979-11-5776-568-3(03370)

이 도서의 국립중앙도서관 출판시도서목록(CIP)은 서지정보유통지원 시스템
홈페이지(http://seoji.nl.go.kr)와 국가자료공동목록시스템
(http://www.nl.go.kr/kolisnet)에서 이용하실 수 있습니다.
(CIP제어번호 : CIP2018017102)

우리는
언제나

김기택 지음

HAPPY⁺ SCHOOL
김기택의 행복배움학교 생각

희망을
노래 한다

책과나무

고해성사하는 심정으로

2014년 9월 1일. 명현중학교 제7대 교장으로 업무를 시작했습니다. 선후배, 동료 선생님들과 여러 제자들에게서 축하와 격려의 문자와 서신을 받았습니다. 거기서 그치지 않고 일부러 귀한 시간을 내서 방문해 준 지인도 있었습니다.

세상에 직업의 귀천을 따지지 않는 것이 대의명분이요, 세상에 셀 수 없이 많은 직업이 있고, 또 만인에게 선망의 대상이 되는 직종도 여럿 있지만, 평생 교직 외길에 종사한 입장에서 교직의 꽃으로 불리는 학교장 직책을 맡았다는 소식에 많은 분들이 과분한 관심으로 축하해 주셔서 더할 수 없는 기쁨과 함께 막중한 책임감을 느꼈습니다.

부임 첫날, 벌써 나이 오십 줄에 들어선 초임교사 시절 제자가 축하 문자를 보내왔습니다.

"쌤~ 쌤을 무지 존경하는 ○○이에요. 교장쌤으로 승진하셨다는 소식 듣고 넘 기뻤어요. 추카추카~ 쌤 덕분에 과거 중학시절 때의 탄탄한 국어실력으로 이 나이에도 자신 있는 삶을 살게 된 것 같아요. 쌤은 저희한텐 교육자의 교과서 그 자체였어요. 그래서 교장쌤 승진은 당연한 거라 생각이 드네요. 다시 한 번 승진 축하드려요. 글구 항상 건강하세요."

교사의 길은 항상 조심스럽습니다. 공인 중에서도 가장 높은 도덕성을 요구받는 직업인입니다. 시정의 장삼이사(張三李四)가 길거리에서 주사라도 부릴라치면 그냥 '미친 개' 취급하고 피하는 것으로 끝나지만, 교사가 그랬다면 거의 실시간으로 온갖 미디어에 사건과 영상이 송두리째 공개되는 건 당연한 일이고, 비난하는 댓글이 인터넷에 넘치게 될 것입니다.

과거에는 교사가 거의 성직자 수준으로 대접을 받기도 했습니다. 40여 년 전 어느 봄날의 기억입니다. 동생의 중학교 담임선생님이 가정방문을 오셨습니다. 당시 경찰관으로 재직 중이던 선친께서는 파출소 근무지를 동료에게 맡기고 부리나케 집으로 오시더니 대뜸 집에서 키우던 닭 가운데 가장 실한 녀석의 모가지를 비틀었고, 지극정성으로 닭백숙을 푹 고아 내놓는 것을 지켜 본 기억이 있습니다. 그리고 십여 년 뒤 내가 교사가 되어 가정방문을 갔더니, 학부모님께서는 달걀꾸러미를 손에 들려주셨습니다. 그런데, 사실 그때만 해도 제도적 시스템이 아직 미비했었고, 곳곳에 권위주의가 시퍼렇게 남아있었을 뿐만 아니라 사회의 인식도 지금과는 많이 달랐기 때문에 그 시절 선생님들은, 지금 기준으로 따진다면 요즘 교사들보다 훨씬 권위적이었고, 학생에 대한 배려도 많이 부족하고 학생 인권에 대한 인식도 많이 부족했습니다. 교실에서도 지금보다 훨씬 일방적이었고, 체벌이 아주 많았고, 교육환경은 더 열악했으며, 교실은 콩나물시루 같았습니다.

열악한 환경 속에서 치열한 생존경쟁을 그 시절 학교에서 배웠습니다. 영화 '말죽거리잔혹사'는 내 학창시절과 시간적 배경이 동일합니다. 무대도 흡사하고 등장하는 캐릭터들도 거의 동일합니다. 몰개성에 전체주의적 독재시대였습니다. 하지만 추억은 아름다운 것이라고 하지요. 흑백화면 속에 퇴색한 채 정지되어 있는 옛 앨범 속의 기억은 그저 아련한 그리움과 미련으로만 사람들에게 기억되나 봅니다. 과거의 기억이라도 사실 아름답지만은 않습니다. 아쉽고 부족하고 후회되고 때로는 분노로 아로새겨진 트라우마이기도 합니다.

초보교사 시절도 지금의 기준으로 보면 유쾌하지 못하고 후회스럽고 기억하기 싫은 부끄러운 기억이 많습니다. 많이, 한 번 더 깊이 생각지 못하고 주변 동료들이 하는 대로 아무 생각 없이 행했던 교육이라는 이름의 폭력을 쓰기도 했습니다. 그때 학생 가슴에 못 박는 일을 또 몇 번이나 했을까? 문득문득 떠오르는 끝없는 회한의 기억들이 날이 갈수록 많아집니다. 그때 그렇게 관례라는 이름으로 당연하다고 생각하고 행한 교사의 언행 때문에 그 녀석은 마음에 얼마나 큰 상처를 받고 좌절했을까, 경우에 따라서는 마음으로 왕따하고 미워하면서 저지른 큰 잘못을 교육이라는 이름으로 합리화하지는 않았을까 생각하면 문득문득 부끄럽습니다.

회고해 보면, 삼십여 년 내 교직 경력이 쌓여서 오늘 이 자리에 서 있습니다. 부끄러운 추억도 있지만, 또, 나를 기억해 주는, 함께 늙어가는 제자들이 있어서 교직의 보람을 느낍니다. 세상에서 선망받는 어떤 직업인들이라도 절대 누릴 수 없는 여러 연령층 제자들의 축하 인사와 학교에서 "사랑합니다."밝게 인사하는, 그늘이라곤 찾을 수 없는 우리 학생들의 얼굴을 보면서 교사의 길을 걸어온 게 정말 다행이고 자랑스럽다고 하루에도 수십 번씩 위안해 봅니다. 교정에서 시시때때로 만나는 다양한 표정의 아이들을 보면 모두가 사랑스럽습니다. 얼굴 똑같은 사람 하나 없고, 가정

환경, 성장배경 다 다르고, 목소리, 덩치, 발걸음, 표정 하나 똑같은 사람이 없지만, 그래서 더욱 소중합니다, 우리 학생들이.

또, 소중한 자녀를 애지중지 고이 길러가는 과정 중에서도 이 중요한 사춘기 성장 시점에 3년간이나 우리에게 맡겨주신 학부모님들의 사랑과 기대를 시종일관 아주 경건한 자세로 받들고 싶었습니다. 그 마음으로 학교 홈페이지 게시판의 문을 두드리기 시작하여 오늘까지 학교장의 목소리로 학교 소식과 교육활동 소식, 그리고 저의 교육철학을 들려드리도록 노력했습니다. 그 사이 백여 편의 글이 쌓였습니다.

우리 학교 홈페이지에는 공지사항도 있고, 가정통신문도 있습니다. 학교 소개, 알림마당, 교수학습마당, 학생마당, 학부모마당, 진로진학상담, 학교폭력예방, 학교행정을 알리는 방도 잘 갖춰졌지만 그럼에도 불구하고 홈페이지를 방문하는 여러분과 더 가까이서 대화를 하고 싶었습니다. 신문에 사설이 있음에도 불구하고 글쓴이의 프로필 사진과 이름이 기록된 칼럼이 실려 있는 이유와 똑같습니다.

학교의 공식 기록들과는 다른 학교장의 색깔이 묻어 있는 학교 이야기를 게시판에 정기적으로 기록해 왔습니다. 학생과 교직원 자랑이나 미담, 대회 개최나 입상 소식, 학교시설을 개보수하거나 교육기자재 도입 소식, 학부모님의 민원을 접수하고 해결해 가는 과정도 포함됩니다.

이 글에는 삼십여 년 교직생활에서 얻은 경험이 지혜와 경륜으로 재생되어 우리 학교의 교육활동이 선순환되는 교육공동체를 만드는 데 이바지하고, 교육외길을 걸어오는 과정에서 은혜 입었던 학생과 학부모님, 그리고 선후배동료 선생님들께 받은 사랑과 빚을 돌려드려야 한다는 부채의식을 조금이나마 갖고 싶은 마음이 담겨 있습니다.

2015년에 인천형 혁신학교인 행복배움학교를 시작했습니다. 준비교 1년을 거쳐서 2016년부터 걷기 시작한 혁신학교의 길에서 민주적 운영체제를 구축하고, 윤리적 생활공동체와 전문적 학습공동체를 형성하고 창의적 교육과정을 함께 만들어가는 노력을 3년 넘기며 계속하고 있습니다.

거역할 수 없는 시대 변화의 흐름에 속절없이 떠밀리지 않고 혁신 요구를 능동적으로 수용하는 학교를 만들기 위해 구성원들과 함께 고민했고, 덕택에 적잖은 성과도 거두면서 인천형 혁신학교의 선두주자로 자리매김하고 있음을 자랑으로 생각합니다.

모쪼록 고해성사하는 심정으로 쓴 이 글들이 부끄러움을 덜어주기만 바랄 뿐입니다.

2018년 6월

김기택

목차 _____

2부

○

삶과 미래,
혁신교육

1부

교육과 나눔,
상상력과 독서

3월이
건강한 이유

공감과 배려

　　　　　　　월요일 아침부터 운동장을 활기차게 뛰는 학생들 모습이 한 주간의 시작을 기분 좋게 합니다. 바람직한 학교의 얼굴은 아침 등교할 때 학생들의 밝은 표정과 쉬는 시간, 체육시간에 공을 쫓아다니는 학생들로 운동장이 넘치는 역동적 모습이 아닐까요?

학생들의 자존감이 높을 때 성취의욕이 높아지고, 더 활동적이라서 성적도 자연히 올라간다는 통설이 틀림없는 진리가 아닐까 생각해 봅니다. 3월이 깊어가는 오늘도 새봄의 넘치는 활기와 긍정의 기운을 담아서 학생들에게 역동성을 더 키워 주기를 기대합니다. 교내외에서 마주치는 여러 모습의 학생들, 수업시간에 만나는 녀석들의 장점을 적극 찾아보시고, 틈나는 대로 칭찬과 사랑의 말씀을 건네주기를 기대합니다. 성장기 어릴 때 경험은 일생으로 이어집니다. 칭찬도 들어보고 적절한 기대를 받아본 아이들은 성인이 되어서도 자아존중감이 높고 자신이 주변으로부터 인정받고 있음을 확신하기 때문에 적극적인 삶을 삽니다.

교정에 학생들의 왁자지껄 시끄럽게 떠드는 소리가 가득해야 사람 사는 데 같습니다. 그래서 학생이 가득한 교정에는 시장바닥 같은 소음과 혼돈 속에서 시시때때로 볼멘 표정의 학생들이 숨 씩씩 몰아쉬면서 교무실이나 교장실에 찾아와서 '그건 왜 그래요? 이것도 해 주세요, 저것도 고쳐주세요.' 자연스럽게 말할 수 있어야 역동적인 학교의 모습일 거라고 믿습니다. 오늘도 점심시간에 여러 남녀 학생들이 찾아왔고, 이런저런 소리들을 하고 갔습니다만 경우에 따라서는 듣기 거북하거나 황당한 이야기, 당돌한 말도 합니다. 그래도 어쨌건 작심하고 교장실에 찾아온 학생들에게는 나름대로 이유가 있고, 말을 꺼내는 데 용기가 필요했을 것이기 때문에 배려와 인내심으로 이야기를 찬찬히 듣습니다. 당연히 경청해 주고, 그들의 이야기에 공감도 해 줍니다. 이들이 큰 결심을 하고 교장실 문을 들어서는 데는 학교장이 자신들의 이야기를 잘 들어줄 거라는 믿음이 있기 때문일 것입니다.

때로는 무례한 태도로, 때로는 수줍은 표정으로 자신들의 이야기를 내뱉습니다. 그들의 무례한 언동은 예를 배우지 못했기 때문이므로 행여 내 응답이 무안하지 않고 마음의 상처가 되지 않도록 고려하여 대인관계에서 가져야 할 예법과 남들과 잘 말하거나 잘 듣는 방법을 찬찬이 일러주면서 응대해 주면 됩니다. 일단 내용의 중요성이나 진실 여부를 떠나서 그들의 이야기를 끝까지 경청해 줍니다. 당연히 공감도 해 주어야지요. 공감해 줄 때, 조금 과장된 제스처와 추임새를 덧붙여주면 더욱 효과적입니다.

2016년 초 영국에 연수 갔을 때, 아침밥 먹으러 호텔식당에 가면 제일 먼저 집게 되는 접시가 두 종류 준비되어 있었습니다. 뷔페식당에서 늘 보게 되는 포개진 접시들, 그리고 뚜껑으로 덮여 있는 접시들이 그것입니다. 덮여 있는 접시 용도가 뭔지 몰라 늘상 본 그냥 포개진 접시를 집어 들고 온갖 음식 담아 먹었는데, 나중에 알고 보니 핫플레이트와 콜드플레이트라고 구별하더군요. 덮어 놓은 핫플레이트는 따뜻한 음식을 담는 데 쓰라고 미리 데워둔 것이고 노출된 접시는 과일 같은 찬 음식을 담는 데 쓴다고 합니다. 하지만 동행한 가이드가 일러준 뒤에야 비로소 용도를 알고 치부를 들킨 듯 아차 싶었습니다. 언제 누구에게도 그런 식기 사용법을 들은 적이 없었고 배우지 않았고 가르치지 않았기 때문에 무례한 것이었습니다.

우리 조상님들은 남의 이야기에 공감하고, 함께하고, 배려할 줄 아는 프로선수들이었습니다. 국악 공연을 참관해 본 경험이 있다면 알겠지만 관중과 함께하는 추임새를 통해서 공감과 배려를 확인할 수 있습니다. 판소리뿐만 아니라 민요, 잡가, 무가 등 다른 분야의 소리판에서도 흔히 볼 수 있는 이 추임새는 공연에 흥을 돋우고 참여한 모든 이들의 공감 도구입니다. '으이, 얼씨구, 좋지, 좋다, 허이, 그렇지, 아먼, 얼쑤, 어디, 잘한다, 명창이다' 같은 추임새로 북치는 고수나 관중들이 공연에 함께 참여합니다. 추임새를 넣는 사람은 단순한 구경꾼이 아니라 자연스럽게 공연의 참여자가 되면서 공감하게 됩니다.

오늘 모처럼 화창한 봄날 덕택인지 마지막 수업시간에 운동장을 종횡으로 뛰면서 공을 쫓는 학생들의 활기찬 모습과 응원하는 구경꾼들에게서 역동적인 우리 학교 모습을 확인했습니다. 역시나 학교는 땀내 나는 학생들이 바글거리는 곳이라야 살아있는 삶의 현장이라는 생각을 하면서 말이죠. 그들의 젊은 피가 부럽고, 그래서 대한민국의 미래가 밝은 거겠지요?

삼 단계 교육 사다리

우리 학교 교육이 지향하는 방향은 다음 삼 단계 사다리를 학생들이 잘 올라가도록 돕는 것입니다.

제일 먼저 학생들이 등교하여 열심히 공부한 다음, 점심 때 좋은 재료로 정성껏 만든 밥(급식)을 잘 먹도록 최선을 다하여 돕고, 그 에너지를 가지고 각종 체육활동(운동)을 신나게 잘 하도록 적극 지원하는 것입니다. 건강한 급식과 튼튼한 체력을 바탕으로 학교생활에 만족하기를 기대하기 때문입니다.

다음 단계는 독서교육과 진로교육 활동의 진흥입니다. 학생 모두가 건강한 체력을 바탕으로 책을 가까이 할 수 있도록 독서교육을 지원하고, 그렇게 해서 쌓인 기초학력을 바탕으로 자신의 미래와 삶의 목표를 스스로 찾을 수 있도록 진로교육을 적극 지원합니다.

마지막 단계로 교과학습에 저절로 몰두하도록 도와 미래형 학력이 튼튼한 학생을 기르는 것입니다. 미래형 인재란 세상의 변화를 스스로 대비하는 자기주도적 탐구학습, 남과 함께하고 배려하는 프로젝트 학습 등 스스로 찾아서 하는 공부를 통해서 장차 세상이 필요로 하는 지식과 지혜를 갖춘 사람을 말합니다.

이렇게 교육의 사다리를 잘 만들면 우리 학생들이 미래형 학력을 갖춘 인재로 성장할 것입니다.

지난 11일 오전 10시에 수영부 학부모와 지도자 간담회를 가졌습니다. 올해 우리 학교 수영부 선수는 모두 8명이고 당연히 학부모는 16명입니다. 우리 학부모님들 표정이 밝습니다. 지도자와 학교에 대한 신뢰 때문입니다. 이번 모임에는 새로 부임한 감독선생님 상견례, 코치선생님의 겨울방학 특별훈련 성과 보고, 다가오는 소년체전 전망, 그리고 향후 선수육성에 대한 견해를 들었습니다.

아직도 일천한 우리 수영부의 역사와 빈약한 선수층이라는 현실 때문에 금년에도 선수들 하나하나가 기본을 더 다지는 해로 삼아서 소년체전 본선 진출 선수를 배출하겠다는 코치의 다짐을 듣고 마지막으로 학부모님들의 건의사항을 함께 의논하였습니다.

공부와 운동을 병행해야 하는 학교 운동선수들에게는 특수성을 감안한 여러 배려를 해야겠다는 생각을 평소에 자주 합니다. 반면에 일반학생들과 위화감이나 마찰이 생기지 않도록 더 많은 노력도 필요합니다. 실제로 코치선생님은 이들 선수학생들이 자칫 삭막한 훈련 세계에만 머물거나 갇히지 않도록 난타체험 같은 인성교육 프로그램 운영을 희망했습니다. 주말에 수영부 운동선수들을 위한 인성 계발 프로그램 운영 방안 도입을 검토해 보겠습니다.

오후에는 특수학급 개별화교육팀 간담회를 가졌습니다. 법에 근거하여 학년도 개시와 함께 반드시 학교장과 특수교사, 통합학급 담임교사와 학부모들이 특수교육에 이해를 높이는 모임을 가져야 합니다. 이 자리에서는 특수교육 학생들의 장애 정도와 특기사항, 그리고 참고해야 할 것들을 함께 살펴보고 서로 이해의 폭을 넓히는 노력을 하였습니다.

동참한 일반교사들은 특수학생들의 학업성취 능력과 정도, 지도 방법에 대한 관심이 많았고, 학부모는 학생이 일반학생들과 함께 어울려 살아가는 능력을 익히도록 교사들이 관심 가져줄 것을 기대했습니다. 가르치는 교사와 자녀를 기르는 학부모의 입장에는 미묘한 차이가 있다는 것을 확인하는 자리이기도 했습니다.

작년 스승의 날을 잊지 못합니다. 우리는 언제나 청렴해야 하고, 스승의 날을 비롯한 어떤 경우에도 금품과 선물을 받지 않습니다만, 특수학급 학부모님들이 모든 교직원들에게 나눠주신 선물은 고맙게도 기꺼이 받았습니다. 선물은 바로 어머니들이 정성껏 손수 만든 샌드위치 한 점에다 미니컵에 담긴 과일 한 줌씩이었습니다.

그날 들은 어머니들의 당부가 아직도 귀에 생생합니다.

'더도 말고 덜도 말고 지금처럼만 우리 아이들 사랑해 주세요.'

그래서 다시 한 번 약속합니다. '어떤 경우에도 특수학급 어머니들의 눈에서 눈물 나게 하는 일은 절대 하지 않겠다고…'

3월이 건강한 이유는 새롭게 짜인 학교의 여러 구성원들이 교육활동을 동료들과 함께 신나게 하고, 추위 때문에 겨우내 움츠렸던 학생들이 마침내 운동장을 종횡으로 뛰면서 내지르는 함성이 지극히 아름답기 때문입니다.

—

교육의
본질을 셈하다

—

밥 한 그릇의 가치

　　　　　　　　　계절의 여왕 찬란한 5월이 왔습니다. 매일 먹는 학교급식이지만 5월의 첫날 점심식사는 특별했습니다.

밥 한 그릇이 사람의 입에 들어올 때까지 봄부터 농부의 피땀으로 대표되는 그 많았던 수고로움과 더불어 여름철 무더위와 여러 어려움을 이기고 가을 결실로 거둬들인 농부의 지극한 공이 있었기 때문입니다. 벼는, 아니 모든 농작물은 농부의 발자국 소리를 듣고 자란다고 합니다. 그래서 농부는 절대로 밥을 남겨서 버리는 법이 없습니다. 벼를 키워 쌀을 만들어내느라 수 백 번 손길이 갔기 때문입니다. 쌀이 아까워 못 버리는 게 아니라 그동안 수고와 정성이 지극한 애정이 되어버렸기 때문에 버릴 수 없는 것입니다.

한 톨의 밥알도 안 버리는 것으로는 절의 풍습을 따라갈 수가 없습니다. 수필 '무소유'로 유명한 법정 스님이 젊었던 수련승 시절의 이야기입니다.

어느 날 설거지를 하던 스님은 밥알 몇 알과 시래기 몇 가닥을 무심코 수채에 흘렸습니다. 그것을 지켜본 스승이 수채로 흘러가는 밥알과 시래기를 일일이 줍더니 보는 앞에서 전부 삼켜버립니다. 실제로 스님들은 자신이 먹을 만큼만 덜어서 먹고 잔반을 하나도 남기지 않을 뿐만 아니라 자신의 밥그릇을 설거지한 다음, 그 물까지 남기지 않고 다 마셔버립니다. 자연히 별도의 설거지가 없습니다.

오월 첫날 우리가 점심 밥상을 받을 수 있었던 것은 학교급식실 주인인 영양사와 조리종사원들이 자신들의 쉬는 날인 근로자의 날임에도 불구하고 아침 일찍 출근하여 오전 내내 땀 흘려 노동한 덕택입니다. 그래서 급식실 식구들이 마련해 준 점심밥에서 더 특별히 고귀한 가치를 느끼고, 또, 고마워하는 마음이 물밀 듯 몰려옵니다. 그분들이 자신의 권리를 지키기 위해 오월 첫날을 쉬었다면 우리는 어쩔 수 없이 오전수업만 했거나, 아니면 빵과 우유로 교직원과 학생들 모두가 점심을 그야말로 한 끼 때우고 말았을 것이기 때문입니다.

'일일부작 일일불식(一日不作 一日不食)'이란 말이 있습니다. 흔히 불가(佛家)에서 즐겨 쓰는 한자성어로서 '일하지 않으면 먹지 않는다'는 뜻으로 노동의 신성함과 수고로움을 밝힌 가르침입니다. 오늘 급식실 식구들이 마련해 준 이 수고로운 밥상을 받고 보니 감사하는 마음이 저절로 일고, 우리는 오늘 과연 최선을 다했는지 삼가게 됩니다.

진로교육의 중요성

　　　　　　　　　어느새 금년도 3분의 1이 지나갔습니다. 3월 2일 개학한 이래, 금학년도에 한층 더 좋은 학교 분위기가 형성되었고 구성원들의 좋은 관계가 숙성되어간다는 평가를 대내외적으로 많이 듣고 있습니다. 무엇보다 매일 아침 등교시각을 못 지켜서 지각하거나 허둥대는 학생 숫자가 현저히 줄었다는 지킴이선생님의 칭찬 말씀을 들어서 기분 좋습니다. 매일 교문에서 누구보다 먼저 학생들을 맞이하며 학교에서 일어나는 긍정적 변화를 제일 먼저 체감하기 때문에 지킴이선생님의 평가는 믿을 수 있습니다. 또, 선생님과 학생 사이에서 흔하게 일어나는 갈등이나 '밀당'사례를 거의 볼 수 없습니다. 사람들이 모인 집단 안에서 갈등이 전혀 없을 수는 없겠지만 구성원 사이의 과도한 갈등은 서로의 긴장을 유발하게 되고, 교사의 학습 지도 여력을 빼앗아가기 때문에 교육과정의 정상 운영이나 학력을 높이는 데 방해요소가 됩니다. 그런데 다행히 우리 선생님들에게 학습지도에 더 많이 몰두할 수 있는 조건이 갖추어졌다는 점에서 매우 긍정적입니다.

잔에 절반 남은 물은 반이나 남았지만, 또 반밖에 안 남기도 하듯, 세상 모든 일을 긍정적으로 바라보면 결과도 좋게 마련입니다. 5월 계절의 여왕을 맞아서 우리 학생들이 행복배움의 교정에서 더욱 행복하기를 기원해 봅니다.

그래서일까요? 요 근래 교정 여기저기서 아름다운 장면을 자주 목격합니다. 지도교사와 학생들에게 감사하는 마음이 나날이 커 갑니다. 도서관에 가면 세상에서 가장 편안한 자세로 독서에 몰두하는 학생들을 봅니다. 세상의 모든 지식은 도서관에 있다지요? 그래서 선생님들은 틈나는 대로 학생들에게 도서관 이용 방법을 가르칩니다. 바로 도서관 활용 수업시간입니다. 매일 점심식사를 후딱 해 치운 학생들이 삼삼오오 과학실에 모여듭니다. 과학 동아리는 점심시간의 자투리 시간을 활용하여 매일 짧은 협의와 토론 시간을 운영하고 있습니다. 어느 수업시간에는 시 쓰는 학생들이 대여섯 명씩 짝지어 교정 여기저기를 돌아다닙니다. 시 쓰기 국어수업 시간이겠지요. 언제 완성될지는 모르지만 봄꽃 가득한 교정에서 수다를 떠는 여학생들의 하이톤 재잘거림에서 세상에서 가장 아름다운 소녀들의 마음을 읽습니다. 인생에서 가장 아름다운 시절을 건너고 있는 이 소년 소녀들이 생각을 펼치는 모습은 세상에서 가장 아름다운 풍경입니다. 야외수업도, 도서관 활용수업도, 시 쓰고 친구와 생각을 나누는 모습도 지켜볼 수 있어서 아름다운 계절입니다.

교실에서 합창 소리가 들려오는 것으로 보아 음악수업 시간인가 봅니다. 여학생 학급에서 들려오는 합창 소리보다 아름다운 것은 없죠? 여학생이 있는 학교만의 특권입니다.

진로부 동아리에서는 지난주 금요일에 대학 투어를 다녀왔습니다. 마침 지자체에서 버스를 대절해 주는 덕택에 학생들이 편하게 다녀올 수 있어서 참 다행이었습니다. 이번 지자체의 협력과 교육투자를 이끌어내는 데도 지도교사의 열정과 능력이 작용하였습니다.

신록이 푸르른 대학 캠퍼스 투어는 진로를 고민하는 학생들에게 힘과 꿈을 주는 진로 개척 프로그램입니다. 진로교육의 중요성이 대두된 것은 5~6년 전부터입니다만, 자동화와 인공지능으로 인한 산업구조의 급격한 재편과 변화에 대한 대응이 발등에 떨어진 불이 되면서 이제는 학교에서 진로동아리가 가장 인기 있습니다. '드림나비'가 그 주인공인데, 이 동아리 학생 모집 때면 지망자들이 구름처럼 모여들고, 지도교사는 동아리 학생 선발 때문에 즐거운 고민에 빠지곤 합니다.

진로교육이 잘 되면 학생들의 학업 흥미도와 성적도 저절로 올라간다고 생각합니다. 삶의 목표를 일찍 정한 학생이라면 수업시간에 결코 졸지 않습니다. 미래에 대한 목표가 있기 때문입니다. 십여 년 전 한때, 교실붕괴, 학교붕괴라는 한탄 섞인 진단과 용어가 유행했습니다. 학교에 등교하지 않는 학생의 빈자리, 등교했지만 종일 자다가 돌아가는 학생들, 어떤 돌발 상황이 발생할지 두려워 생활지도를 잘 할 수 없는 교사들의 실태가 알려지기도 했지만, 진로교육이 본궤도에 올라 탄력을 받기 시작한 몇 년 사이, 학교와 교실의 분위기는 반전되었고 우리 학교에서만큼은 확 달라졌습니다.

이렇게 긍정적으로 달라진 학교 분위기 한가운데 진로교육의 안착이 있습니다. 우리는 직업과 노동의 숭고한 가치를 진로교육을 통해서 학생들에게 잘 가르치고 있습니다. 이제는 학교장이 성적만 강요하지 않습니다. 학생들이 머잖아 닥치게 될 멀지 않은 미래 세상이 단순한 교과 성적만을 요구하지 않으리라는 것을 잘 알고 있기 때문입니다. 게다가 강요하는 교과 성적이 학생을 불행하게 한다는 인식을 모든 교사들이 공유하고 있습니다. 교사는 학생이 재미있게 공부할 수 있는 환경을 만들어주어야 하는 시대입니다. 강의식 수업만 해서는 안 되는 이유이기도 합니다.

교육의 본질

교육의 본질에 대해 생각해 봅니다.

교육(敎育,education)이란 사람이 살아가는 데 필요한 지식이나 기술 등을 가르치고 배우는 활동입니다. 교육은 인간답게 살기 위한 권리이자 국민의 3대 의무 가운데 하나입니다.

'교육'이란 맹자의 '得天下英才而敎育之(천하의 영재를 모아 교육한다)'에서 유래했습니다. 또, 영어의 'education', 독일어의 'Erziehung', 프랑스어의 'éducation'은 모두 라틴어 'educare' 또는 'educatio'에서 유래했는데 'educare'는 '양육한다'라는 의미로, 능력을 끌어낸다는 뜻의 'educere', 지도한다는 'ducere'와 관련이 있다고 합니다.

교육은 개인이나 집단이 가진 지식, 기술과 기능, 가치관 등을 대상자에게 바람직한 방향으로 가르치고 배우는 활동입니다. 인간은 교육을 통해 다음세대에게 지식과 문화를 전해주고 발전시켜 왔습니다. 교육활동이 이루어지기 위해서는 가르치는 교사, 배우는 학생, 그리고 가르칠 내용(교과서)이 있어야 합니다. 그러나 최근 4차 산업혁명의 도래와 세계화, 정보화도 인해 이런 전통적 개념이 흔들리고 있습니다. '새로운 지식이나 기능을 습득하게 하는 활동'이 교육자 없이도 폭발적으로 일어나고 있는 시대를 우리는 살고 있습니다. 우리가 변화 노력을 더 많이 해야 할 이유입니다.

우리 학교는 모든 학생이 학창시절에 최대한 행복할 수 있도록 시스템과 마인드를 만들어갑니다. 행복하게 자란 사람이 성인이 되어도 자존감 높고 행복하고 성공적인 삶을 살 수 있습니다. 그래서 학생의 긍정적인 면모와 발전가능성을 끊임없이 찾아주려고 노력합니다. 그 노력 가운데서 경청과 공감, 그리고 칭찬이 핵심입니다. 오늘도 만나는 학생들에게 칭찬을 아끼지 마십시오. 교육의 본질은 사랑으로 학생의 가능성을 최대한 키워주는 것입니다, 누구나 예외 없이.

오늘 어버이날입니다. 우리 모두는 누구의 자식이자 부모이지요. 어제 이 계절에 딱 어울리는 오래된 영화 한 편을 보면서 그 의미를 되새겨보았습니다.

영화 '포레스트 검프'에서 작고 볼품없는 조연인 어머니(샐리 필드, 159센티미터의 단신)가 던지는 말씀 한마디 한마디가 감동이었습니다.

"인생은 초콜릿 상자와 같은 거야. 네가 무엇을 고를지 아무도 모르지."

"제 인생은 어떻게 되는 거예요?"라는 아들의 물음에 "그건 너 스스로 찾아야만 해."

"죽음도 삶의 한 부분이다."

세상의 모든 어머니들이 바로 교육의 본질 자체구나. 단지 생물학적인 존재만이 아닌 어머니들이 존재하기 때문에 인류가 있고, 문명이 있구나 생각했습니다.

이때쯤이면 노란 꽃잎을 거쳐서 원형으로 결실 맺은 민들레 씨앗들이 세상을 향하여 달려갈 준비를 하고 바람이 불기만 기다리는 모습을 곳곳에서 만납니다. 오늘도 민들레 씨앗 한 덩이를 힘차게 불어서 날려주었습니다. 때로는 밉고 야속하지만 그런 녀석들일수록 나중에 선생님을 기억해 주고, 찾아옵니다. 본질에 충실한 교육으로 잘 키워 민들레 씨앗처럼 멀리 날려 보냈던 녀석들이 더 찬란한 꽃을 피울 것이라는 사실을 우리는 잘 압니다. 둥근 민들레 씨앗 속에서 나는 우주를 봅니다. 147억 년 전 일어났던 빅뱅과 함께 탄생한 우주의 시작 모습과 너무도 닮았기에 위대한.

—

교장 쌤,
이래도 되는 거예요?

—

아이들과 나누는 이야기

　　　　　　　　　　일과 후 퇴근 시간 즈음에 2학년 여학생 두 명이 찾아왔습니다. 입이 잔뜩 부어 있는 걸 보니 뭔가 단단히 할 말 있는 모양이었습니다.

"교장 쌤, 이래도 되는 거예요?"

말투로 보아 좋은 일이 아닌 것은 분명했습니다.

흥분한 사람에게는 다이건 어른이건 대할 때 함께 흥분하는 것은 금물입니다.

전날 퇴근시간 즈음에 학부모 내외분이 교장실을 방문하였습니다.

그날 학생식당에서 점심밥을 먹고 교실로 올라가던 한 학생이 계단에서 넘어지면서 안경이 깨졌는데 불행히 깨진 파편이 안구 쪽에 접촉하면서 충격이 발생한 사고가 있었다는 보고를 받았습니다. 곁에서 함께 올라가던 학생들도 주변에 여럿 있었다고는 하는데, 넘어진 연유가 불명확하다고 했습니다. 좀 더 정확한 조사를 부탁하였고, 학생이 보건실에 있다 하여 부랴부랴 가보니, 이미 보건교사가 해당 학생의 상처부위를 소독하고 안정시키는 등 보호조치를 잘 마친 상태였고, 119에도 신고하여 응급차 도착을 기다리고 있는 중이었으며, 담임교사는 사고 발생 사실을 학부모에게 전화로 연락하고 있었습니다.

학부모와 통화하던 담임교사의 표정이 밝지 못했습니다. 사고 발생 인지 즉시 담임교사가 사고현장을 살펴보았고, 이 사안이 폭력사건이었는지, 가해자가 있었는지, 목격자는 있었는지를 조사한 결과, 학생 당사자의 단독 안전사고인 것으로 보인다는 판단을 내리고 그 소식을 곁들여 보호자에게 알려드렸는데, 놀란 학부모가 "가해자 또는 주변의 학생들 말만 듣고 단정을 하느냐." '폭력사고로 보이는데, 그렇다면 가만있지 않겠다.'는 등 약간 거친 반응을 보여 난감해 하였습니다.

담임교사 혼자서만 판단하고 대응하기에 어려움이 있을 것으로 생각되어 학생부장께 연락하여 이 사건의 상세한 추가조사를 부탁드렸고, 그 사이에 구급차가 도착하여 환자 학생을 교감선생님이 인솔하여 안과전문병원으로 후송 조치하였습니다.

다행히 병원에 간 학생은 부상이 없는 것으로 진단되었고, 간단한 처치와 함께 이 사건은 끝났습니다. 학생은 교실에 안전하게 복귀하였고 병원에 함께 다녀온 교감선생님과 학부모가 교장실에 왔습니다. 어머니는 여전히 심리적 불안정이 남아있는 상태여서 위로하는 대화를 나누었습니다.

세상 모든 부모들이 결코 듣고 싶어 하지 않는 것이 예정에 없는 학교의 호출전화라고 합니다. 좋은 일보다는 갑작스런 사고 소식일 가능성이 매우 높기 때문이죠. 이럴 때 교사와 학교가 할 수 있는 일은 무조건적인 위로와 공감뿐입니다. 사고 소식에 가슴을 쓸어내렸을 부모님의 심정과 똑같은 마음을 가져야 합니다. 한편으로 손님이 다녀간 뒤 학부모의 거친 응답에 마음 상했을 담임교사에게 찾아가 위로했습니다.

"선생님, 오늘 수고하셨어요. 오늘 같은 상황에 처한 학부모에게는 내 자식밖에 다른 것은 보이지 않는 법입니다."

교장실에 찾아온 두 명의 여학생들이 속사포처럼 늘어놓는 토막말들이 전후 문맥에도 논리가 없어서 몇 차례 되물은 다음에야 찾아온 용건을 이해할 수 있었습니다.

"쌤, 어떤 아이는 아침 등교시각보다 5분이나 늦게 왔는데도 지각처리 안 하는데, 우리 둘은 오늘 아침에 1분 늦게 오긴 했지만 선생님과 함께 교실에 들어섰는데 지각처리 하겠다는 건 불공평한 것 아니에요?"

이럴 때도 역시 흥분하지 않고 침착한 태도로 위로와 공감하는 태도가 필요합니다. 자리에 앉을 것을 권유하고, 상황을 차근차근 되짚어가면서 사실을 확인하였습니다. 그리고 공감해 주었습니다.

"그렇구나, 충분히 이해가 되는 내용이네. 얼마나 속상했어?"

흥분을 가라앉히기 위해서 사탕을 권했습니다.

경청하고 공감하기

안전사고나 학교폭력 같은 응급상황이 벌어졌을 때는 신속하고 안전한 보호조치가 최우선입니다. 예전에 다른 학교에 근무할 때 진짜 응급상황이 벌어진 적 있습니다. 쉬는 시간에 교실에서 남학생 두 명이 서로 쫓고 쫓기는 장난을 하고 있었는데, 교실출입문을 거칠게 여닫고 도망가는 학생을 쫓아가다 아차 하는 순간, 쫓던 학생의 손가락이 문틈에 끼어 절단되는 사고가 발생한 것입니다. 불행 중 다행으로 학생들에게 응급상황 시 훈련이 잘 되어 있어서 학급 친구들이 환자를 지체하지 않고 보건실로 데려갔고, 보건교사의 신속한 판단으로 응급조치를 하고 절단부위도 잘 수습하였고, 119에 신속하게 구급차를 요청하였습니다. 사안의 중대성을 감안하여 보건교사와 담임교사가 구급차에 동행하도록 조치하였고, 수지접합 전문병원으로 후송하도록 병원 결정을 신속하게 한 결과, 사건 발생 30분 안에 전문병원에 도착하였고, 곧바로 수술실에 입실하여 접합수술에 성공하였습니다.

일련의 관련조치로 후송교사의 출장 처리와 수업시간 변경 등의 조치가 빨리 진행되도록 지원하였고, 중요한 학교 업무가 끝나자마자 교감, 학년부장, 사고 원인 제공 학생과 학부모가 함께 병원을 찾았습니다. 수술이 성공하고 환자가 병실로 옮겨서 안정을 되찾을 때까지 관련자들이 모두 병원에 머물면서 학생의 보호자에게 정중하게 문병과 함께 사과하였고 입원 기간 내내 담임교사와 학년부장, 관련 학생과 보호자가 지속적으로 병문안 하는 등 후속조치가 적절하게 진행되었습니다.

이 사건은 학교폭력이 아닌 안전사고로 판단하고 학교안전공제회에 신고하여 치료비를 전액 보상받게 하였고, 원인 제공 학생의 보호자가 도의적 책임을 지는 차원에서 상당 액수의 위로금을 드리는 등 정성을 다하여 피해학생 측에서 일체의 경제적 부담을 지지 않도록 배려하였을 뿐만 아니라 관련 당사자들 모두가 정중한 태도로 최선을 다하여 마음을 얻은 결과, 피해 학생과 학부모가 학교의 관련 조치와 노력이 적절했다고 만족해한 덕택에 민원 발생을 예방하였고, 사후 치유도 잘 되어 이 사건을 해피엔딩으로 마감할 수 있었습니다.

하지만 이 사건으로 사건 당사자만 고통과 피해를 받은 것이 아니었습니다. 사건을 직접 목격한 학생들뿐만 아니라 소문을 통해 사실을 알게 된 재학생 전체가 '외상후스트레스장애'를 받게 될 것임이 분명했습니다. '외상후스트레스장애'란 심각한 외상을 보거나 직접 겪은 후에 사람들에게서 나타나는 불안장애를 말합니다. 전쟁, 사고, 자연 재앙, 폭력 등으로 인한 심각한 신체 손상이나 생명을 위협하는 경험을 직간접적으로 겪은 사람들이 당시에 피해자를 도와 줄 수 없었고 막을 수 없었다는 공포심에서 비롯된다고 합니다. 그래서 원고를 준비하여 다음날 아침 1교시 시작 전에 긴급하게 전교생을 대상으로 방송연설을 했습니다.

"어제 우리 모두는 몸과 마음에 큰 상처를 받았습니다. 발생한 사고로 큰 피해 입은 학생에게 심심한 위로 말씀 드리고, 조속히 학교에 복귀할 수 있도록 온갖 노력을 다하겠으니 재학생 여러분도 쾌유를 빌어주기 바랍니다. 불행 중 다행으로 수습조치와 수술이 아주 잘 되어 결과도 아주 좋을 것으로 전망합니다. 어제 사고는 조사 결과, 폭력사고가 아닌 안전사고였습니다. 따라서 가해자는 없습니다. 행여라도 관련 학생을 학교폭력 가해자로 여기거나 언급한다면 해당 학생이 큰 상처를 받을 수 있으므로 향후 이 사건에 대해서는 조금이라도 근거 없는 말을 하지 말고, 잘못된 말이 들릴 경우, 적극 해명해 줄 것을 여러분에게 부탁합니다. 동일한 안전사고가 발생하지 않도록 학생 여러분의 각별한 주의와 노력을 당부합니다."

얼마간 시간이 걸렸지만, 다친 학생은 치료 끝나고 무사히 학교에 복귀하였고, 원인 제공을 했던 관련 학생도 마음의 상처를 받지 않고 학교생활을 잘 하였습니다. 관련학생의 부모님이 전해온 말에 의하면, 사고 다음 날 교감선생님의 방송연설에서 '가해자가 없다'는 말에 아들이 크게 안도해서 정상적인 학교생활을 하게 됐으며, 두 학생은 전보다 더 친하게 되었다 합니다. 무엇보다도 관련학생의 부모가 연설 내용을 듣고 크게 안심하였습니다. 아들이 가해자로 낙인찍힐 것을 가장 걱정했던 것입니다. 만약 수습조치를 잘못 했거나 방송연설을 하지 않았더라면 두 학생 모두 더 큰 상처를 입고, 외상후스트레스장애로 어려움을 겪을 수 있었던 큰 사건이었습니다.

이 여학생들의 사연은 응급상황이 아닙니다. 이럴 때는 주인공들의 흥분을 가라앉히도록 노력해야 하고, 그들의 이야기를 충분히 경청한 다음, 공감해 주는 절차를 거쳐야 합니다.

나름대로는 억울한 사연을 하소연 하거나 사건을 해결해 주기 바라는 심정으로 찾아온 학생들이지만, 물론 자신들의 요구사항을 교장이라고 다 들어주거나 해결해 줄 수는 없다는 것 정도는 그들도 다 잘 알고 있습니다. 어쩌면 그들에게는 자신들의 이야기를 들어줄 만한 어른이 필요했을 뿐일지도 모릅니다.

"혹시, 너희들이 반복적으로 비슷한 일을 해 온 것은 아니니? 말하자면 습관적으로 지각을 해 왔고, 선생님이 너희들 버릇을 고쳐야겠구나 생각하고 이참에 규칙을 엄격하게 적용한 것은 아닐까?"

학생들이 잠시 머뭇거렸지만, 부정했습니다.

"선생님들에게는 재량권이 있어서 너희보다 한참 늦게 온 학생일지라도 출석 인정할 수도 있단다. 가령 아침 등굣길에 넘어져서 옷을 망쳤다든가 목발을 짚고 오느라 시간이 많이 걸렸다면 사정을 고려하여 출석을 인정할 수 있겠지. 선생님의 재량권에 대해서는 교장이라도 관여할 수 없단다. 너희들이 정말 억울하다고 생각한다면, 선생님께 찾아가서 지각한 사실을 인정하고 진심으로 용서를 구하되 앞으로는 지각하지 않겠다는 약속을 말씀드려라. 진심이 통하면 선생님이 답변을 주실 거야. 그리고 그 결과를 다음날 내게 와서 말해줄래?"

하지만 그 학생들은 다시 찾아오지 않았습니다. 어떻게 되었을까요? 물론 나도 그 학생들을 다시 찾아서 이후 상황을 묻거나 하지 않았고, 해당 선생님께도 일체 연락드리지 않았습니다. 물론 잘 해결되었을 것이라고 믿고 있습니다.

머지않은 어느 날 그 학생들이 또 다른 불만 때문에 잔뜩 부은 얼굴과 불만스런 표정으로 불쑥 교장실을 방문할 것입니다. 적어도 교장선생님이 자신들의 어떤 이야기에도 야단치기는커녕 정색하고 끝까지 들어줄 것이고, 사탕도 얻어먹을 수 있고, 문제를 해결할 수 있는 해답도 주리라고 생각하겠지 하고 믿기 때문입니다.

나누는 교육,
더하는 교육

—

투명한 빵봉투의 의미

　　　　　　　우리 동네의 빠리 어쩌고 이름표 붙은 메이커빵집 옆에 동네빵집 하나가 최근에 개업했습니다. 지난 몇 년 동안 프랜차이즈빵집이 자리 잡으면서 동네빵집들이 대거 퇴출되더니 요즘 다시 부활하고 있습니다만. 빵집 소개하려는 것은 아니고요. 포장봉투가 딴 집과 달리 특이합니다. 아주 투명합니다. 빵을 담으면 당연히 내용물이 훤히 비칩니다. 빵을 사들고 집에 가려면 경비실을 지나치게 되는데 그때 문득 빵집사장님 얼굴이 떠올랐습니다. 그리고 투명봉투를 마련한 사장님의 깊은 뜻이 생각났습니다. 맞습니다. 봉투가 투명한 것은 남과 나누어먹으라는 사장님의 깊은 뜻이 아니겠나 생각하니 경비실을 그냥 지나칠 수 없었습니다. 주1회 정도 빵집에 가는데 그때마다 경비실 지날 때 드리려고 팥빵 하나를 더 삽니다. 비록 천 원짜리지만 빵을 드리고 나면 기분이 참 좋습니다. 경비원 아저씨들 모두 연세가 지긋하시잖아요. 너무 고마워하십니다.

사실 투명한 포장봉투에 빵집 주인의 깊은 뜻이 숨어있는지는 확인해 보지 않아서 모릅니다. 꿈보다 해몽이 좋다고 맘 내키는 대로 해석한 것이거든요. 그러나 근사하게 해몽을 잘한 내가 더 행복한 사람이라는 생각에는 변함이 없습니다.

'나누는 교육'은 바로 기부활동에 대한 이야기입니다.

초임교사 시절 청소년적십자 RCY 지도교사를 하면서 대가 없는 봉사활동의 재미를 알게 되었습니다. 학교생활 하면서 교내에서 봉사활동 할 게 무엇이 있는지 단원 학생들과 함께 찾아보고, 청소 봉사, 화단 가꾸기, 스승의 날 기념행사 주관하기 사업을 했습니다. 원래 스승의 날 행사는 청소년적십자에서 시작한 기념사업입니다. 또 방학 때는 학생들 인솔하여 수련회 다니고, 십정동 달동네 연탄배달 봉사활동, 가난한 제3국 어린이 돕기 선물상자 만들기, 헌혈 봉사활동을 하면서 세상은 넓고 봉사활동 할 데도 많다는 것을 알게 되었습니다.

예전에는 봉사활동 기회를 찾기가 어려웠는데, 요즘은 관련단체도 늘어났고, 참여할 방법과 장소도 많이 생겼습니다. 게다가 봉사활동은 실적을 학교생활기록부에 기록하여 점수화되고, 국가에서 관리하는 체제가 되었습니다.

청소년적십자와 인연 닿으면서 쌓은 경험 중에서 가장 가치 있는 것은 헌혈입니다. 나는 평생 38회 정도 헌혈을 했는데요. 보통 1회 헌혈량이 400ml이므로 38 곱하기 400 하면 지금껏 15리터 정도 헌혈을 했습니다. 헌혈은 사람이 할 수 있는 봉사활동 중에서 최고의 것입니다. 과학이 발달하고, 줄기세포가 머잖아 인간의 위나 심장, 신장 등 주요 장기를 만들 수 있게 되면 자동차 부품 교체하듯 사람의 장기를 교체하여 몇 백 년씩 수명을 연장하는 세상이 곧 온다고 합니다. 하지만 최신의학이라도 인간의 혈액은 인공으로 만들 수 없습니다. 따라서 인간만이 헌혈할 수 있고, 헌혈 덕택에 수많은 사람들이 오늘도 생명을 건지고 있습니다. 헌혈하고 났을 때 그 뿌듯한 기분은 해 본 사람만이 압니다. 헌혈은 고2학년 나이부터 할 수 있습니다. 중학생들에게는 헌혈의 중요성에 대한 교육을 하지요. 그래야 그들이 커서 헌혈하게 되거든요.

나누는 교육

교직에 들어선 지 30년이 넘었습니다만 항상 학생들에게 빚을 졌다는 부채감을 갖고 살아왔습니다. 세상에 무수한 직업이 있지만, 제자들의 사랑을 받을 수 있는 가장 훌륭한 직업이 교사이기 때문에 제자들의 사랑을 먹고 잘 살아온 것이 빚이라고 생각합니다. 그래서 평생에 짊어졌던 빚을 더 늦지 말고 갚아야 한다는 부채의식이 나이 사십 넘어가면서 절박하게 들기 시작했습니다. 그래서 2001년도부터 빚 갚는 일을 실천에 옮기기 시작했습니다. 편모슬하에 어렵게 사는 학생 두 명에게 개인적으로 장학금을 주기 시작했고 이후 부정기적으로 학생들을 돕다가, 2008년부터는 정기적으로 후원해 보자 결심하고 학년당 1명씩 3명을 추천받아 개인당 연 60만 원씩 장학금을 1년 단위로 지급하면서 오늘까지 계속하고 있습니다. 지금 10여 년이 되어갑니다.

직전에 근무했던 학교의 미담을 소개합니다. 백혈병 투병 학생이 있었는데 거의 1년 동안 학교에 나오지 못하고 장기간 입원하여 투병하면서 병원학교 소속으로 학업을 이수했습니다. 그 학생을 돕기 위한 기부활동을 내가 발의하였고, 모든 구성원들이 호응하여 좋은 성과를 거두었습니다. 제자를 살리고, 세금 공제도 받을 수 있다고 학교발전기금 기부활동을 교직원, 학생, 학부모 전체를 대상으로 알렸습니다. 3개월 정도 고금한 결과, 약 8백만 원이 성금으로 모였기에 전교생이 쓴 위문편지 500여 통을 함께 들고 교직원과 학생대표들이 암병동을 찾아갔습니다. 또, 학생오케스트라와 뮤지컬 팀이 합류하여 병동에서 위문공연을 하였고, 성금과 위문편지, 헌혈증서 40여 장을 함께 전달했습니다. 부모님이 무척 감격스러워했습니다. 성금도 중요하지만 일일이 손으로 쓴 따뜻한 위문편지에다 위문공연이라는 인적 재능기부가 자리에 함께한 모든 투병환자들께 용기를 준, 많은 사람들에게 오래 기억될 가슴 따뜻한 미담이었습니다. 그 덕택이었는지 이후 완치되어 퇴원하였고, 새학년도 시작과 함께 건강하게 복귀하여 지금 학교생활 잘 하고 있습니다.

평소 해마다 소득의 5%는 꼭 기부하겠다는 약속을 나 자신고- 하고 실천하려고 애쓰고 있습니다만, 목표달성이 쉽지는 않습니다. 월급은 한정되어 있고, 돈 쓸 데는 많으니까요. 하지만 부평세림병원교회 봉사단체와 인연을 맺고 지금은 해마다 목표를 달성하고 있습니다. 봉사활동이 좋은 줄 아는데, 막상 어떻게 해야 할지 몰라서 못하다가 좀 늦게나마 실천하고 있음을 다행으로 생각합니다. 마음먹으면 금전 기부가 가장 쉬운 방법입니다. 하지만 노동 기부, 재능 기부가 더 가치가 있다고 생각하기 때문에 병원에 입원했던 기회에 만난 병원교회 봉사단의 한 자리를 차지하고 지속적으로 기부활동을 하게 된 것도 큰 인연이 아닐까 생각하여 열심히 참여하고 있습니다.

나누는 교육을 강조하면서 나눔의 정신이 인성교육으로 잘 연결되기를 7

대하고 있습니다. 우리나라가 급속하게 경제 성장하면서 50여 년 만에 세계최빈국에서 세계 10위권 경제대국이 되었습니다만 그에 따른 부작용과 잃어버린 게 너무 많습니다. 남에 대한 배려가 부족하고, '빨리빨리'로 조급하고, 질서를 안 지키고, 목표지상주의로 모로 가도 서울만 가면 된다는 변칙의 일상화, 한층 심해진 빈부격차, 그에 따른 가족의 불안정과 가정 해체 현상 증가는 심각한 사회불안 요소가 되고 있습니다.

일찍이 맹자(孟子)가 사람에게는 4가지 마음이 있다는 사단(四端)을 말씀하셨는데요. 측은지심, 사양지심, 수오지심, 시비지심이 사단이고, 그 중 첫째가 측은지심(惻隱之心)입니다. 측은지심은 인지단야(仁之端也)라 하여 남의 어려움, 위험, 고통, 불행 등을 보면 불쌍히 여기는 마음이 일어난다는 것이고, 사람이 측은지심을 느끼지 못한다면 인간이라 할 수 없다고 가르쳤습니다. 오늘날 세상이 팍팍해진 것은 바로 사람들에게 측은지심이 약해졌기 때문이라고 생각합니다. 세월호 희생자와 유족을 보면서 온 국민이 느끼는 안타까운 마음이 바로 측은지심입니다.

사람은 누구나 안전하고 인간대접 잘 받는 곳에서 살고 싶고, 내 자녀만큼은 특별히 더 안전한 세상에서 살기를 누구나 진심으로 바라지 않겠습니까? 근데 날이 갈수록 세상이 불편해진다는 것을 요즘 실감하지 않습니까? 해마다 대형 화재사고와 안전사고, 총기사고 등 대형사고가 빈발하지 않았습니까? 아들 군대 보낸 부모님 잠자리는 또 얼마나 불편하시겠습니까?

이런 세상의 불안을 우리가, 그리고 내가 당장 어떻게 해결책을 내놓을 수는 없습니다. 국가적 큰 과제이지만 어떤 해결책이 나오더라도 사회적 합의를 이끌어내기 위해서는 많은 고민과 갈등, 그리고 시간이 필요합니다. 하지만 교문을 들어선 다음, 귀가할 때까지라도 우리 학생들이 안전하고 쾌적하고 행복한 학교생활을 하도록 해야 한다는 당위성에 누구보다도 절실한 책임감을 느끼고 있습니다.

무엇보다도 지금 가장 필요한 것은 인성교육입니다. 학생들에게 더불어 사는 방법을 아주 열심히 가르치고, 학교 울타리 안에서 서로 배려하고, 차별 없는 교육공동체를 만들도록 노력하겠습니다. 모든 학생들이 봉사 활동의 참뜻을 알고 실천하여 보람을 느끼도록 하겠습니다.

각종 불우이웃돕기 성금 모금에 참여하는 것도 학생들에게 꼭 필요한 나눔활동 교육입니다. '나 쓸 돈도 없는데?' 이런 생각하지 않도록 지도하겠습니다. 정성이 들어있으면 단돈 10원이나 만 원도 그 가치는 똑같습니다, 돈이 없으면 노력봉사 해도 되고, 진심이 깃든 편지를 써서 기부에 참여할 수도 됩니다.

'나누는 교육'이 바로 행복을 '더하는 교육'입니다. 나눔활동이 남을 위한 것인 줄 알지만 사실은 자기 자신을 위한 배려이자 최고의 인성교육이고, 세상의 불안을 치유할 수 있는 최고의 힐링 처방입니다. 누구나 자기가 가진 돈이나 시간, 재능, 또는 노동력을 남과 함께 나눌 수 있습니다. 나눌 줄 아는 사람이 세상에서 가장 아름답습니다. 부모님들이야 세상이 어둡고 불안하여 내 자식 험한 세상에 내놓기 무섭고 싫겠지만 자식이 언제까지 부모 품에만 있지 않습니다. 최선을 다하여 학생들에게 나누는 법을 가르치고, 행복을 아는 사람으로 더하는 교육에 정성을 다하면 우리 아이들이 잘 자라서 세상을 밝혀줄 희망이 될 것이라고 믿습니다.

—
나눔,
기부 잘하면 천국 간다는데…
—

세계 자선순위 1위국은?

부자가 천국에 가기는 낙타가 바늘구멍을 통과하기보다 어렵다는 말, 우리 귀에 익숙합니다. 아흔아홉 개를 가진 자가 백을 채우려고 한 개 가진 자의 몫을 빼앗으려 한다는 이야기도 자주 들어 익숙합니다. 인간의 탐욕에 대한 경계의 말입니다. 실제로 우리나라 재벌기업들의 행태가 그렇다고 규탄하는 사례를 종종 봅니다. 재벌기업 소유 영화관에서 장사 잘 되는 팝콘 매장이나 백화점 목 좋은 빵집이 알고 보니 재벌 사모님 개인사업체였다든가 재벌기업의 소위 '로열패밀리'가 부린 행패 때문에 온 국민이 분개한 사건이 여럿 있었고 지금도 현재진행형입니다.

그래서일까요? 염치없이 가진 것만 많은 자들이 넘치고 노블레스 오블리주를 실천하는 사람들은 찾아보기 어렵다는 말에도 공감하는 사람들 많은 것이 우리의 불행한 현실이 아닌가 생각하니 가슴이 답답합니다.

세계적 영어사전인 옥스퍼드사전, 메리엄 웹스터사전에 소주(soju), 김치

(kimchi), 태권도(taekwondo), 불고기(bulgogi) 등 십여 가지 우리말이 실려 있다는 사실을 아시나요? 부끄러운 것도 있습니다. '재벌(chaebol)'이 문어발식으로 기업을 운영하는 한국의 사례로 등록되어 있고, '화병'도 한국에만 있는 정신질환으로 소개되어 정의를 잘 세우지 못한 우리의 부정적 현실이 반영된 것이라는 평가도 있습니다만 이는 구한말, 일제강점기 수탈과 남북분단, 그리고 동족상잔 전쟁의 경험 등으로 신산한 삶을 살아온 우리 민족의 그늘 때문이라고 진단할 수 있습니다.

'세계기부지수'라는 단어를 아는지요? WGI(World Giving Index)라고 하는데, 영국의 자선단체지원재단(CAF, Charities Aid Foundation)과 미국의 여론조사회사 갤럽에서 해마다 '사람 돕기', '기부', '자원봉사' 등 세 영역별 평가와 종합평가로 나라별 순위를 내놓는데, 누구든 온라인으로 해당 보고서를 쉽게 확인할 수 있습니다.

2016년 자료(CAF World Giving Index full table)를 살펴보면 조사 대상 전 세계 140개 국가 중 우리나라의 자선지수 순위는 75위로 중하위권입니다. 2010년에는 81위, 2014, 2015년에는 60위로, 근방을 오르락내리락 맴도는 순위입니다. 우리와 비슷한 순위에 아프가니스탄, 콜롬비아, 프랑스, 스페인, 이탈리아 등이 자리하고 있고, 남수단, 소말리아 등 빈곤과 무정부 상태로 삶의 질이 아주 나쁜 나라도 50위권으로 우리보다 높은 자리를 차지하고 있습니다. 그런데 재미있는 것은 한국을 비롯한 동아시아 3개국의 지수입니다. 일본이 114위, 그리고 중국이 140위로 세계 최하위입니다.

그럼 최상위인 1위는? 놀라지 마시라. 미얀마입니다. 2위 미국, 3위 호주, 4위 뉴질랜드, 5위 스리랑카, 6위 캐나다, 7위 인도네시아, 8위 영국, 9위

아일랜드, 10위 아랍에미리트 순으로 상위권을 차지하고 있습니다.

이들 순위에서 여러분은 무엇을 느낍니까? 순위가 예상했던 대로인가요? 아님 의외인가요? 혹시 순위가 낮은 나라는 비난의 대상인가요? 부자나라가 상위권을 차지하는 것은 당연하리라고 생각합니다만, 거의 비슷한 국력을 가진 영국과 프랑스는 왜 순위가 극과 극일까요? 경제력 세계 최상위권으로 잘 사는 일본이 최하위권이고 미얀마, 스리랑카, 인도네시아가 최상위권이라는 점은 우리를 혼란스럽게 합니다.

"헉, 그 나라가 정말?"

의심스럽습니다. 혹시 지수를 측정하는 기준치가 영국만의 편향된 잣대로 세워진 것은 아닐까요? 과연 나라별 문화적 특성을 제대로 반영한 보편타당성을 가졌는지도 의심스럽습니다. 그래서 이 기구가 분석한 자료 일부를 읽어봅니다.

'우리는 역경의 시기일수록 전 세계인의 관대함에 겸손해집니다. 이라크는 2년째 내전이 계속되고 있음에도 불구하고 낯선 사람을 돕는 데 최고의 순위를 지켰고, 내란 중인 리비아에서도 인터뷰를 실시했습니다. 네팔은 올해 최고 순위를 달성했고 가장 발전된 국가이며 2015년 엄청난 지진을 겪은 역경의 시기에도 성숙한 관대함을 보여 주었습니다.

미얀마는 2014년에 미국과 공동으로 1위였고 2015년, 2016년에 계속 세계 1위에 올랐습니다. 미얀마의 자선에는 특징이 있습니다. 미얀마 사람들 80~90%는 불교도인데, 수도자들을 돕기 위해 기부합니다. 따라서 여기에는 종교적 의미가 강합니다. 미얀마 사람 90%는 매월 돈을 기부하고 있으며, 또 자원봉사 시간이 증가하고 기꺼이 낯선 사람을 돕고 있습니다.'

최상위권을 형성하고 있는 선진국들은 노블레스 오블리주의 오랜 전통을 바탕으로 한 자선문화가 자연스럽기 때문으로 생각됩니다만, 삶의 질이 형편없는 이라크, 리비아, 네팔이 좋은 평가를 받은 것, 특히 어려운 형편의 남수단이나 소말리아, 아프가니스탄의 높은 순위에 깜짝 놀라고 잘 사는 나라의 낮은 순위에 또 다시 놀랍니다.

일본은 경제력에 걸맞은 막대한 해외원조를 하고 있습니다. 아프리카와 동남아에 가보면 일본의 원조로 만들어진 수많은 다리나 학교 등 공공시설물을 볼 수 있습니다. 또 막대한 유엔 운영자금도 부담하기 때문에 일본이 없으면 국제기구 운영이 어려울 정도라고 합니다. 하지만 지수로 살펴본 결과, 개인의 봉사와 자선활동에는 매우 인색함을 알 수 있습니다.

중국의 낮은 자선지수 순위는 역사적으로 남의 일에 참견하거나 관심 보이는 것을 꺼리고 무관심하도록 강요받아온 중국의 역사적 습속 때문이 아닐까 생각합니다. 간혹 어린이 교통사고 같은 불행한 사건이 발생했는데 주변 사람 모두가 무관심하고, 방치했다는 투의 소식이 종종 보도되는 사례에서도 이번 결과를 짐작하게 합니다. 물론, 눈부신 경제성장과 함께 이런 습속도 급속도로 변하기 때문에 머잖아 중국의 순위가 올라갈 것입니다.

아시아권에서 자선지수 최상위 나라의 경우, 종교적 문화적 특성과 열대지방 특유의 느긋하고 긍정적이고 낙천적인 국민성에 바탕 한 원인이 클 것으로 짐작합니다. 또한 중상위권을 차지한 제3세계 국가들 다수가 경제적 형편에 상관없이 공동체적 가치를 잘 공유하고 있는 데도 역시 종교적 유대감과 문화적 특성이 긍정적 영향을 미치기 때문일 것이라 생각합니다.

우리나라의 기부 문화

우리 이야기로 돌아옵니다. 자신이 잘 모르는 남을 위해 기꺼이 도움을 주고 나눔을 실천하는 것에 보람을 느끼는 이가 아직 많지 않은 것은 사실입니다. 하지만 우리 기부문화가 점점 달라지고 있습니다. 특히 물질적 지원뿐만 아니라 자원봉사 기회가 많아지면서 참여자가 급속히 늘고 있습니다. 사실 뜻이 없기보다는 방법을 몰라 못하는 사람들이 많습니다. 하지만 이제는 동사무소나 시청, 구청 등 관공서에 문의하면 안내와 지원을 잘해 줍니다. 자원봉사를 지원할 수 있는 시스템이 갖춰져 가고 있는 것입니다.

자원봉사자는 혜택의 공여자일 뿐만 아니라 수혜자이기도 합니다. 기부와 자원봉사의 경험을 통해서 보람과 경험이라는 정신적 보상을 얻게 되는데, 이는 돈으로 따질 수 없는 큰 기쁨입니다. 또, 봉사활동 이력은 취업이나 진학에 도움 되는 소중한 경력이 되기도 합니다.

우리가 국내에서 쉽게 만날 수 있는 유명한 봉사단체로는 기아대책(Food for the Hungry, 개신교계 구호 단체), 월드비전(World Vision International, 1950년 설립된 개신교계 국제구호개발기구), 굿네이버스(GoodNeighbors, 1991년 한국인이 설립한 국제구호개발 NGO), 유엔아동기금(UNICEF, 1946년 설립. 유니세프로 더 유명. 개발도상국 어린이와 여성을 도움. 노벨평화상 수상) 등이 있으며 이름 없는 지역 단위의 소규모 조직이 전국곳곳에서 셀 수 없을 만큼 활동하고 있어서 뜻만 있으면 누구든 봉사와 기부활동에 쉽게 참여할 수 있습니다.

수백 명 학생들이 공부하는 각급학교는 기부와 봉사를 할 수 있는 기회의 보물창고와 같습니다. 우선 학교발전기금에 금품 기부가 언제든 가능합니다. 투자 대비 회수기간이 가장 긴 반면에 가장 성과가 많이 나오는 것이 교육에 투자하는 것이라고 합니다. 학교마다 있는 행정실에 가서 기부증서와 함께 액수에 상관없이 금전, 또는 물품을 기부하면 됩니다. 개인이 학교발전기금을 기탁하면 기부자의 뜻에 맞도록 장학금, 교육기자재 구입 등 교육발전을 위해 사용됩니다. 피아노나 천체망원경, 컴퓨터, 책 같은 기자재를 현물로 기부할 수도 있습니다. 기탁된 금품은 법에 의거 학부모대표인 학교운영위원장이 관리하며, 기부자는 연말에 개인의 세금공제 혜택을 받을 수 있습니다. 학교에서는 기부 받은 발전기금을 오로지 학생 복지와 교육목적에만 사용하고, 학교발전기금 접수와 지출 내역을 공개하여 엄격한 감시를 받습니다.

우리 학교에도 해마다 학교발전기금을 기부해 주는 고마운 이들이 있어서 더욱 행복합니다. 우리 학교 발전기금 결산 결과를 보면 2015학년도에 8백만 원 정도의 금품이 접수되었는데 주로 빈곤 학생들의 급식비 지원을 위한 장학금 기부가 다수를 차지했습니다. 이 실적을 기준으로 2016학년도에는 1천만 원을 목표로 잡고 더 많은 학생들이 혜택 받을 수 있도록 기부의 아름다움을 적극적으로 알리도록 노력했습니다. 2016학년도 결산 결과, 목표액에서 5만 원 부족한 1천만 원이 모였습니다. 학교에서는 당연하게 기탁자들의 아름다운 마음을 그대로 담아서 적법하게 지출하였습니다. 작년도 발전기금을 항목별로 살펴보니 몇 가지 특징이 보였습니다. 눈에 번쩍 띄는 기부는 당해 연도 졸업생인 박진 학생이 일백만 원을 기탁한 것입니다. 사실 졸업하는 학생은 상급학교 진학과 새 학년도 준비에 많은 돈이 필요하게 마련인데, 자신이 오랜 기간 모아온 거금을 선뜻 후배들을 위해 내 놓았다는 것은 유례를 찾아보기 어려운 경우이고, 그 뜻의 아름다움이 길이 빛날 선행이라고 생각합니다.

놀랍고 아름다운 기부가 또 있습니다. 교사장학회(김홍일 회장)가 일 년 동안 모은 240만 원을 학생 장학금으로 기탁한 것입니다. 행복배움학교 교사로서 학생들의 배움에 행복을 더하느라 수고한 공로에 더하여 아낌없이 장학금까지 내 놓은 우리 학교 선생님들은 시대의 사표이자 자랑거리입니다.

지역사회의 정신적 중추이자 공회당 역할을 하기로 유명한 부평제일성결교회의 기부 또한 아름답기 그지없는 자랑거리입니다. 교회에서는 해마다 끊이지 않고 장학금을 지원해 왔는데, 지난해에도 220만 원을 기부해 주셨습니다. 특히 금전 기부 이외에도 강당이 없는 우리 학교에 학교축제와 졸업식 행사를 할 수 있도록 매년 교회당을 아무 조건 없이 무료로 대관해 주는 세상에서 가장 아름다운 교회입니다.

최은혜 교감선생님과 전혜진 학운위원장을 비롯, 김미나, 채진희 학운위원들이 역시 큰 기부를 해 주셨습니다. 물론 학교장장학생 3명을 1년간 책임지고 후원하는 나도 별도로 피아노 1대를 기부하면서 기부 대열의 선두에서 함께하고 있으며 내 임기 마지막 해까지 계속될 것입니다.

우리 학교 발전기금이 향기로운 이유는 큰 기부자의 거액기부가 아니라 학교안팎의 사람들이 정성껏 모은 것이라는 점입니다.

금년에는 1천3백만 원을 학교발전기금 조성 목표액으로 잡았습니다. 그런데 올해 학생급식이 무상으로 전환되면서 급식비 지원 명목의 발전기금이 사라지게 되어 향후 얼마간 영향이 있을 것으로 전망됩니다. 하지만 그 때문에 목표를 달성하지 못하더라도 급식비 미납으로 상처받는 학생이나 학부모가 더 이상 나오지 않으므로 그 또한 기분 좋은 일입니다.

봉사활동이 숭고한 이유

기부가 금품만 기증하는 것이 아니라 자원봉사 등 자신이 가진 신체적 능력과 시간을 쪼개주는 일도 있고, 금품보다 봉사활동의 가치가 더 숭고하다는 사실은 잘 알고 있죠?

그렇습니다. 학교에서는 지역사회와 학부모 자원을 활용하여 학교교육을 다양화하려고 교육기부, 재능기부를 장려하고 있습니다. 도서관 사서도우미, 안전지키미, 교통안전 도우미, 과학실험 도우미, 청소도우미, 방과후학교와 동아리활동 보조교사 등 재능을 가진 인력을 많이 필요로 하고 있습니다.

학교 밖 세상에는 돈으로도 할 수 없지만 그래서 더욱 빛나는 일이 있습니다. 양로원, 고아원 같은 복지시설에 가서 자신의 육체와 시간을 나누어 주는 것입니다. 근이양증으로 거의 운신하지 못하는 환자들이 모인 시설이 우리 동네에도 있습니다. 노인들이 종일 무료한 시간을 보내는 곳도 있습니다. 그곳에 가서 청소하고, 빨래하고, 환자목욕을 돕고, 식사를 보조하고, 안마하고, 가벼운 레크리에이션을 제공하여 환자와 노인들이 편안해 하고 활짝 웃는 모습을 보는 것은 어떤 금전 기부보다 숭고한 봉사활동입니다.

우리 학교는 해마다 연말 한 달 동안 성금 모금 캠페인을 합니다. 그리고 학생들이 성금으로 연탄을 사서 독거노인 댁에 직접 배달합니다. 성금은 큰돈이 아니라 동전이나 소액으로 하되 학생들이 모두 한 번씩은 꼭 참여하도록 배려하여 기분 좋은 기부 체험을 얻도록 합니다. 올 겨울에도 역시 학생 자치회 사업으로 진행하겠습니다. 벌써부터 그 생각을 하니 기분이 좋아집니다.

아름다운 기부 중 백미는 헌혈입니다. 아무리 과학기술이 발전하더라도 인간의 피는 인공으로 만들 수 없으며, 헌혈은 자신뿐만 아니라 수많은 환자의 생명을 살립니다. 헌혈하고 나서 느끼는 놀라운 기쁨과 환희의 감정은 역시 경험자만이 알 수 있습니다.

나는 격월 2주차 일요일에 의료봉사단과 함께 외국인수용시설에 봉사활동을 다니고 있습니다. 말도 통하지 않는 이국땅에서 기약 없이 망명생활하는 낯선 나라 출신 가족들을 돌보노라면 그들에게 느끼는 연민의 감정과 함께, 안전하고 행복한 생활을 보장해 주는 주권국가의 국민이라는 사실이 너무나 감사합니다.

기부 잘하면 천국 간다는데, 기부는 내가 쓰고 남은 돈을 가난한 이에게 던져주는 것이 아닙니다. 어떤 부자라도 쓰고 남는 돈은 없습니다. 내가 가진 돈의 일부를 일부러 헐어서 필요한 사람에게 주는 것이고, 그만큼 쓰고 싶은 욕망을 거두어야 합니다.

언제든 기부를 실천하세요. 그러면 신기하게도 기부하는 돈이 아까운 게 아니라 오히려 마음이 흐뭇하고 기분이 좋아집니다. 기부해 본 적이 없는 사람은 평생토록 그 좋은 기분을 결코 체험할 수 없습니다.

‑

내 꿈이
이루어질 듯한 예감

‑

신학기 준비 이모저모

　　　　　　　　　　학년도가 며칠 안 남았습니다. 마무리를 잘해야 신학년도 준비와 출발 역시 잘할 수 있습니다.

졸업식과 종업식을 끝낸 매년 2월 중순 이후 학교는 일시적으로 침묵에 빠져듭니다. 봄방학을 맞아 학생들이 학교에 나오지 않기 때문입니다. 2월 첫 주에 일시 개학하였고, 분주한 며칠을 보내고 나서 이내 종업식과 졸업식을 한 다음 바로 봄방학에 들어갔습니다. 학생들에게는 신나는 일이지요. 하지만 선생님들에게는 짧지만 분주하던 개학기간에 학생들과 예기치 않게 실랑이를 벌이는 등 어려움이 있는 시기였습니다. 방학기간에 학교에서 금지하는 두발 염색이나 교복 변형 등 위반 행위로 일탈의 재미를 즐기다가 미처 원상회복하지 않고 등교한 학생들의 노랗고 빨간 머리털을 지적하는 선생님들과 짧은 개학기간 며칠만 견뎌내면 2월말까지 계속 할 수 있다는 학생들의 속내가 충돌하면서 벌어지는 갈등이 바로 그것입니다.

학생들은 방학 끝나기 전날 미용실에 가서 원래 색깔로 염색하여 일탈의 흔적을 지우고 등교하는 경우가 대다수지만, 며칠만 버티면 졸업한다는 배짱으로 버티는 학생들도 꽤 있기 때문에 노랑, 빨강 머리칼 색깔 때문에 교칙 위반을 지적받은 학생들이 학생부 교무실에 불려 다니는 모습을 볼 수 있는 때가 바로 이때입니다. 게다가 올해에는 학부모의 힘을 빌려서 버티고 위기를 넘기려는 학생도 있었습니다. 항의성 전화도 실제로 받았습니다. 해당 학부모의 주장이 교칙이나 공동의 질서 규범을 지키는 것보다 자식의 기분을 더 우선하는 가치가 아닌가 하는 생각에 씁쓸하였다는 담당선생님의 푸념도 함께 들었습니다.

봄방학으로 조용한 학교이지만 실제로는 靜中動(정중동)의 움직임이 있습니다. 담임교사는 일 년 동안 함께 생활했던 학생들의 근태상황을 비롯하여 각종 교육활동 여부를 기록하는 학교생활기록부(학생부)에 평가기록을 입력해야 하고, 학생부 담당자는 학교폭력으로 처벌받은 학생들의 학생부 기록 삭제를 위한 절차를 밟아야 하고, 학년부장은 진급하는 학생들의 신학년도 반 편성을 위해 성적은 물론, 교우관계까지 고려해야 하며, 3학년 담임교사는 졸업생들의 진학상황도 기록하여 마감하고, 보건교사는 건강기록부를 마감하는 등 지난 학년도를 마무리하느라 일손이 눈코 뜰 새 없이 바쁘고, 아울러 신학년도를 맞을 준비도 해야 하기 때문에 선생님들은 쉬지 못합니다.

신학년도 준비는 신입생 배정부터 시작합니다. 우리는 2017학년도 신입생으로 9개 학급에 224명을 배정받았습니다. 이 신입생들을 학급 편성해야 하는데. 편성의 근거를 만들기 위해서 학급 배치고사를 입학 전인 2월 21

일에 실시했습니다. 물론, 고사 결과는 오로지 반 편성 참고자료로만 사용되고 별도로 어떤 종류의 데이터로도 일체 활용하지 않습니다. 또 진급하는 재학생 반 편성은 성적이나 성격, 평소 교우관계 등을 종합적으로 고려하여 담임선생님들이 서로 긴밀히 협의하고 의견을 조율하여 오로지 교육적 목적으로만 판단하여 조직합니다.

그 다음, 교사들의 신학년도 업무분장이 결정되면 사무실, 집무용 책걸상과 개인용 피시, 인터폰 배치 계획이 결정되고, 이어서 좌석대이동이 벌어집니다. 한두 해 이상 묵었던 물품이나 유효기간 지나고 퇴색된 헌 교과서, 참고서, 평가서류 등도 이 때 얼굴을 내밀고 모아지고 비로소 재활용되거나 폐기됩니다.

이때면 인사발령에 의해서 전출 가거나 전입해 온 교사들로 교무실 분위기가 어수선해지고 인사발령과 상관없는 이들까지 함께 마음이 들뜨고 뒤숭숭한 상황은 송별회식 모임에서 정점을 이룬 다음, 신학년도 교과협의와 연수활동을 거치면서 전열이 가다듬어지고, 자리를 잡으면서 차분해집니다.

2017 행복배움학교 운영

지난 2월 9일에 제13회 졸업생을 떠나보내는 졸업식과 학년도를 끝내는 종업식을 함께 했습니다. 그리고 다음 주 13일부터 16일까지 행복배움학교 2년차의 성공적 운영을 위해서 모든 교사가 참여하는 워크숍을 교내 도서관 모둠학습실에서 열었습니다. 이 자리에는 3월 1일자로 발령 받은 아홉 명 전입교사들이 함께했습니다. 금년에 타교로 전근가시는 여섯 명 교사들에게는 우리 학교에서 얻은 행복배움학교 혁신교육 마인드를 새 학교에 전파하는 역할을 기대하고, 전근 오시는 교사들에게는 우리 학교의 혁신 마인드를 집중 전파하여 신학년도 개학과 동시에 혁신교육에 동참하는 효과를 기대하였습니다.

연수 첫날인 2월 13일 오전에는 2017 행복배움학교 운영 안내를 하였습니다. 연수 시작 전에 작년도 행복배움학교 학부모네트워크 회원으로 활동하느라 큰 수고 하였던 두 분 학부모에게 감사패를 전달하였습니다. 이어서 평소 재미있는 수업 진행으로 유명하고 학생들과 소통하는 데 최고 능력자인 홍지영 연구부장이 진행한 이 행사에서는 지난해 우리 학교 행복배움학교 주요 활동 내용과 성과를 소개하였고, 신학년도에 혁신교육을 어떻게 진행할 건지 구성원 모두가 함께 고민하며 정답도 함께 찾아가는 시간을 가졌습니다. 브리핑에만 한정되지 않고, 실제 수업에서 활용할 수 있는 아이스브레이킹 기법을 소개하고 익히도록 실습하면서 아울러 새로 전입한 교사들의 서먹한 마음을 풀어주는 효과도 있었습니다.

오후에는 MBTI 사전검사를 모두가 함께 실시하면서 교사 자신의 성격검사 테스트를 해 보았고, 이 검사의 교육적 활용에 대한 바른 이해를 위한 설명회를 신혜진 전문상담교사가 진행하였습니다.

둘째 날인 2월 14일에는 전날 사전 검사한 결과를 바탕으로, 'MBTI 검사를 통한 성격유형 이해 및 활용'이란 주제로 신영규 한국MBTI연구소 연구부장을 강사로 초빙하여 검사 결과를 교육적으로 활용하는 방안을 배웠습니다. 또 교사들 자신의 성격 분석 결과와 통계치를 보면서 자신도 미처 잘 몰랐던 모습을 발견하는 기회와 교육적 발견의 기쁨이라는 부수적 성과를 나눠 갖기도 했습니다.

MBTI검사란 개인의 선천적인 선호경향을 알아보는 검사로 현재 세계에서 가장 널리 사용되는 심리검사 중 하나라고 합니다. 자신과 타인의 심리적 특성을 이해하는 데 도움을 주며, 개인의 성장을 돕고, 다양한 집단의 조화와 효율성을 높이는 데 유용하다는 평가를 받고 있는 검사입니다.

이 검사에 의하면 사람의 성격 유형은 외향형[E]과 내향형[I], 감각형[S]과 직관형[N], 사고형[T]과 감정형[F], 판단형[J]과 인식형[P]이라는 상반된 유형으로 분류되는데, 집계된 성격유형 결과를 살펴보면 많은 시사점이 나왔습니다. 성실하고 부지런하고 책임감이 강하다는 교사집단의 일반적인 특징이 고루 나타났음은 물론, 우리 선생님들이 공부면 공부, 생활이면 생활 모두가 모범생이라는 분석 결과도 공통적으로 보였습니다. 상반되는 성격유형이 고루 분포한다는 결과도 고무적이었습니다. 실제 검사에 응한 46명 교사의 성격 분석 결과는 외향형[E] 46%, 내향형[I] 54%, 감각형[S] 59%, 직관형[N] 41%, 사고형[T] 50%, 감정형[F] 50%, 판단형[J] 74%, 인식형[P] 26%로 고른 결과가 나왔습니다. 학생들마다 가진 저마다 다양한 성격적 스펙트럼을 잘 이해하고 교육에서 균형을 이루기 위해서는 칼라가 다양한 학생집단처럼 우리 선생님들의 성격유형도 골고루 분포되어야 가능할 것이라는 점에서 우리 학교의 새 학년도가 밝고 긍정적일 것이라고 전망해 봅니다.

오후에는 발산초등학교 김택수 선생님을 초빙하여 '마술과 함께하는 신나는 교실수업'주제의 수업을 진행하였습니다. 마술하는 교사로 방송에도 출연하는 등 유명인사인 선생님은 마술 자체보다 마술을 쉽게 활용하여 교육에 긍정적으로 적용할 수 있는 방안을 중심으로 연수를 이어가서 수강생들의 공감을 이끌어냈습니다. 당연히 수업시간에 간단히 활용할 수 있는 마술 팁도 몇 개 곁들여서 선생님들의 환영을 받았습니다.

셋째 날인 2월 15일 오전에 서정기 회복적 정의평화배움연구소 에듀피스 대표를 초빙하여 '회복적 생활교육의 기본 이론 이해 및 실제 신뢰서클 진행 방법'을 배웠습니다.

회복적 생활지도가 학교현장을 얼마나 평화롭게 할 수 있는지, 서로를 잘 이해할 수 있는지에 대해 공부하였습니다. 실제로 현장에서 생활지도의 어려움을 갈수록 느끼고 있는 교사들에게 회복적 생활지도가 교육당사자들이 서로를 신뢰하는 데 긍정적으로 작용하는 것을 매우 생생하게 느꼈다고 선생님들이 이구동성으로 평가했습니다. 이론이 끝나고 후반부에 실시한 신뢰서클 실습 시간에는 교사 자신들의 여러 경험과 고민을 서로 토로하고 해결책을 모색하고, 자신과 상대방을 진심으로 위로할 수 있는 기회가 되어 좋았다는 평가가 나왔습니다.

오후에는 학년다모임(학년협의회)이 진행되어 신학년도 교과협의, 학급담임 업무협의 등을 하고, 단합하여 행복을 함께 찾자는 결의를 했습니다.

마지막 날인 16일에 각 교과대표와 부서책임자들이 모여서 그동안 워크숍 활동 내용을 정리하여 보고서를 제출하고 활동 결과를 마무리 했습니다.

한편 학교장은 방학기간임에도 불구하고 신학년도 설계와 전문성 제고를 위해 기꺼이 시간을 내 준 교사들을 위하여 연수기간에 점심식사를 잘 대접하는 것으로 보답하였습니다.

지난해에 우리는 많은 교육적 성과를 거두었습니다. 내 평생의 꿈이었던 혁신교육의 마당을 마련한 행복배움학교 출범 1년차 시작 날 입학식에 교육감님이 참석하여 축하해 주셨습니다. 우리 학교는 높은 급식 만족도와 함께 건강한 체육활동, 스포츠클럽 활동에 붐을 이뤄내 운동장이 사철 내내 남녀학생들로 분주하였고, 혁신교육의 파급효과 덕택에 학생생활지도에도 어려움이 잘 해소되었습니다. 또한 민주적 학교 운영체제에 대한 교육3주체의 높은 만족과 신뢰, 방송에 수차례 소개된 혁신교육과 소프트웨어교육의 성과, 교육부 주최 행복박람회와 인천과학대제전 운영 참가, 대통령과 교육부장관 등 고위급 인사에게 자리매김한 성과들, 다문화예비학교 지정 운영, 대안교실 운영, 진로교육의 성과가 있었습니다. 그밖에 도서관 현대화, 전문사서 확보, 사물함, 책걸상, 보건실 현대화, 32억 원대 다목적강당과 급식실 신축사업비 확보, 화장실 현대화가 이뤄졌고 바늘구멍만큼이나 어려운 소프트웨어교육 연구학교 프로젝트 획득에 성공하기도 했습니다.

새 학년도에는 이 모든 지난해 성과를 바탕으로 학생들의 민주적 가치와 자치 능력을 획기적으로 높이고 교사들의 학습지도 능력을 높이는 데 학교의 교육적 역량과 자원을 적극적으로 투입하려고 합니다. 그래서 2017년이 바로 내 꿈이 이루어지는 해가 될 거라는 전망을 해 봅니다.

이제 신학년도가 딱 일주일 앞두고 우리 앞에서 기다리고 있습니다. 벌써 남쪽에서 밀려오는 봄기운과 함께 내 꿈이 이루어질 신학년도를 가슴 두근거리며 기다리고 있습니다.

삼성과
상상력

—

삼성에 닥친 위기의 원인

삼성가의 어떤 딸이 이혼을 청구했다고 신문마다 톱기사가 떴습니다. 이혼이 아주 흔한 시대에 특정인의 이혼이 톱뉴스가 된다는 것은 그가 아주 특별한 존재이기 때문일 것이고 그만큼 우리나라에서 삼성가가 차지하는 비중이 엄청나다는 증거이기 때문일 것입니다. 마찬가지로 삼성전자의 영업실적과 주식가격의 하락에 낙담하는 사람들이 많은 것도 내국인뿐만 아니라 그 회사의 주식을 갖고 있는 세계인의 관심사이기 때문입니다. 젊은 대학생들은 삼성에 입사하는 것을 꿈꾸고, 국민 대다수가 삼성의 스마트폰을 소유했거나 갤럭시 노트를 갖고 싶어 합니다. 삼성은 자타가 공인하는 대한민국을 대표하는 기업이고 외국 어느 나라에 가나 쉽게 만나볼 수 있는 상표입니다. 그래서 외국에서 그 로고만 만나도 괜히 어깨가 으쓱해지는 경험을 누구나 많이 해 보았을 것입니다.

이런 대한민국 대표기업이 흔들린다고 하니 불안해집니다. 실제로 전문가들은 차세대 먹거리를 삼성이 빨리 찾아내야 하고, 세계에서 손꼽는 부자가 되었고, 혁신의 아이콘으로서 아이폰을 들고 나와 세상을 통째로 바꿔버린 스티브 잡스와 같은 상상력의 천재가 우리나라에서도 하루 빨리 등장하여 삼성을 다시 우뚝 세워주기를 갈망하고 있습니다.

그런데 이런 위기 원인에 대한 진단 결과는 대한민국의 상상력 부족 탓이라고 합니다. 그래서 온 국민은 삼성이 깜짝 놀랄 상상력으로 다시 무장하고, 눈 깜짝할 사이에 변신로봇 트랜스포머가 되어 대한민국을 구조해주기를 애타게 기다리는 스토리인 셈입니다.

요즘 핫 이슈가 되고 있는 상상력에 대해 알아봅시다. 예전 어떤 대통령의 당선공약이었던 창조경제도 상상력을 기반으로 한다고 합니다. 상상력 있는 상품 개발과 창의력 뛰어난 아이디어를 가진 인재와 기업을 적극 지원하겠다는 것, 경제를 활성화 하자는 취지인 것입니다. 그래서 온 나라가 온통 국민의 상상력을 살리자고 야단이고, 학교에서도 학생들의 상상력을 살리는 교육방법이 무엇인지 알아내려고 촉각을 곤두세우고 있는 형편입니다.

국어사전은 '상상력[想像力 imagination, imaginative power]이란, 실제로 경험하지 않은 현상이나 사물에 대하여 마음속으로 그려 보는 힘'이라고 풀이합니다.

인터넷 지식백과는 '상상력(想像力)이란 실제로 경험하지 않은 현상이나 사물에 대하여 마음속으로 그려 보는 능력이다. 문학을 통해 계발되는 상상력은 언어적 상상력이다. 그런데 이 언어적 상상력은 우리가 살고 있는 이 세계를 의미 있게 재구성해 보일 수 있는 능력을 말한다. 문학에서의 상상력은 일반 이성적 정신활동과는 달리 현실의 시간과 공간을 자유롭게 초월하여 일종의 판타지적 경험을 가능하게 해준다.'고 풀이합니다.

결국, 상상력이란 공장의 기계가 아닌 사람의 두뇌에서 비롯되는 창의적인 생각의 소산임을 알 수 있고, 하드웨어가 아닌 소프트웨어, 영화, 노래, 뮤지컬, 기획, 관광 같은 문화상품 등 부가가치가 높은 상위적 가치임을 알 수 있습니다.

그런데 문제는 상상력이 노력한다고 단숨에 길러지는 것이 아니라는 것입니다. 일본의 과학 분야 노벨상 수상자가 20여 명에 달하는데 우리는 단한 명도 없을 뿐만 아니라, 당분간 수상자 배출 가능성도 거의 없다고 하니 자존심도 상하고, 나라의 미래가 암담합니다. 우리가 일본 사람에 비해 두뇌가 뒤지는 것은 절대로 아닐 것이니 분명 국가적인 시스템과 국민의 인식 같은 환경에 문제가 있는 것이 아닌가 싶습니다. 하긴 세계 유명 대학 순위를 보아도 1위부터 10위까지 상위랭킹에 미국은 캘리포니아공대 등 7개, 영국은 옥스퍼드대 등 3개 대학이 자리했고, 동경대학 23위, 북경대학 48위, 청화대학 49위, 서울대학 50위로 차이가 많이 나는 게 현실입니다.

상상력을 제약하는 것들

상상력을 억압하는 제약들은 우리 도처에 있습니다. 자원이 없는 좁은 땅에서 많은 인구가 부대끼고 살아오면서 경쟁은 우리의 유전자가 되었습니다. 그리고 극한 경쟁이 우리에게서 상상력의 자유를 빼앗아 갔습니다. 중노년 세대는 중학 입시부터 시작해서 고입, 대입, 그리고 취업 등 단계마다 치열한 경쟁을 거쳐 왔습니다. 아파트를 분양받기 위해서는 청약저축 1순위를 받아야 했고, 부동산 투기와 인플레이션의 거친 바람을 헤쳐 와야 했습니다. 그 와중에 노력하면 안 되는 것이 없다는 인식을 체득했지만, 그 과정에서 목적을 위해서는 수단 방법을 따지지 않는 부정적 인식도 높이 쌓아올렸습니다. 군사쿠데타와 민주화 투쟁 과정에서 피 흘리는 비극도 경험했습니다. 무엇보다 동족상잔의 비극은 생각의 폭을 반 토막 내버리는 등 가장 큰 민족의 상처가 되었고, 남북분단과 대결 상황은 현재진행형입니다.

급속한 경제발전의 부작용으로 눈앞의 단기간 실적에만 목매다는 풍토가 우리의 상상력을 고갈시켜버리고, 장기계획이 존재하지 않는 사회가 되어버렸다는 진단에도 공감합니다. 성장과 실적만 목표로 삼아 앞만 보고 달려온 우리나라의 경제와 사회체제가 지식정보화 시대를 맞으면서 마침내 발전의 한계점에 당도하였고, 이를 상상력의 위기, 삼성의 위기라고 진단하게 된 것입니다.

좁은 공간에서 서로 다투는 경쟁이 현대 한국인의 유전자가 되어버린 현실 때문에 무엇보다도 우리의 삶이 여유가 없고 건조합니다. 마음에 여유가 없고, 멀리 볼 여유 없이 눈앞만 보고 질주해야 하는 현실에서 상상력 따위 신경 쓸 겨를이 없었기 때문에 효과가 즉시 나타나는 대증요법식, 일방 주입식 교육 체제가 오늘에 이르게 되면서 상상력의 고갈을 느끼게 된 건 아닐까요? 또, 쓸데없는 사회적 제약과 금기들이 우리를 부자유스럽게 하는 건 아닐까요?

이제 학교도 이런 현실 인식을 바탕으로 학생들의 상상력을 자극하는 교육활동이 무엇인지 적극적으로 찾고 투입하려고 노력해야 합니다. 교사의 높은 전문성을 바탕으로 창의적 학급 경영과 교수학습 지도 방법 개발을 위한 고민을 해야 하고, 그런 고민을 통해서 학생의 상상력을 자극해야 합니다. 우리가 날마다 만나는 21세기 아이들을 21세기형 교사가 지도해야 합니다. 혹시 19세기, 20세기형 교사는 아닌지 항상 자신을 살피는 데 게으르지 않아야 합니다. 스마트폰에만 매달려 있는 학생들에게 스마트폰을 끄게 하고, 책을 읽게 해야 합니다. 넘치는 정보에 매몰되지 않도록 보살피고 스스로 생각할 수 있는 시간을 만들어 주어야 합니다. 학생이 읽은 책을 바탕으로 스스로 문제를 찾고 토론하고 해결해 나가는 과정을 스스로 꾸려나가도록 지도할 수 있는 능력을 교사는 부지런히 길러야 합니다. 교사가 알려주는 지식만 받아먹는 수동적 학생이 아니라 의문과 탐구를 통해 문제를 스스로 찾아내고 해결하는 능동적인 학생이 되도록 학교가 멍석을 깔아야 합니다. 부모의 욕망이 투영된 의사 판검사 등 소위 '사'자 붙은 진로 영역이 아니라 기초과학과 융합과목에 인재들이 몰려들도록 교육 시스템을 개선하고, 그들이 안정적인 환경 속에서 상상력을 마음껏 이끌어내도록 사회제도를 만들어야 합니다. 결국, 이 모든 요구에서 학생을 자유롭게 하는 것이 답입니다.

상상력의 또 다른 이름은 호기심입니다. '호기심은 우리가 가진 본능이자 우리의 미래'라고 외치는 어느 다큐채널의 외침에 공감합니다. 오늘 내 상상력 사전은 얼마만큼 풍요로울까?

베르나르
베르베르

—

칸트 놀이

　　　　　　　퇴근길에 효성동과 청천동 공단 길을 따라 집까지 3킬로미터 거리를 걸어서 옵니다. 가을 하늘 공활하여 매연도 느껴지지 않는 인도에 가을철 은행나무 잘 익어 떨어진 열대를 밟아 디디면서 특유의 향내를 일부러 느껴보기도 합니다. 귀갓길 40여 분 거리를 혼자 걷노라면 참 여러 가지 생각이 떠오릅니다. 일과 중 만났던 직원과 나눈 대화, 학생들과 나눈 인사, 그리고 우리의 여러 현안과 당면과제도 생각나고, 순간적으로 아이디어가 떠오르기도 합니다.

주3회 걸어 퇴근하면서 걷는 발걸음을 '칸트 놀이'라고 이름 붙였습니다. 시계보다도 더 정확히 산책했다던 칸트의 산책길이 그를 훌륭한 철학자로 키워주었듯 나는 퇴근길 은행나무 길이 내 상상력의 창고를 풍요롭고 행복하게 채워준다고 믿습니다.

인터넷 서점에 접속하여 검색창에서 '상상력'이란 단어를 입력하고 검색된 정보를 살펴봅니다. 10월 10일 현재, '상상력'으로 검색되는 항목은 799개입니다. 정확도순으로 살펴볼까요? 1번 베르나르 베르베르의 '상상력 사전', 2번 진중권의 '놀이와 예술 그리고 상상력', 3번 '세상을 바꾼 상상력 스티브 잡스', 4번부터 6번까지 만화 '베르나르 베르베르의 상상력 사전'1~3권, 판매량 순 검색에도 부동의 1위는 프랑스 작가 베르나르 베르베르입니다. 그리고 랭킹 제목에도 공통으로 '상상력'이란 단어가 차지하고 있습니다. 상상력에 대한 사람들의 관심이 랭크되어 있는 것으로 보아 한국인들의 상상력에 대한 높은 관심도를 짐작하게 합니다.

그 중에서도 베르나르 베르베르는 단연 국내 인터넷서점에서 가장 많이 주목받는 상상력의 대가입니다. 한국인들에게 그는 대단히 낯익은 사람입니다. 이미 우리나라를 여러 번 다녀갔고, 팬 미팅과 특강도 했으며, 그의 작품에 한국인이 등장하는 등 그는 한국인에게 특별한 친근감을 자주 표현해 왔습니다. 비즈니스를 위한 고객서비스가 아닌가 생각할 수도 있겠지만, 자존심 세기로 세계적으로 유명한 프랑스인이고 연예인도 아닌 그가 한국에 대한 애정을 자주 표현하는 것에서 진심을 느낍니다. 그리고 그의 한국사랑을 보면서 이 사람이 전생에 한국 사람이었거나, 대한민국이 그의 상상력에 도움을 주는 무언가가 있는 나라가 아닌가 짐작해 봅니다. 그래서인지 '상상력'의 대가로 이 사람을 추천하는 것을 망설이지 않겠습니다.

그는 프랑스의 과학 소설 작가로, 우리에게 소설 '개미'로 널리 알려져 있습니다. 곤충에 대한 해박한 지식을 바탕으로 쓴 이 책은 그의 데뷔작으로 발간되자마자 프랑스의 여러 매스컴에서 격찬을 받았다고 합니다. 또 최근에는 '타나토노트'와 '천사들의 제국'의 후속작인 '신'이 프랑스에서만 100만부 이상 팔렸다고 합니다.

어릴 때부터 만화 그리기에 재능을 보였고, 미국의 소설가 애드가 앨런 포의 영향을 받아 8살 때부터 단편소설을 쓰기 시작한 그는 고등학교 때 만화와 시나리오에 탐닉하면서 단화 신문을 발행하였고, 올더스 헉슬리와 허버트 조지 웰즈의 문학작품에서 소설과 과학을 익혔다고 합니다. 또, 어렸을 때부터 개미를 유심히 관찰하던 경험을 바탕으로 18세인 1978년부터 개미를 소재로 한 소설을 써야겠다는 결심을 했으며, 아프리카 개미에 관한 보고서를 만들기 위해 아프리카 코트디부아르에 가서 개미를 연구하기도 했습니다. 그리고 마침내 1991년에 120여 차례나 고쳐 쓴 '개미'를 발표하여 전 세계 독자들을 사로잡았습니다.

소설 '개미'는 세 단원으로 구성되어 있습니다. 개미에 대한 천재적 연구를 하다 죽은 '에드몽 웰즈'의 저서인 '상대적이며 절대적인 지식의 백과사전'이 첫째이고, 에드몽의 집 의둔의 지하사원에 갇힌 그의 조카와 경찰들이 지하세계의 삶과 의문의 연속 살인사건을 추적하는 지상의 인간들의 이야기가 둘째, 개미 103683호(정찰개미)와 56호 클리푸니 여왕개미의 벨로킹 제국과 여러 곤충들의 이야기가 셋째 단원입니다. 이 세 가지 내용들은 서로 끊임없이 연관되고 순환되며 다음 사건으로 이끌어 독자들의 호기심을 자극합니다.

그는 1994년에 타나토노트라 불리는 새로운 모험가들이 천국을 탐험하는 이야기를 다룬 소설 '타나토노트'를 출간하였습니다. '타나토노트

(Thanatonautes)'는 영계 탐사단이라는 의미로, 죽음을 의미하는 그리스어 Thanatos와 항해자를 뜻하는 nautes를 합성하여 만든 조어입니다.

소설 속 세계로 들어가 봅니다. 2060년대에 이르러 인류는 육신과 영혼을 분리하는 방법을 개발하게 되며 사후세계, 즉 영계(靈界)를 방문했다가 다시 육신으로 안전하게 돌아오는 방법도 알게 됩니다. 이렇게 목숨을 걸고 영계를 탐험하는 사람들을 타나토노트라고 부르며, 이 이야기는 미카엘 팽송과 라울 라조르박 등 타나토노트들의 관점에서 전개됩니다. 7단계로 구성된 천국의 구조와 백색계의 모습은 이집트 신화나 히브리 신화, 그리스 신화, 코란, 성경, 불교, 티벳 신화, 요가 등의 고대 전승에서 비유적으로 묘사되고 변형된 기록을 바탕으로 하여 작가가 상상력으로 창조한 것들입니다. 이쯤에서 이 작가의 상상력이 단순한 공상에서 비롯되지 않고 엄청난 양의 독서와 경험으로 쌓아올린 배경지식의 결과로 탄생한 상상력이라는 것을 현명한 독자들은 알게 됩니다.

일찍이 소설 '개미'를 읽으면서 미시세계에 대한 놀라운 관찰력을 바탕으로 줄거리를 구성해 낸 이 작가의 상상력에 감탄했었고, '타나토노트'에서는 영혼과 사후세계에 대한 사람들의 오랜 관심을 바탕으로 인간이 상상해 온 영혼의 세계를 태양계라는 자연과학과 접목시킨 놀라운 상상력에 감탄을 금치 못했습니다.

진정한 상상력의 대가
베르나르 베르베르

나는 그의 놀라운 상상력을 부러워하고 존경합니다. 그렇다고 그가 골방에 들어앉아 공상만 하고 있는 사람은 절대로 아닙니다. 목표가 분명하고, 자신이 좋아하는 일에 전념하고, 한 작품을 백 이십여 차례나 고치고 또 고칠 만큼 완벽주의자입니다. 그러면서도 지치지 않는 그의 노력이 존경스럽습니다. 한편으로는 그런 집요함에도 불구하고 그는 다작의 작가입니다. 그의 작품 연보를 살펴봅니다.

'개미'(1991년), '개미의 날'(1992년), '상대적이며 절대적인 지식의 백과사전'(1993년), '타나토노트'(1994년), '개미 혁명'(1995년), '여행의 책'(1997년), '아버지들의 아버지'(1998년), '천사들의 제국'(2000년), '뇌'(2001년), '나무'(2002년, 단편소설집), '파피용'(2007년), '신'(2007년), '파라다이스'(2008년), '카산드라의 거울'(2009년), '웃음'(2010년), '제3인류'(2012년) 등 작품이 끝없이 이어지는 다작 작가로서 쉬지 않고 우리에게 읽을거리와 즐거움을 주고 있습니다. 오늘도 끝없이 무언가 새로운 주제의 글을 쓰고 있을 것이고, 어느 날 프랑스와 한국에서 동시 출간하는 새 작품으로 우리를 또 놀라게 할 것이라고 기대합니다.

그는 진정한 상상력의 대가입니다. 그에게 영향을 끼쳤던 사람들을 살펴보면, 이 사람의 관심과 상상력이 무엇이었는지 쉽게 짐작할 수 있습니다. 어린 베르나르에게 가장 일찍 영감을 주었던 미국 소설가 '애드가 앨런 포'의 '검은 고양이, 어셔 가의 몰락, 더 레이븐' 등은 환상적이고 그로테스크한 소재를 통해 탁월한 통찰력을 보여준 미국 근대소설의 아버지이자 세계에 큰 영향력을 끼친 대가의 작품들입니다. 영국의 '올더스 헉슬리'는 '위대한 신세계', '조지 웰즈'는 '투명인간, 우주전쟁, 타임머신' 등으로 유명한 SF소설의 대가들입니다. 나도 어렸을 때 이들의 책을 읽으면서 SF세계에 빠졌던 추억이 있습니다.

어린 베르베르는 만화에도 탐닉했었습니다. 그가 읽던 만화 세계는 극도의 생략과 단순성으로 왜곡된 캐릭터를 통해 현실의 제약을 가볍게 뛰어넘을 수 있는 유용한 상상의 도구입니다. 이 모든 것들이 베르나르 베르베르의 상상력 창고인 셈입니다.

언제나 인류는 상상을 해 왔고, 그 상상이 나중에 꼭 현실이 되는 것을, 그리고 실현되는 것을 목격하면서 우리는 21세기를 살고 있습니다. 1980년대에 어떤 만화가가 2000년이 되면 현실이 되리라고 예측한 만화 속 대부분, 개인무선전화, 원격진료, 휴대용텔레비전, 로봇이 지금 현실이 되었고, 인공지능으로 무장한 채 나날이 진화하는 로봇은 인간의 영역에 자꾸 도전하고 있습니다. 상상력은 바로 호기심입니다. 내셔널지오그래픽 채널의 말처럼 호기심은 인류의 오늘의 있게 한 상상력의 원천입니다. 호기심에서 비롯된 상상력이 오늘 인류문명을 만들어냈습니다. 당연히 상상력이 고갈된다면 그것은 끝입니다.

내 서재에 놓인 그의 '상상력사전'뒤표지에 실린 평가 글을 보면서 그의 상상력의 크기를 생각해 봅니다. 그의 상상력 크기는 작은 내해가 아니라 망망대해임에 틀림없습니다.

팀 버튼과 조니 뎁의
무한상상 공장

—

네 개의 사과

참치는 평생 멈추지 않고 달립니다. 심지어 잘 때도 빠른 속도로 헤엄칩니다. 질주해야 호흡할 수 있도록 진화한 특별한 아가미 때문입니다. 그래서 인공번식이 어렵습니다. 멈추면 산소 부족 때문에 질식하여 죽습니다.

강물은 흘러야 합니다. 가두어 두면 썩고, 물고기들은 산소부족으로 죽습니다. 지금 대한민국의 큰 강 네 개가 몸살을 앓고 있는 이유입니다. 어떤 조직이나 사람이든 마찬가지입니다. 정체되면 썩게 되고, 그 속의 생명체는 덩달아 무기력해지기 마련입니다. 스스로 변하려는 노력과 자기발전 노력에 게으르지 않아야 시대 흐름에 뒤지지 않고 살아남습니다.

인류 역사상 세상을 바꾼 위대한 3대 발명품은 종이, 화약, 그리고 나침반이라고 합니다. 또 근대 최고의 발명품은 증기기관이고, 현대 최고의 발명품은 컴퓨터라는 데 이의 제기할 사람은 별로 없을 것입니다. 그리고 가장 최근인 올해 현재 우리가 살고 있는 21세기는 정보통신의 시대입니다. 컴퓨터의 발전에 이어 인터넷이 세계를 연결시켰고, 스마트폰으로 정보통신의 혁명을 일으킨 사람이 애플 아이폰의 스티브 잡스라는 데 이견이 없을 것입니다. 그의 상상력과 총명함, 그리고 열정과 에너지는 오늘날 우리의 삶을 불과 십여 년 전과 확연히 구분되게 만들었고, 윤택하게 해준 혁신의 원천이었습니다. 덕분에 세상은 헤아릴 수 없을 정도로 진보했습니다.

애플의 로고인 '한입 베어 먹은 사과'는 인류 역사에 큰 영향을 끼친 또 하나의 사과로 평가되고 있으며, 동서양 막론하고 누구나 갖고 싶어 하는 현대의 명품이 되었습니다. 그래서 애플의 사과는 '이브의 사과', '뉴턴의 사과', '폴 세잔의 사과'에 이은 네 번째 사과로 꼽힙니다. 그가 우리의 삶을 얼마나 획기적으로 바꿔놓았는지 아이폰의 새 버전이 발매되는 날이면 뉴욕이나 도쿄, 베이징, 서울에서건 가리지 않고 서로 먼저 사려고 긴 줄과 날 밤 새기도 마다하지 않는 모습이 자연스런 시대입니다.

그런 스티브 잡스이지만 그의 인생역정은 출생부터 버림받았고, 자신이 창업했던 회사에서 쫓겨나기도 했으며, 한참 더 일 할 수 있는 나이에 암에 걸려 투병하였고, 일찍 세상을 떠나는 등 롤러코스터처럼 파란만장하였습니다. 그럼에도 불구하고 그가 보통사람과 다른 것은 좌절과 고통을 오히려 기회로 삼았다는 점입니다. 암 투병과 죽음을 가까이 두고서도 "곧 죽을 것이라는 사실을 기억하는 것은 인생에 있어 커다란 선택을 내리는 데 도움을 주는 가장 중요한 도구이다."라며 죽음까지 혁신의 도구로 여길 정도였다고 합니다.

현실에 안주하면 발전이 없고, 발전이 없으면 시대 흐름이나 발전에 뒤처지게 됩니다. 역사상 많은 위인이 있었고, 그들이 남긴 위대한 문화유산 덕에 인류는 풍족한 삶을 살게 되었지만, 그들 중에 개인적으로 생존 시에는 인정받지 못하여 불행하고 비참하고 가난한 삶을 산 경우가 많습니다. 그런데, 오히려 그들은 불행과 불운의 시기에 걸작을 많이 남겼습니다.

베토벤은 귀가 완전히 고장 나고서 9번 합창 교향곡을 완성했지만 자신의 귀로는 위대한 교향곡을 들을 수 없었습니다. 모차르트는 생활고에 시달리면서 무수한 명곡을 작곡했으며, 슈베르트도 몹쓸 병고에 시달렸습니다. '동백꽃', '봄봄'으로 유명한 소설가 김유정도 폐병으로 죽기 직전 심신이 극도로 피폐한 상태에서 불후의 명작을 남겼습니다. 그래서 그들의 삶과 발자취를 보면서 사람이 평안하고 유복하기만 하다고 꼭 행운은 아니구나 생각할 때도 있습니다. 반대로, 지금 자신의 처지가 불우하고 불운하다고 생각한다면, 내가 오히려 더 성실히 생활하고 최선을 다함으로써 나의 존재를 알릴 기회가 되었구나 하고 발상을 전환하면 세상을 보는 눈이 달라질지도 모릅니다. 천재는 99%의 땀과 1%의 영감으로 이루어진다는 격언이 있습니다. 노력하지 않으면서 남의 탓, 운명 탓을 하면 어떤 것도 이루거나 남길 수 없습니다.

팀 버튼과 조니 뎁

놀라운 상상력으로 내 상상력 사전 속에 굳건하게 자리잡고 있는 두 명의 인물이 있습니다. 마음이 답답하거나 현실에서 잠시 벗어나 쉬고 싶을 때 상상과 환상의 세계로 인도해 주는 영화감독 팀 버튼과 그의 파트너 조니 뎁의 영화를 즐겨봅니다.

그를 잘 모르신다면 그의 다음 작품들은 어떤가요? '가위손', '빅 피쉬', '찰리와 초콜릿공장', '이상한 나라의 앨리스'. 아하, 그 영화는 아신다고요? 어떤 영화들인가요? 어딘가 친절하지 못한 고딕풍의 풍경들과 악마 같은 광대가 등장하고, 현실 세계와 동떨어진 인공의 공간에서 인형이나 3D그래픽으로 만들어놓은 것 같은 등장인물의 표정이 기억날 것입니다. 현실성 없어 보이는 공간에서 음산한 분위기와 뚜껑 열린 관이 미국작가 애드가 앨런 포의 소설 '어셔 가의 몰락'에 등장하는 절망적인 배경과 너무도 흡사합니다. 그러나 그의 작품 속에 들어가면 조금도 공포스럽지 않고 편안한 느낌입니다. 팀 버튼은 어려서부터 공포물을 아무런 두려움 없이 좋아했다고 합니다. 그래서 그런지 그의 작품 속으로 들어가 보노라면 현실을 떠나 내가 여섯 살 즈음쯤으로 되돌아가는 것 같은 평안함과 일종의 퇴행감을 느끼면서도 만족스럽습니다.

"어린 시절에 고통을 많이 겪을수록 어른이 된 후의 삶은 풍요로워집니다."고 팀 버튼은 말합니다. '크리스티안 프라가'가 엮은 책 '고딕의 영상시인 팀 버튼'이란 평전(대담집)을 보면 그가 동화의 이야기 구조를 바탕으로 가장 개인적인 영화를 만든 사람이라고 합니다. 개인적이란 말은 자신의 성장사를 바탕으로 한다는 의미로 이해하면 됩니다. 실제로 위에서 언급한 그의 영화 작품들은 평범하고 일상적인 삶을 살고 있는 우리의 생활과는 아주 거리가 먼 비현실적 무대와 비상식적 등장인물, 그리고 동화 같은 배경 속 몽환적인 이야기이거나 공포물로 분류가 가능한 작품들입니다. 그래서 나는 그의 작품을 좋아합니다. 사람이 매일 쌀밥만 먹다보면 가끔 빵도 먹고 싶고 피자가 당기기도 하는 것처럼 그의 몽환적 스토리 속 캐릭터에게 감정이입하면서 잠시 동안 동화세계 속으로 현실도피 하노라면 편안함을 느끼게 되는 것입니다.

그의 영화작품 속에서 편안하고 퇴행적인 즐거움을 누리고 있지만 팀 버튼이 만든 이 비현실적이면서 몽환적인 동화 이야기 뒤편에는 그의 불행한 성장사가 있다는 것을 평전을 통해 알게 되었습니다. 유년시절에 그는 자신을 진정으로 이해해 주지 않던 부모님과 함께하면서 아들의 재능이나 개성을 인정하지 못하는 아버지에게서 억압을 느꼈습니다. 그래서 어린 그가 느꼈을 막막함을 애드가 앨런 포의 소설작품에 빠져들면서 해결해 나갔다고 하는데, 그것을 알고 보니 그의 영화작품 세계가 애드가 앨런 포의 작품 세계와 많이 닮았고, 또 연결되는 것 같다는 느낌이 팍 듭니다.

어린 시절 어려움과
불우함이 준 선물

어린 시절에 고통을 많이 겪을수록 어른이 된 후의 삶은 풍요로워진다는 그의 말은 우리의 상식으로는 적절치 않습니다. 모든 어린이는 행복할 권리가 있고, 행복감을 많이 느낀 사람이 나중에 긍정적인 어른이 되어 사회에도 긍정적으로 영향을 끼친다는 것이 우리의 상식이지만, 한편으로는 그의 말이 이해가 됩니다. 풍요롭고 행복하게 평탄한 삶을 살아온 사람과 어려서부터 산전수전 다 겪어서 단련된 사람을 비교해 생각해 봅니다. 전자는 넉넉한 삶에서 비롯된 삶의 여유와 긍정적이면서 약간은 이기적인 인생관을 갖춘 것 같은 느낌이고, 후자 일찍 산전수전 다 겪은 사람은 단단한 이미지를 갖추었지만, 우리가 쉽게 접근하기 어려운 깊이가 있을 것 같습니다.

어린 시절 마음으로 얻지 못했던 자유와 행복에 대한 갈망이 영화작품들

통해 이루어지는 과정에서 일련의 작품들로 나타난 것은 아닐까 생각해 봅니다. 유년기에 아버지에게서 많은 제약과 압박을 받았던 그가 어른이 되고 나이 먹어서 아버지와 화해하는 영화가 '빅 피쉬'입니다. '찰리와 초콜릿 공장'은 사회에 적응하지 못한 소년이 꿈을 가지고 거기에 집착하던 중 행운이 찾아온다는 이야기입니다. 팀 버튼 매니아가 아니면 소화하기 어려운 영화라는 평가를 받은 '이상한 나라의 앨리스'는 예전 디즈니 만화로 우리에게 낯익은 이야기일 겁니다.

그의 평전을 보면서 그는 자유로운 상상력과 일상에 구속되기 싫어하는 자유로운 영혼의 사람이 아닌가 생각해 봅니다. 그런데 그의 부모는 미국 시골의 전형적인 백인이었습니다. 자연스레 미국의 주류백인들이 일반적으로 지닌 청교도적 가치관으로 규격화된 삶을 어린 버튼에게 요구했을 것이고, 틀에 구속되는 것을 천성적으로 싫어했던 그의 영혼이 숨 막혀 했을 것이라고 추측해 봅니다. 성장기에 어려움을 겪었고, 또 한 편으로는 그 불우함이 역으로 그의 놀라운 상상력으로 결합한 영화작품을 만드는 밑바탕이 되었으며, 또 나와 같은 사람에게 즐거움을 주는 존재가 되었으니 불운과 행운이 서로 교직하는 묘한 인생의 재미를 느끼게 됩니다.

그의 작품 '가위손' 이후 '에드 우드', '슬리피 할로우', '찰리와 초콜릿 공장', '유령신부'에는 한 사람의 유명한 배우가 똑같이 주인공으로 출연합니다. 나중에 캐리비안의 해적 시리즈에서 더 유명해진 조니 뎁입니다. 시리즈 영화도 아닌데 같은 배우가 계속 출연한다는 것은 그만큼 그 배우가 작품을 완벽하게 해석하고 캐릭터를 재현해 낼 수 있는 능력을 지닌 덕택이겠지만, 어쨌건 감독 팀 버튼과 배우 조니 뎁 콤비는 나를 행복하게 해주는 완벽한 무한상상 공장의 공장장과 직원입니다.

부모 입장에서 보면 자식이란 삼신할매가 점지해 주고, 하늘이 내려준 인생 최대의 선물이자 최종 목적지이기도 합니다. 그래서일까요? 유독 자식에게 모든 것을 기대하고 자신의 모든 재산까지도 아낌없이 물려주기를 희망하고, 유교적 가치관까지 더해서 자식에게 거는 우리 어른들의 막중한 기대치 무게가 결과적으로 우리 자식들의 자유로운 영혼을 구속하고 상상력의 싹을 싹둑 잘라버리는 역할을 하고 있는 것은 아닐까요?

만화와 만화영화의
즐거움

만화가 주는 즐거움과 교훈

부천 상동에 가면 한국만화박물관이 있습니다. 많은 학생들이 동아리활동이나 진로체험학습차 그곳을 방문합니다. 방학 때나 주말에 친구끼리, 가족 단위로 방문하여도 괜찮습니다. 이곳은 만화의 문화 예술적 가치를 증대시키고 문화유산으로 전승하겠다는 설립 취지로 만화를 수집 보관하고, 전시, 체험, 교육, 도서관 운영 등 좋은 프로그램을 준비하고 있어서 교육활동하기 아주 좋은 장소입니다. 사실 책과 잘 사귀지 못한 어떤 청소년이라도 만화책이라면 거부감이 덜 하거든요.

어린 시절, 책을 만나게 된 순간부터 지금까지도 나는 만화의 열렬한 팬입니다. 과감한 생략과 단순명쾌한 직선 곡선들이 만들어내는 수많은 캐릭터들과 기발한 말풍선을 보고 얻는 통쾌함과 즐거움은 만화에서만 얻을 수 있는 기쁨이기 때문입니다.

아직 문자를 해득하지 못한 아주 어린 아이 시절에라도 사람들은 그림책을 먼저 만나면서 책과 가까워지고, 점차 문자를 해득하고, 내용을 이해할 수 있게 되면서 만화책을 더 쉽게 만나게 되고 자연스레 책과 친해집니다. 만화영화도 마찬가지구요. 아이를 키우는 부모에게 뽀통령의 위력은 굳이 말하지 않아도 절대적이지요.

과거에나 지금이나 그림책과 만화는 아이가 가장 먼저 만나게 되는 아주 중요한 종이 미디어입니다. 요즘은 스마트폰을 비롯한 스크린으로 그것들을 만나는 게 대세가 되었지만, 접촉하는 미디어가 형태만 달라졌을 뿐입니다.

내가 기억할 수 있는 맨 처음 만화는 '왈순아지매'란 신문 연재로 유명했던 정운경 만화가의 동물 전쟁만화 '진진돌이'입니다. 이 만화는 1962년에 연재를 시작하여 여러 해 동안 계속 실렸습니다. 이미 50년도 더 된 옛날 만화지만 인터넷 검색해서 살펴보니 요새 만화와 비교해 보아도 캐릭터나 스토리에서 별 차이를 못 느낄 만큼 쉽고 친근하게 잘 그려진 작품이었습니다. 그래서일까요. 이 만화는 대한민국 명작만화 리메이크 작으로 선정되어 현대적 감각을 다시 입혀서 '진진돌이 에볼루션'이란 이름으로 재탄생하였고 언제든지 인터넷 웹툰에서 찾아 읽을 수 있으니 직접 눈으로 확인해 보기 바랍니다.

초등학생 시절 나는 진진돌이의 열렬한 팬이었습니다. 그때 당시 '학원'이라는 어린이 청소년 잡지에 연재되었는데, 동네에서 가장 잘 사는 이웃 친척집에 가야 볼 수 있었던 그 만화를 보고 싶어서 틈만 나던 온갖 핑계를 대고 그 집을 들락거렸습니다. 마침, 그 집에 동갑인 육촌형제가 있어서 자연스럽게 그 집을 드나들 수 있었고, 덕택에 매달 이 만화를 보면서 싱상의 세계에 빠져들곤 했었습니다. 사내아이들은 대개 전쟁놀이를 좋아하고, 전쟁이 배경인 온갖 이야기를 본능적으로 좋아합니다만, 그 만화 덕택이었던지 우리는 틈만 나면 동네 뒷산이고 마을 고샅에서 으레 전쟁놀이를 했습니다.

그 만화에는 개, 고양이, 돼지, 너구리, 하마, 악어 등 온갖 육상동물이 육군 장병으로 출연하고, 고래, 문어, 오징어, 불가사리 등 온갖 해산물은 해군이고, 독수리, 백조, 까치, 닭, 오리는 공군으로 등장합니다. 사실 등장인물은 동물이지만 기실 인간 세상 이야기입니다. 거기에는 계급이 있고, 조직과 전략이 있고, 다툼이 있습니다. 그러므로 동물 껍데기를 쓴 인간들의 다툼과 생존경쟁을 담은 이야기라고 할 수 있습니다.

이처럼 동물이되 사람들의 이야기를 담은 각종 문학작품을 의인화된 이야기, 또는 우화라고 합니다. 우화(寓話)란 '인격화한 동식물이나 기타 사물을 주인공으로 하여 그들의 행동 속에 풍자와 교훈의 뜻을 나타내는 이야기'인데, 우리 모두에게 친숙한 이름, 이솝우화가 가장 유명하지요. 우화는 대개 보편적인 지혜를 담고 있으며 사람들에게 훈계와 교훈을 줍니다. 보통 의인화되어 인간처럼 행동하는 동물이 전형적인 주인공으로 나타나며, 그들의 특성도 전형화 되어 있습니다. 가령 토끼는 어리석게, 여우는 교활하게, 늑대는 탐욕스럽게, 사자는 용감하고 위엄 있게 그려집니다. 우화는 대체로 '동물우화'와 같은 개념으로 통합니다.

풍요로운 만화의 세계

만화의 종류에는 순정만화, 학습만화, 어린이만화, 성인만화, 시사만화, 그리고 웹툰 등 독자, 내용, 매체별로 다양합니다만, 내가 어렸을 때는 잡지 연재만화, 또는 대본소용 단행본, 그리고 신문만화 등이 일반적이었습니다. 내가 특별히 좋아했던 것들은 과감한 생략과 극도로 단순화한 선으로 그려진 개구쟁이나 악동들이 등장하는 작품이었습니다.

내가 작가와 제목, 스토리를 아직도 생생하게 기억하는 만화작품은, 박기정의 '도전자', 방영진의 '약동이와 영팔이', 산호의 '라이파이', 박기준의 '올림픽 소년', 길창덕의 '꺼벙이', '보물섬', 박수동의 '번데기 야구단', '오성과 한음', '고인돌', 김수정의 '아기공룡 둘리', '오달자의 봄', 신문수의 '도깨비감투', 윤승운의 '맹꽁이 서당', 이상무의 '비둘기 합창', ㅇ항원의 '떠돌이 검둥이', 임창의 '땡이', 이정문의 '철인 캉타우', '심술통' 등입니다.

그 시절 박수동의 만화는 지금까지 본 적 없는 유별난 작품이어서 선풍적 인기를 끌었고, 19금 아슬아슬한 이야기도 즐겨 그려서 성인들에게 인기도 높았습니다. 직선이라고는 찾을 수 없는 꼬부랑 곡선으로 그려진 캐릭터는 참 특이했습니다. 길창덕, 신문수, 윤승운, 임창, 이정문의 만화는 악동 개구쟁이들의 좌충우돌 일상사를 담고 있었고, 이상무는 착한 소년 소녀들의 일상을 감동 있게 잘 그려냈는데, 가만 생각해 보면, 나는 개성 있는 어린이 청소년 유머 만화를 좋아했습니다. 삶의 고통이나 어려움, 갈등보다는 맘 편하게 보면서 심리적 이완작용으로 즐거움을 주는 일회용 청량음료 같은 재미를 얻었기 때문이지 않았을까 생각합니다.

어린이와 중·고교생 등 청소년에게 보이기 위한 만화와 교육적 내용의 그림풀이를 아동만화라고 하는데, '순진무구한 동심의 세계를 보다 풍요하게 해주며, 순수한 어린이의 웃음을 찾아주어 정서함양에 이바지하는 데 목적이 있다'는 아동만화는 내 어릴 적 상상의 세계를 자극해 주던 조미료 같은 존재였습니다. 복잡하지 않고 단순하게 표현되는 만화 캐릭터들이 어린 내 마음을 사로잡았던 비결은 과감한 생략이 주는 여백의 여유로움과 한 칸 한 칸마다 들어있는 위트와 유머 때문이었을 것입니다.

만화를 즐겨 읽는 습관은 고등학생 시절까지 계속됩니다. 그런데 아이러니하게도 이 재미있는 만화책이 그 시절에 사회적 저주의 대상이 되기도 합니다. 중고등학생 시절에 만화를 두고 벌어지는 웃지 못할 해프닝이 수시로 일어났습니다. 당시 한창 유행하던 순정만화, 무협만화 시리즈물들을 학교 부근이나 버스정류장, 기차역 주변에 있던 대본소에서 빌려서 읽곤 했는데, 인기 있는 만화는 3,40 권씩 시리즈물로 출간되었고, 감질나게 이어지는 스토리에 목말라하던 우리들은 마저 읽어 끝장낼 요량으로 밤새 읽고도 남은 책을 몇 권씩 책가방에 넣어 등교하곤 했는데, 때마침 학생부나 교련선생님의 불시 책가방 검사로 적발되기라도 하면 송두리째 압수당하는 사태가 벌어지곤 했습니다. 게다가 당시 라디오 방송에서는 불량만화가 청소년들을 망친다는 살벌한 뉴스와 불량만화 안 보기 캠페인이 매일같이 나오고 만화책 보는 청소년들을 불량기 가득한 망나니 취급하곤 했고, 학교에서는 운동장 조회 때 그동안 압수한 만화책을 소방훈련 하듯 운동장 가운데 쌓아놓고 화형식을 치르곤 했습니다. 불타는 만화책을 보면서 어찌나 아까웠던지, 그때 마음, 모든 학생들의 심정이 비슷했을 것입니다, 한편으로는 멀쩡하게 출판되고 대본소에서 영업까지 하는 만화는 용납하면서 또 한편에서는 화형식을 하는지 이해할 수 없었습니다.

대본소에서 빌려보는 것이 대세이던 70~80년대 만화책은 종이 질은 물론, 제본도 확실히 조잡했습니다만, 김수정의 '아기공룡 둘리', 박수동의 '고인돌', 이현세의 '공포의 외인구단' 같은 만화가 단행본으로 출간되는 시점에서부터 제본 품질이 확 높아지면서 비로소 책으로 대접을 받기 시작했습니다. 그리고 지금은 만화가 대세지요. 작품성을 갖춘 만화가 독자를 끌어들이고, 또 그 아이디어를 각색하여 영화화 한 작품들이 인기를 끌고 있습니다. '식객', '26년', '올드보이', '이웃사람', '드래곤 볼', '타짜', '어벤져스', '아이언맨 시리즈', '미생', '그대를 사랑합니다', '은밀하게 위대하게'는 원작이 국내외의 만화들이고, 영화로도 대성공한 작품들입니다. 만화의 상상력이 영화로 연결되어 좋은 상품이 되는 시대입니다. 당연히 대학에도 만화학과가 개설되어 인재를 길러내는 등 만화는 이제 어엿한 학문이고 즐기는 문화이고, 큰 돈벌이가 되고 있습니다.

여러 매체로 만나는 만화

요즘은 만화의 주력이 웹툰으로 옮겨갔지만 학교에서는 여전히 도서관 열람 차 들르는 학생들의 다수가 만화책을 읽으려는 것이 대세입니다. 도서관 운영자 입장에서는 온통 스마트폰에 빠져있는 요즘 학생들을 도서관으로 불러들이기 위해서 도서관에 인터넷검색이 가능한 컴퓨터도 구비해 두어야 하고, 수시로 독서 이벤트를 개최하면서 초코파이를 경품으로 내거는 눈물겨운 노력을 많이 하고 있습니다. 그리고 좋은 학습만화류를 빠지지 않고 정기적으로 구입하여 비치하고 있습니다.

만화도서의 종류도 참 다양합니다. 초기에는 위인전, 만화로 보는 세계명작, 역사신문, 나라별 세계여행 같은 학습 관련 만화책이 발행되더니 요즘은 모든 영역을 망라한 학습만화책이 쉬지 않고 출판되고 있습니다. 만화의 흡인력, 학습교재로서의 가능성을 출판업자들이 충분히 인식하고 있다는 증거입니다. 도서는 독자의 뇌 속에서 상상력을 불러일으키지만, 그림으로 표현된 내용은 상상력을 자극하는 데 큰 영향을 미치지 못하고, 그림으로만 각인되는 단점이 있다고 합니다. 예를 들어볼까요. 최근 인기를 끌었던 영화에서 '이순신'역으로 열연한 최민식의 대사 중에 "신에게는 아직 열세 척의 배가 남아있습니다."가 세상 유행어가 되기도 했습니다만, 최민식의 연기로 이순신을 만난 사람들에게 이순신과 최민식은 서로 겹쳐 보이기도 하고, 이순신은 없고 최민식만 시각적 이미지로 고정되어버리는 문제가 생깁니다. 마찬가지로 영화 '광해'에서 연기한 이병헌 덕택에 영화 관람객이나 청소년들에게 역사상의 광해군은 이병헌과 꼭 닮은 사람이어야 한다는 이미지 고착 문제가 발생합니다.

텔레비전이 본격적으로 보급되던 1970년대 이후 우리에게 다가온 친근한 미디어가 만화영화입니다. 텔레비전을 통해 만났던 만화영화는 뽀빠이와 그의 여자 올리브, 그리고 악당 부르터스, 찰리 브라운과 애완견 스누피를 중심으로 한 캐릭터들이 귀여운 겉모습과 어울리지 않는 초현실적 인생관을 가진 주인공 '피너츠', 주인공은 찰리 브라운이지만 스누피의 활약이 많기 때문에 스누피가 주인공이라 생각하기 쉽고, 그래서 만화의 제목을 많은 사람들이 '스누피'로 착각하기도 합니다. 곰돌이 푸, 우리에게 만화는 물론, 캐릭터상품으로도 친근한 푸는 언제나 낙천적이고 느긋한 성격의 곰이죠. 꿀을 제일 좋아하고 기억력이 나쁘지만 시나 노래 만드는 것을 좋아하며, 바보스러워 보이지만 위기상황에서 제법 똑똑한 말을 하기도 합니다. 푸 특유의 빨간 티셔츠와 하의실종패션은 이 만화의 가장 뚜렷한 인상이 됩니다. 피글렛(piglet)은 소심함의 극치를 달리는 작은 돼지로 언제나 "어쩜 좋지""난 몰라"를 입에 달고 삽니다. 디즈니의 마스코트

도널드 덕, 부리는 주황색, 온몸은 하얀 색에 보통 세일러복과 선원들이 쓰는 모자와 검은색 나비넥타이를 매고 등장합니다. 장난치는 것을 좋아하고 자존심이 세며 집착이 강하던서 이기적인 얌체 주인공입니다. 디즈니의 진짜 주인공 미키마우스가 침착한 반면, 도널드는 성격이 급하고, 걸핏하면 화를 내고 제멋대로 오해하여 자신이 벌여 놓은 일에 자신이 당하는 경우가 빈번하며, 특히 악당들이나 미키의 라이벌들(피트, 모티머 마우스)에게 속아 이용당합니다. 미키 마우스는 수컷 쥐를 의인화한 캐릭터이고 미국 월트 디즈니의 심벌 캐릭터입니다. 그 외에도 귀여운 생쥐 톰과 제리, 백설공주와 일곱 난장이, 버섯집에 사는 푸른 인간 스머프, 딱따구리, 이상한 나라의 앨리스, 정글북, 타잔, 그리고 성탄절이면 보게 되는 단골 만화영화 성냥팔이 소녀, 일본에서 건너와 아이들의 마음을 사로잡아 버린 철인 아톰, 은하철도999, 짱구, 그리고 피카추는 우리나라 거의 모든 청장년들의 어린 시절 머릿속에 지워지지 않는 영상으로 새겨져 있지요.

상상력의 화수분, 만화

만화와 만화영화는 유년기부터 성장기까지 내 상상력을 충족시켜주었던 화수분이었습니다. 우리의 현실이 항상 빡빡하고 일상에 쫓기고 여유 없게 이어지는 하루하루의 연속선상이게 마련인데, 만화책을 펼치고, 텔레키전 만화영화 속에 발을 디디는 순간, 나는 독자, 시청자에서 극중 주인공으로 변신하여 현실에서는 불가능한 온갖 선량한 일을 해치울 수 있는 능력자, 정의의 사자, 심판자로 변신하여 종횡무진하면서 카타르시스를 맛보는 것입니다. 문화 혜택이라야 고작 싸구려 영화 상영관밖에 없었던 1970년대 전후 낡은 흑백영화와 같은 시기를 살아가면서 현실에서 벗어나 주인공으로 변신할 수 있는 그 무대가 항상 가슴을 뛰게 했습니다.

예전과 달리 이제는 일단 뜻만 세우면 젊은 세대들이 만화의 소비자로만 존재하지 않고 학교 안팎의 애니메이션 동아리활동에 참여하면 쉽게 만화작가가 될 수 있도록 세상이 바뀌었습니다. 대학에 진학하여 학문으로 만화를 공부할 수도 있습니다. 재능 있는 사람의 좋은 아이디어는 웹툰과 같은 발표무대를 통해 이내 평가를 받을 수 있고, 캐릭터 산업이나 영화 제작으로까지 연결되어 큰돈을 벌게 해 주는 시대입니다. 만화를 포함한 모든 예술작품이 탄생하면 소유권을 법으로 보호받는 저작재산권(저작권)을 갖게 되며, 이 저작권은 저작권법에 의거하여 저작자가 생존하는 동안과 사망 후 70년간 존속합니다. 뽀로로 뽀통령과 타요버스의 인기를 누가 예측했나요? 뽀통령과 타요버스의 원작자는 70년 동안 저작권 수입이 계속 보장됩니다.

자녀나 주변의 청소년이 만화에 관심을 보이거나 재능을 발견하게 되면 적극 지지하고 지원해 주시기 바랍니다. 누가 압니까? 선생님이 수업시간에 가볍게 던져준 칭찬과 격려의 한 마디 덕택에 이현세 같은 유명한 만화가가 우리 학생 가운데서 탄생할지.

상상력의
끝판왕

—

끝판왕이란?

해마다 유행했던 말들이 있습니다. 대개 개그맨들이 퍼뜨리지만, 세월호의 비극 이후 사회상을 반영하는 말도 있습니다. 세상의 변화 추세가 하도 빠르다보니 유행어의 탄생과 등장, 그리고 유통속도도 엄청 빠르고, 새로운 유행어나 은어, 속어도 금세 우리 언어생활 속으로 들어와 이내 자리 잡게 됩니다. 그 가운데 최근 우리가 낯설지 않게 사용하는 단어 '끝판왕'이 있습니다.

끝판왕이란 어떤 일을 다른 사람이 따라 올 수 없을 정도로 실력이 뛰어나거나 정도가 심하게 하는 사람을 가리키는 단어입니다. '달인', '생활의 달인' 등 방송에서 본 프로그램에 등장하는 사람들처럼 좋은 의미로도 쓰지만 경우에 따라서는 나쁜 의미, 대상을 비난하는 의미로도 흔히 쓰이는데요. 의미를 따져보면 대개 '종결자, 최종 고수, 최고, 지존'의 뜻으로 쓰입니다. 어느 특정한 분야에서 최고 수준에 오른 사람을 말하는 것으로, 마찬가지 신조어인 '킹왕짱'과 비슷한 의미로도 두루 쓰이고 있습니다. 종결자라면 '터미네이터(Terminator)'란 단어와 의미가 같다고 할 수 있습니다. 로봇이 지배하는 미래의 지구에서 반란을 일으킨 기계들에게 저항하는 인간 대장을 제거하려고 미래에서 시간을 거슬러 오는 터미네이터 영화는 뭔가를 끝내는 것, 또는 말 그대로 뭔가를 끝낼 거 같은 상황을 스릴 넘치는 영상으로 보여준, 재미있는 영화였지요.

'공부의 끝판왕'이라면 대학수능시험에서 상위 10위 이내에 든 사람에게 적합한 호칭일 것 같고, '살림의 끝판왕, 개그의 끝판왕, 게임의 끝판왕, 뇌물의 끝판왕' 같은 지칭은 어느 특정 분야에서 남이 감히 도전하기 어려운 경지에 이른 사람에게 적합한 호칭일 것입니다. 하지만, 사실 어딘지 낯설고 자연스럽지 않은 단어 끝판왕의 의미로 '일인자(一人者)'라는 전부터 쓰이던 단어가 있습니다. '일인자'란 특정 방면에서 가장 뛰어난 사람이란 뜻이고, 비슷한 말로는 '명인, 으뜸, 제일인자'가 있습니다. 굳이 있는 좋은 말 제쳐두고 끝판왕을 왜 쓰느냐 왈가왈부하고 싶지도 않고, 새로 추가된 신조어 어휘의 자연스런 등장이라고 생각해 버리면 될 일이겠지만 이러다가 일인자가 쫓겨나고 그 자리에 끝판왕이 주저앉아 버리면 어쩌나 하는 조바심이 나는 것도 사실입니다.

상상력에도 끝판왕이 있을까요?

당연합니다. 세상에 존재하는 70억 현생인류 지구인들이 다 제각각의 개성을 지녔고, 세상에는 쌍둥이를 포함한다 해도 똑같은 사람은 하나도 없듯이, 오늘도 모두 70억 개만큼씩 각자 다른 생각을 하면서 살아가는 우리 인간들의 상상은 참 다양하겠죠?

상상의 종류

어떤 사람은 몽상(夢想)을 합니다. 몽상은 꿈속의 생각인지라 대개 그 사람은 실현성이 없는 헛된 생각을 하면서 시간을 보냅니다. 몽상(daydreaming)에 빠지는 것은 종종 시간을 낭비하는 것으로 여겨집니다. 그러나 몽상은 우리를 삶의 다양한 변화에 대처할 수 있게 만들어 주는 중요한 역할을 합니다. 몽상은 백일몽과 비슷합니다. 백일몽이란 '한낮에 꾸는 꿈'이란 뜻으로, '헛된 공상'을 비유하여 이르는 말입니다. 자신에게 충족되지 못한 욕망이 직·간접적으로 충족되는 비현실적인 세계를 생각하거나 상상하는 과정 또는 그러한 꿈을 말합니다. 현실 세계에서 이성을 갖춘 인간은 대개 자신의 과도한 욕망을 저지하려고 행동하기 마련인데, 백일몽은 그 저지상황을 해결하는 일종의 도피현상입니다.

어떤 사람은 망상(妄想)을 합니다. 이치에 맞지 아니한 망령된 생각을 하면서 시간을 보냅니다. 심리학적으로는 근거가 없는 주관적인 신념, 또는 사실의 경험이나 논리에 의하여 정정되지 아니한 믿음으로 피해망상과 과대망상에 빠지기도 하는데, 이 경우에는 정신적으로 건강하지 못하여 가족이나 남에게 피해를 주는 경우가 많이 있습니다.

우리는 발상(發想)을 통해서 어떤 생각을 해냅니다. 요즘 세상 사람들의 화두가 되고 있는 혁신과 상상력도 발상의 신선함과 생각의 전환을 통해서 이루어진다고 합니다. 오늘날 인류를 편리하게 해 주는 수많은 발명과 발견도 수많은 사람들의 발상 덕택에 이루어졌다는 사실을 알고 계십니까?

우리는 구상(構想)하여 앞으로 이루려는 일에 대하여 그 일의 내용이나 규모, 실현 방법 따위를 어떻게 정할 것인가를 생각합니다. 예술가들은 예술

작품을 창작할 때, 작품의 골자가 될 내용이나 표현 형식 따위에 대하여 생각을 정하게 됩니다.

우리는 공상(空想)을 하면서 현실적이지 못하거나 실현될 가망이 없는 것을 막연히 그려 보면서 시간을 보냅니다. SF(Science Fiction)로 잘 알려져 있는 공상과학소설은 현재는 공상 속에서만 존재하지만 미래에는 현실이 될 가능성이 높은 배경과 줄거리로 이루어집니다. 달 탐사, 화성 탐사, 태양계 탐사가 과거에는 공상이었지만, 이제 하나씩 현실이 되고 있습니다.

우리는 연상(聯想)하면서 하나의 관념이 다른 관념을 불러일으키는 현상을 통해서 생각을 연결시켜 갑니다. '기차1'로 '여행2'를 떠올리는 따위의 생각이 연상입니다. 마치 낚싯대를 들어 올리면 미끼 따라 물고기들이 차례로 올라오듯, 생각이 차례대로 따라서 떠오르는 것과 같은 이치입니다. 그래서일까요? 학교 현장에서 스토리텔링이니 연상학습법, 교과융합이니 하여 생각의 끈을 확장 연결하면서 학습 범위와 효과를 늘려가는 방식의 공부 방법을 도입하려고 애쓰는 선생님들이 갈수록 늘어나고 있죠?

우리는 회상(回想)하여 한 번 경험하고 난 사물을 나중에 재생하는 등 지난 일을 돌이켜 생각하곤 합니다. 사람이 나이를 많이 먹게 되면 회상할 일이 많아집니다. 과거의 기억이 그 만큼 많아지기 때문입니다. 부디 더 많은 사람들의 회상이 오로지 아름답기만을 기원합니다.

우리는 명상(冥想)하면서 고요히 눈을 감고 깊이 생각합니다. 명상은 심장 기능에도 좋고, 긴장과 근심을 완화시키며, 피로감을 줄여주어 불안감과 스트레스를 더 잘 극복할 수 있도록 도와준다고 합니다. 종교적 명상은 특히 더 효과가 있겠지요.

우리는 감상(感想)으로 마음속에서 일어나는 느낌이나 생각을 떠올립니다.

우리는 착상(着想)하여 어떤 일이나 창작의 실마리가 되는 생각이나 구상 따위를 잡습니다.

우리는 묵상(默想)하여 눈을 감고 말없이 마음속으로 기도를 드리고 생각합니다.

우리는 단상(斷想)의 연속선상에서 생각나는 대로 단편적인 생각을 하며 삽니다.

화가는 화상(畫想)을 통해서 그림을 그리기 위한 착상이나 구상을 시작합니다.

시인은 시상(詩想)을 통해서 시를 짓기 위한 착상이나 구상을 합니다. 시에는 시에 나타난 사상이나 감정, 그리고 시적인 생각이나 상념이 들어있습니다.

음악가는 악상(樂想)을 통해 음악의 주제, 구성, 곡풍(曲風) 따위에 관한 작곡상의 착상을 하거나 생각을 표현하게 됩니다. 음악 속에 표현되어 있는 사상이 악상입니다. 곡상(曲想)은 악곡이 주는 느낌입니다.

기상(奇想)은 좀처럼 짐작할 수 없는 별난 생각, 기발한 생각입니다.

난상(亂想)은 앞뒤 없이 떠오르는 생각. 또는 부질없는 엉뚱한 생각입니다.

묘상(妙想)은 묘한 생각입니다.

무상(無想)은 마음속에 아무런 상념이 없는 것입니다.

미상(迷想)은 갈피를 잡지 못하는 어리석은 생각입니다.

반상(反想)은 반대로 돌려 생각하는 것입니다.

우리는 예상(豫想)하면서 어떤 일을 직접 당하기 전에 미리 생각하여 둡니다. 또 가상(假想)하여 사실이 아니거나 사실 여부가 분명하지 않은 것을 사실이라고 가정하여 생각합니다.

인간은 사상(思想)을 지닌 위대한 존재입니다. 어떠한 사물에 대하여 가지고 있는 구체적인 사고나 생각과 철학적으로 판단, 추리를 거쳐서 생긴 의식인 논리적 정합성을 가진 통일된 판단 체계 내용을 갖게 됩니다.

우리는 상상(想像)을 합니다. 실제로 경험하지 않은 현상이나 사물에 대하여 마음속으로 그려 보면서 시간을 보냅니다. 심리학에서는 상상이란 외부 자극에 의하지 않고 기억된 생각이나 새로운 심상을 떠올리는 일을 지칭하고 상상에는 재생적 상상과 창조적 상상이 있습니다.

인류 문명을 이끌어온 상상력

사람의 생각이 얼마나 많은지 생각해 보셨나요? 인류가 위대한 이유는 바로 생각할 줄 아는 존재이기 때문입니다. 여러 생각들이 오랜 옛날부터 인류의 역사만큼이나 쌓이고 쌓여서 지금과 같은 찬란한 인류의 문명이 만들어졌지요.

여러 생각들 가운데는 건강한 것도 있지만 그렇지 못한 것도 있습니다. 그렇다고 쓸모없는 생각은 세상에 단 하나도 없습니다. 역사상 수많은 사람들의 생각이 표현되고 잘 걸러지면서 우리의 삶을 풍요롭게 하였고, 종교, 철학, 역사, 문학과 같은 인문과학과 수학, 물리학, 천문학, 생물학, 의학 같은 자연과학이 만들어진 것입니다. 그래서 상상력의 끝판왕은 없다고 생각합니다. 하지만 굳이 따지자면 눈으로 확인할 수 없는 존재를 만들어내거나, 찾아내고 확인해 낸 인물들의 생각이 상상력의 끝판왕이 아닐까 생각합니다. 그런 점에서 빼어난 시력이나 고성능 망원경으로도 잘 찾을 수 없는 광대한 우주를 생각해 내고, 관찰하고, 찾아내고, 우주와 태양과 지구의 나이를 밝혀내고, 우주선을 태양계 밖으로까지 쏘아 보낸 과학자들에게 마음에서 우러난 존경심과 함께 상상력의 끝판왕 호칭을 수여하려고 합니다.

상상의 능력은 사람마다 다릅니다. 어떤 사람은 상상력이 샘솟지만 어떤 이는 말라 버리기도 합니다. 신문을 보니 어느 정신과 의사선생님의 글에 눈길이 갑니다. 혹시, 여러분은 상상력이 빈곤한가요, 아님 풍부한가요? 요즘 상상력에 갈증을 느끼지는 않나요? 요즘 상상력의 갈증과 빈곤을 느낀다면 다음 글에서 해답을 찾을 수 있을지 모르겠네요.

멘델레예프 교수는 63개의 원소를 정렬할 규칙을 발견하기 위해 고민을 거듭했습니다. 진이 빠지도록 연구에 몰두했지만 규칙을 찾지 못했습니다. 답을 찾은 것은 잠을 자면서였습니다. 지쳐서 잠이 든 어느 날 꿈속에서 모든 원소가 조건에 맞게 정렬된 모습을 보았는데, 이게 오늘날 멘델레예프의 원소주기율표가 됐습니다.

아르키메데스가 부력의 원리를 깨닫고 유레카를 외친 곳도 목욕탕이었습니다. 때로는 빈둥거리며 궁리를 하고, 낮잠을 자며 영감을 떠올리기도 해야 합니다. 좋은 음식도 소화시키지 못하면 소용이 없습니다. 뇌도 마찬가지입니다. 새로이 들어온 정보는 기존 정보들과 통합하고 분류하고 체계화되어 잘 정돈이 되어야 합니다. 쓸모없는 정보는 삭제해서 자유로운 사고가 가능한 여백을 만들어내야 합니다. 그래야 새로운 정보가 창조되고 기존에 보이지 않던 해결책을 찾을 수 있습니다. 뇌의 작동 방식을 보면 과부하보다는 빈둥거리는 게 낫습니다. 창조는 여백에서 나옵니다. 당신의 여백은 충분하신지요? (신동원 정신건강전문의)

뮤지컬의
즐거움

—

뮤지컬이 대세?

　　　　　　　　　　　뮤지컬을 아시나요? 관심 있나요?

텔레비전의 연예 및 노래하는 프로그램에 유명한 뮤지컬 가수들이 자리 잡았기 때문에 그리 낯설지는 않을 거라고 생각합니다만 요즘 대세라지요?

뮤지컬(Musical)이란 뮤지컬 코미디(musical comedy) 또는 뮤지컬 플레이(musical play)의 준말로서 미국에서 발달한 현대 음악극의 한 형식이랍니다. 음악, 노래, 무용을 결합한 것으로, 뮤지컬 코미디나 뮤지컬 플레이를 종합하고, 레뷰(revue-시사 풍자극), 쇼(show-볼거리), 스펙터클(spectacle-구경거리) 따위의 요소를 가미하여, 큰 무대에서 상연하는 종합 무대 예술입니다. 서울 대학로 극장가나 전문 극장에 가면 거의 언제나 볼 수 있고, 간혹, 세종문화회관이나 예술의 전당, 그리고 인천의 종합예술문화회관이나 부평아트센터에서도 심심치 않게 공연하기 때문에 어렵지 않게 관람할 수 있을 만큼 우리 가까이 있습니다. 특히 본고장인 미국 뉴욕시 맨해

튼에 있는 브로드웨이 극장가의 뮤지컬 공연은 세계적으로 유명해서 뉴욕에 간 세계 여러 나라 관광객들이 반드시 들르는 명소가 되었습니다. 따라서 브로드웨이에서 성공한 뮤지컬은 바로 세계적 명성을 얻게 되고, 큰돈을 벌게 되며, 유명 스타가 탄생하는 보증수표가 됩니다.

뮤지컬을 본 적이 있나요? 뮤지컬이 요즘 대세인가 봅니다. 오늘 뮤지컬 공연 초대장을 한 장 받았습니다. 11월 25일 오후6시에 인천여성가족재단 공연장에서 부평서중과 부광여고의 뮤지컬반 합동 공연이 있으니 관람도 하고 축하해 달라는 초대였습니다. 공연 작품은 창작 뮤지컬 '빨래'와 '가스펠'입니다. 꼭 가서 관람하고 축하해 주겠다는 답변을 보냈습니다. 게다가 기분 좋게도 부평서중 뮤지컬부에서 활동하고 있는 재학생 중 3학년 학생 6명이 경기예고와 안양예고의 연극영화과 뮤지컬 전공에, 그리고 국립 전통예고 음악연극과에 2명이 합격하였다는 소식과 함께 그들이 진학하면 본격적으로 뮤지컬 배우의 길을 가게 되었다는 소식도 함께 알려 왔습니다.

자기가 좋아하는 연기와 노래를 마음껏 할 수 있게 된 그 학생들은 얼마나 행복할까 생각하니 덩달아 나도 기분이 좋아집니다. 그 학교에 근무할 때 뮤지컬부 학생들이 공부하고 연습하는 모습을 꾸준히 지켜보았고 시시때때로 격려도 해 주었는데 당시 뮤지컬 동아리 학생들의 열정과 관심이 대단했습니다. 매일 방과후에 목청 다듬는 소리를 들을 수 있었고, 방학 때는 하루도 안 쉬고 집중훈련 하는 모습을 지켜보았습니다. 그리고 어느 토요일에 뮤지컬부 단원들과 서울의 공연장에 함께 가서 창작뮤지컬 '빨래'를 관람했었는데 그들이 올 한 해 그 작품을 꾸준히 연습하여 무대에 올리나

봅니다. 참, 지난 10월 우리 학교 명현제 축제 때 초청공연으로 그 동아리가 뮤지컬 '빨래' 중 몇 곡 선보인 것을 기억하는지요?

이번 공연에는 1학기에 뮤지컬동아리에서 공부했던 우리 학교 수강생들이나 관심 있는 학생들도 함께 관람했으면 좋겠습니다.

뮤지컬의 역사

우리에게 낯익은 뮤지컬로는 '맘마미아', '지저스크라이스트 수퍼스타', '맨오브라만차', '레베카', '명성황후', '사랑은 비를 타고', '지하철 1호선', '위키드'같은 작품이 있습니다. 또 '남경주, 옥주현' 같은 유명 뮤지컬배우 이름도 한 번쯤 들어보았을 것 같습니다. '지하철 1호선'은 지금도 대학로에서 10년 넘게 연속 공연하는 작품으로 뮤지컬 마니아가 되기 위해서 한 번쯤은 꼭 보게 되는 작품입니다. 설경구, 조승우, 황정민 등 영화배우와 배해선 같은 뮤지컬 스타들이 뮤지컬 '지하철 1호선'배우 출신이랍니다.

뮤지컬은 19세기말 영국 런던에서 처음 생겼습니다. 19세기 말 세계의 선진국이 된 영국에서 시작된 뮤지컬이 희극과 춤, 노래와 미녀들을 동원한 무대로 성공을 거두면서 미국으로 건너가 뿌리를 내렸다고 합니다. 제1차 세계대전 후 대공황을 겪으면서, 경제적으로 힘들었던 미국, 영국을 비롯한 많은 유럽 사람들이 낙천적이고 유쾌하고 오락적인 문화를 즐기며 삶의 고달픔을 잊고자 하는 욕구가 크게 증가했는데, 때마침 이런 오락적 특성을 지닌 뮤지컬과 딱 맞아떨어지면서 미국 영국은 물론, 우리나라 사람들을 비롯한 전 세계인들이 함께 즐길 수 있는 대중예술로 뿌리를 내리게 되었습니다.

1943년에 공연된 '오클라호마'는 2천 회가 넘는 장기공연에 성공하였고, 제2차 세계대전 이후 만들어진 '아가씨와 건달들', '왕과 나'를 비롯한 뮤지컬 작품들은 브로드웨이 뮤지컬로 대성공하였으며, '캣츠', '에비타', '오페라의 유령' 등 1980년대 전후 영국 웨스트엔드에서 만들어진 걸작 뮤지컬들이 브로드웨이에서 동시 공연되고, 잇따라 국경을 넘어 전 세계에서 공연됨으로써 그야말로 뮤지컬시대에 접어들었다 해도 과언이 아닐 정도로 발전하였습니다.

세계적으로 성공한 뮤지컬의 대표작은 '캣츠', '레미제라블', '오페라의 유령' 등입니다. 그 이름을 들어보거나 알고 있나요? 혹시 이름은 몰라도 그 작품에 등장하는 유명한 노래 한두 개 정도는 들어본 적이 있을 것입니다. 영국의 시인 T. S. 엘리어트의 시 '지혜로운 고양이가 되기 위한 지침서'를 뮤지컬로 만든 '캣츠(Cats)'는 고양이로 분장한 배우들로 유명한데, 은은한 달빛 아래 주인공 고양이가 자신의 추억을 들려주는 주옥같은 뮤지컬 곡 '메모리'가 특히 잘 알려져 있습니다. 캐츠는 흥겨운 삼바 음악에 맞춰 약 40마리 인간 고양이들이 흔들어대는 춤으로 시작합니다. 등뼈가 없는 동물처럼 꿈틀대는 고양이의 몸짓에 인간의 정서를 춤으로 보여 주며, 고양이 특수 분장은 시청각적 이미지를 극대화합니다. '캣츠'는 1982년 초연 이후 14년 9개월 동안 6,138회로 브로드웨이 뮤지컬사상 최장기 공연 기록을 세웠고 관람객 수도 8백만 명, 입장권 수입 4천억 원의 기록을 세웠답니다.

빅토르 위고의 소설을 뮤지컬화한 '레미제라블'은 여러분도 잘 알 것입니다. 한 조각의 빵을 훔친 죄로 주인공 장발장은 19년간의 감옥살이를 하고 출옥하지만, 숙식을 제공해 준 신부의 집에서 은촛대를 훔쳤다가 다시 체포되고, 어렵사리 풀려나 재산을 모으고 시장으로까지 출세하지만 끈질기게 뒤쫓는 경감 자베르만의 추적으로 감옥에 또 가고, 다시 탈옥한다는 파란만장한 이야기입니다.

이 뮤지컬은 프랑스 혁명을 주제로 작품화되었고, 2013년에 영화화되어 세계적인 인기를 끌면서 상영되기도 하였습니다. 레미제라블은 공연보다 음반이 먼저 발매되었고, 1980년 10월 파리에서 초연 이래 3개월 동안 연일 매진되었다고 합니다. 그리고 뉴욕 브로드웨이 공연을 비롯해 세계 곳곳에서 사랑받는 뮤지컬이 되었습니다.

'오페라의 유령'은 프랑스의 작가 가스통 노와의 원작소설을 찰스 하트가 뮤지컬 극본으로 만들고 뮤지컬 음악의 천재로 평가받는 앤드류 로이드 웨버가 작곡하였습니다. 특히 가면을 쓴 유령이 등장하는 작품 포스터는 아주 유명하여 우리에게도 친숙합니다. 환상적이고 로맨틱한 이 작품의 무대는 오페라극장이며 그 위에 기품 있고 화려한 오페라 공연이 극중극 형식으로 진행됩니다.

뮤지컬 영화랑 나

나는 중학생 시절 고전 소설 '배비장전'을 뮤지컬로 만든 '살짜기 옵서예'라는 창작 공연 관람을 통해서 처음 뮤지컬을 만났고 노래하는 연극 장르가 있다는 것을 처음 알게 됩니다. 그리고 고등학생 시절 영화관에서 만난 뮤지컬 영화로 뮤지컬과 친해집니다. 그 시절 영화를 통해 만난 작품은 '메리 포핀스', '사운드 오브 뮤직', '송 오브 노르웨이', '사랑은 비를 타고', '남태평양'과 같은 뮤지컬 영화들입니다. 정통 오페라처럼 클래식하지 않아서 쉽게 감상하고 편하게 즐길 수 있으며, 대중적 정서를 담고 있어서 이 뮤지컬 영화들은 내게도 딱 들어맞았습니다. 고3 겨울방학 때 친구들 서너 명과 함께 영화관에 갔는데 난방도 되지 않는 곳에서 영화 '남태평양'을 보게 되었습니다. 함께 간 옆자리 친구들은 재미가 없었는지 추위에 오들오들 떨면서 자고 있는데, 나만 홀로 영화에 몰입하고 있는 것 아니겠습니까? 그때 내 취향을 발견하게 된 것이죠.

역시 비슷한 시기에 상영된 '메리 포핀스(Mary Poppins)'는 내가 좋아하는 팀 버튼 감독 영화들처럼 조금 비현실적이고 동화 같은 무대를 배경으로 전개되는 환상적인 이야기를 좋아하는 내 취향에 딱 맞아 떨어져 흥미롭게 본 뮤지컬 영화였습니다.

뱅크스 씨 집에 새로 온 유모 메리 포핀스는 계단 난간을 타고 위층과 아래층을 오르내리며, 그녀의 가방에서는 커다란 모자걸이, 예쁜 거울, 우아한 스탠드 등 온갖 것이 쏟아져 나옵니다. 산책 도중 굴뚝 청소부 버트를 만나자 그와 함께 아이들을 예쁜 그림 속으로 데리고 갑니다. 푸른 동산과 호수, 회전목마가 있는 그곳에서 꼬마 제인과 마이클은 꿈같은 시간을 보내고, 메리 포핀스가 들어온 뒤부터 뱅크스 씨 집안에는 행복이 넘쳐 납니다. 그리고 모험은 계속됩니다.

뮤지컬 영화에서 빠질 수 없는 너무나 유명한 작품 '사운드 오브 뮤직(the sound of music)'은 주인공 마리아(줄리 앤드루스 역)의 종횡무진 하는 예쁜 연기와 아름다운 노래들로 우명합니다. 이야기는 알프스 산맥의 아름다운 영상에서 시작됩니다. 수습 수녀 마리아는 '사운드 오브 뮤직'을 부르며 들판에서 뛰놀다가 성당의 종소리를 듣고 미사에 늦은걸 깨닫고 뛰기 시작하고 수녀원에서는 수녀들이 마리아를 찾아 헤매다가 수녀원장 아베스 수녀에게 마리아의 장점과 단점을 말하는 노래 '마리아'를 부릅니다. 특히 극중에 나오는 '도레미 송', '에델바이스'는 세계적인 애창곡이 되었습니다. '송 오브 노르웨이'는 노르웨이의 국민작곡가 '그리그(Edvard Grieg)'의 이야기입니다.

'남태평양'은 제2차 세계대전 당시 남태평양의 외딴 섬을 무대로 미군 간호장교와 프랑스인 농장주인 사이의 사랑 이야기입니다. 미 해군 조셉 케이블 중위와 원주민 처녀의 사랑 이야기와 프랑스인 농장주 에밀 드 베크와 미 해군 간호사 넬리의 사랑 이야기가 두 줄기로 엮인 스토리인데, 영화로 나오기 전에 무려 2천 회나 공연될 만큼 대단한 성공을 거둔 뮤지컬이었다고 합니다. 극중 사운드트랙에서 해피토크, 발리하이, 블러드메리 같은 노래들은 지금도 심심찮게 방송에서 들을 수 있을 만큼 유명합니다.

뮤지컬의 미래

뮤지컬은 오페라처럼 클래식하지 않고 대중적이라서 친근한 종합 공연예술입니다. 미국문화에 큰 영향을 받고 있는 우리는 당연히 뮤지컬에도 일찍부터 소질과 가능성을 보여주었습니다. 사십여 년 전에 이미 우리 고전소설 '배비장전'을 뮤지컬로 만들어 무대에 올리고 즐길 줄 알았던 만큼 뮤지컬은 앞으로도 무궁무진한 부가가치를 만들어 낼 한국의 대표 문화상품이 될 것이라고 믿습니다. 주변의 젊은 청소년들이 뮤지컬 배우의 꿈을 꾸는 것을 보면서 장차 우리의 뮤지컬 인재들이 끝없이 배출될 것이라고 확신합니다.

첫머리에서 소개했던 부평서중 뮤지컬부를 지도한 최현주 선생님은 뮤지컬부를 지도하고, 진학시킨 감동을 이렇게 말씀하십니다.

"우리 학교 뮤지컬부원 20명은 강ㅇㅇ 학생을 비롯한 몇 명을 제외하고는 대부분 결손가정 출신이고 부모에게 폭력을 당한 경험이 있거나 극빈 가정이 많습니다. 그런데 이 학생들이 뮤지컬 동아리활동을 통해서 행복한 학창시절을 보낸 것만도 고마운 일인데, 자기 꿈을 찾아 가게 되고, 그것도 사교육의 도움 없이 학교 동아리활동만으로도 원하는 예고에 진학하였으니 제게는 그저 고마운 아이들입니다. 이 아이들이 제게 측복의 선물, 복덩어리라고 생각해요.^^ 졸업시키기 싫어서 큰일 났어요.^^"

천연자원은 없지만 우리나라는 우수한 인적자원이 풍부한 자원대국입니다. 지금까지는 우리 뮤지컬이 주로 외국의 유명 작품을 수입해서 가공하여 재생산 공연하는 단계였다면 이제는 또 하나의 한류로서 좋은 창작뮤지컬이 탄생하고 우수한 배우들의 공연을 통해서 완성도를 높인 다음, 세계에 진출하는 과정을 보여주는 시기가 금방 올 것입니다. 그러기 위해서는 우리가 함께 수준 높은 문화를 즐길 줄 알아야 합니다. 우리 어른들과 학생들이 좋은 문화예술 작품과 공연을 더 자주 보고, 상상력을 계발하고, 안목을 높이는 데 더 많은 관심을 가져야 합니다. 달러로 환산한 국민소득만 높아서 선진국이 되는 게 아니라 국민의 문화수준이 함께 높아야 선진국이 됩니다.

2016년 1월 하순에 영국 출장을 다녀왔습니다. 그 나라의 소프트웨어교육

현장을 살펴보는 기회였지만, 뮤지컬의 본고장인 런던에 간 김에 '여왕폐하극장'에서 '오페라의 유령'뮤지컬 공연을 관람하고 왔습니다. 객석은 여전히 빈자리를 찾을 수 없었고, 관객의 상당수는 외국 관광객들이었습니다. 문화상품의 힘을 새삼 확인한 기회였습니다.

우주,
진짜 상상력의 끝판왕

—

광활한 우주는 영화의 멋진 배경

2013년에 상영된 영화 '그래비티'를 보았거나 기억하나요? 또, 최근 상영한 인기 짱 '인터스텔라'는? 두 영화의 공통점은? 네, 우주공간이 배경이고 우주에서 일어나는 사건이라는 점입니다. 두 영화 덕택에 우리나라 사람들의 천체우주에 대한 관심이 요즘 폭발적으로 늘어났습니다. 빅뱅이니 웜홀, 블랙홀이니 중력이니 상대성이론 등 쉽지 않은 천체우주과학 용어를 한국의 초등학생들도 자연스럽게 화제로 삼는다고 외국언론에서도 한국인들의 높은 관심을 신기해한다고 합니다. 그 영화 제작국인 미국이나 과학 분야 노벨상 수상자가 20명이 넘는 일본 등 세계 어느 나라보다 대한민국에서 유독 더 관심을 끌고 있는 이 현상이 한국 사람들의 과학에 대한 높은 관심과 학구열 때문이라고 하니 결코 기분 나쁜 일이 아닙니다.

우주는 얼마만큼 오래되었고 태양계는 우주에서 얼마만큼의 크기를 지닌 존재일까요? 우리가 사는 대한민국을 벗어나 보면 지구는 엄청나게 크죠? 지구의 나이는 약 46억 살, 둘레는 4만km, 그렇다면 지구의 무게는? 놀랍게도 과학자들은 지구뿐만 아니라 달, 태양의 무게는 물론, 우리가 상상할 수 있는 우주의 모든 것을 계산할 수 있습니다. 대표적인 우주 지식 몇 가지를 나열해 볼게요.

지구의 질량 $M_\oplus$ = 5.98×10의 24승 [kg]

지구의 적도 반지름 $R_\oplus$ = 6,378 [km]

지구의 공전 속도 $V_\oplus$ = 29.8 [km/s]

지구의 자전 속도 $V_\oplus$ = 0.4651 [km/s]

태양의 질량 $M_\odot$ = 1.99×10의 30승 [kg]

태양의 반지름 $R_\odot$ = 6.96×10의 5승 [km]

달의 질량 M_{D} = 7.3×10의 22승 [kg]

달의 반지름 R_{D} = 1,738 km

광년(light year) ly = 6.324×10의 4승 [AU] = 9.46×10의 12승 [km]

초속 30만km인 빛이 일 년간 달려가는 거리를 1광년이라고 한다는 것은 다 알고 있죠? 빛이 쉬지 않고 1광년을 달려가면 1년에 10조km를 갑니다. 달까지 빛이 달려가는 데 걸리는 시간은 1초, 태양까지는 8분, 태양계 마지막 행성 해왕성까지는 4시간, 우리 태양계에서 가장 가까운 항성인 프록시마센타우리까지는 4광년, 북극성까지는 800광년, 안드로메다 성운까지는 220만 광년이 걸립니다. 1977년에 발사한 태양계 탐사선 보이저 호는 1979년에 목성을, 그리고 1981년에 토성을, 1986년에 천왕성을, 1989년에 해왕성을 지났고, 2012년 기준으로 보이저 2호는 태양권덮개(헬리오시스)에 있으며, 지구로부터 99.590 AU. 148억 9832만km에 위치하고 있다고 합니다. 보이저 2호는 시속 56,000km 빠르기로 우주공간을 달려가고 있는데, 그 속도가 실감나나요? 고속도로에서 달리는 자동차는 시속 100km, KTX열차는 300km인데, 자동차의 560배 빠르기라니…. 그렇게 빠른 보이저 2호라도 태양계에서 가장 가까운 항성 프록시마센타우리 별까지 가려면 8만 년이 걸립니다. 우주는 진정한 상상력의 끝판왕입니다. 아아, 우주의 광대무변함이여!

태양계의 품은 얼마?

우주는 너무 광대하니까 태양계만 가지고 생각해 봅시다. 태양계는 나사 모양의 곡선을 뜻하는 나선 은하인 우리 은하의 팔 부분에 위치하고 있고, 우리 은하의 중심은 지구에서 400광년이 떨어진 곳에 위치하고 있습니다. 태양계는 항성인 태양을 중심으로 돌고 있는 수성, 금성, 지구, 화성, 목성, 토성, 천왕성, 해왕성의 8개 행성과 세레스, 명왕성, 에리스 등의 왜소행성 및 각 행성들 주위를 돌고 있는 위성, 소행성, 혜성 등으로 이루어져 있는데, 태양계 질량 중 약 99.85%를 태양이 차지하고, 행성들은 단지 약 0.135%밖에 되지 않으며, 그 외 질량은 위성, 소행성, 혜성 등이 채우고 있습니다.

태양계의 크기와 거리는 얼마만큼 될까요? 태양에서 지구까지의 거리는 약 1억 5천만km입니다. 우주의 크기는 너무 거대하기 때문에 지구에서 태양까지의 거리를 뜻하는 1AU=150,000,000km를 우주공간 거리를 재는 단위로 씁니다. 1AU 거리는 빛으로도 8분이 넘는 시간 동안 달려야 도착할 수 있습니다. 따라서 지금 태양이 폭발해서 사라진다고 가정하더라도 그 사실을 우리 지구인은 8분이 지나야 알 수 있습니다. 태양 사망 후에도 8분 동안 우리는 태양의 유령을 보는 셈이지요.

그럼 태양계의 크기는 얼마나 될까요? 해왕성이 태양계의 마지막 행성이기 때문에 그곳이 끝이고, 따라서 태양과 해왕성의 거리 약 46억km가 태양계의 반지름이라고 생각할 수 있지만, 그보다 멀리 카이퍼벨트와 오르트구름이 존재하고 있어서 태양계는 우리의 생각보다 더 거대합니다. 카이퍼벨트는 태양계 막내행성인 해왕성의 외부에서부터 약 1000AU(약 1천500억 km 정도)이상에 퍼져 있다고 합니다. 태양으로부터 각 행성까지의 평균거리를 천문단위(AU)로 표시하면, 수성 0.39, 금성 0.72, 지구 1.00, 화성 1.52, 목성 5.20, 토성 9.54, 천왕성 19.2, 해왕성 30.1, 명왕성 39.5입니다.

현재 지구의 대기는 약 78%의 질소분자와 21%의 산소분자, 1%의 물 분자, 그리고 미량의 아르곤, 이산화탄소 등으로 이루어져 있습니다. 지구는 23시간 56분을 주기로 약 23.5°기울어져서 자전을 합니다. 또, 지구는 1년을 주기로 태양을 타원 형태로 공전하며, 태양과 가장 가까울 때는 1억 4,700만km까지 다가가는데, 공전 속도는 초속 약 29.8km로 아주 빠르게 돌고 있으며, 자전축이 기울어져 공전하기 때문에 계절의 변화가 생깁니다.

장차 지구는 수십억 년 사이에 거대운석의 충돌, 혹은 대륙이동에 따른 화산활동이나 기후변동 등에 의해 멸망할 가능성도 있으며, 미래에는 판 운동이 정지하고 바다는 맨틀에 흡수되어 없어져서 언젠가는 현재의 화성과 같은 모습이 될 것이라고 합니다. 대략 50억 년 후에는 태양이 거성이 되어 지구의 공전궤도에 닿을 만큼 크기까지 팽창할 것으로 예측되며, 결국 지구는 태양에 흡수되어 녹아버릴 것이라고 합니다. 지구 멸망이 걱정되나요? 그렇다면 제2의 지구를 찾아서 이주해야지요. 영화 '인터스텔라'는 멸망하는 지구를 떠나 다른 행성으로 이주하는 이야기입니다. 하지만 지구의 멸망은 지금 지구 나이보다 더 긴 아득한 뒷날 이야기이므로 우리가 전혀 걱정할 필요가 없습니다.

여전한 미지의 세계, 지구

여러 세대에 걸쳐서 수많은 과학자와 탐험가들이 수고한 덕택에 인류가 지구를 샅샅이 알고 있는 것 같지만 실제로는 지구의 대부분을 덮고 있는 바다의 5%도 채 알지 못한다고 합니다. 그런데 태양계의 우주 공간에서 지구가 차지하는 몫은 학교 운동장에서 깨알만한 존재밖에 안 됩니다. 그러면 우리가 속한 태양계는 우주 전체에서 얼마만한 크기일까요? 역시 태양계도 우주 전체에서 학교운동장의 티끌먼지 같은 존재라고 합니다. 전혀 실감이 나지 않는 비유이지만 우주와 만나면서 하늘을 보면 점점이 박힌 별들 가운데 깨알보다 더 작은 티끌먼지에 불과한 존재인 지구에서 깨알보다 작은 존재로 태어나 짧은 기간 살다가 사라지는 '나'라는 존재가 얼마나 하찮은 것인가를 인식하는 계기가 되면서 천체우주를 생각하게 되면서, 앞으로 남들 앞에서 더 겸손해야겠다는 생각을 하게 됩니다.

그런데 역설적으로 먼지보다 더 보잘 것 없는 존재인 인간이 그 끝을 가늠할 수도 없는 거대한 우주를 살펴보면서 우주의 비밀을 아주 많이 밝혀냈고, 놀라운 지식을 쌓아올렸다는 사실을 알게 되면 인간의 위대함에 또 한 번 놀라게 되고 광대한 천체우주에 대한 경외감과 호기심이 솟아오릅니다.

2014년 여름에 텔레비전 방송을 보느라고 참 행복했습니다. 어느 방송채널에서 '코스모스'13부작을 방영하기에 넋을 놓고 재방 삼방까지 반복해서 보느라고 심심할 틈이 없었습니다. 그리고 우주에 대한 지식을 하나씩 얻어가면서 참 신기했답니다.

'코스모스(Cosmos)'는 미국의 천문학자 칼 세이건이 1980년에 저술한 책으로 같은 제목의 다큐멘터리를 기초로 하여 저술되었으며, 5백만 부 이상이 팔린 세계적인 베스트셀러입니다. '코스모스(Cosmos: A Personal Voyage)'는 우주와 생명을 주제로 한 13부작 다큐멘터리 시리즈로 1980년에 방송되었고, 2014년에 그간의 새로운 과학적 성과를 추가해 '코스모스, 시간과 공간을 초월한 빅 히스토리(Cosmos: A Spacetime Odyssey)'란 이름으로 다시 선보인 프로그램입니다. 지구의 역사에서 아주 미미한 존재인 인류가 아주 짧은 2천 년 역사에 수많은 과학적 지식과 진실을 밝혀내려고 헌신한 호기심 많은 여러 과학자들 덕택에 우주의 비밀을 이렇게 많이 밝혀냈다는 사실에 경악하고 감탄을 금치 못하였습니다. 인류는 정말 위대하다는 말밖에 달리 할 말이 없습니다.

우주의 숫자

우주는 온통 수학식과 상상을 초월하는 어마어마한 숫자로 이루어진 공간이라고 생각해도 됩니다. 수학에 자신 없다고 걱정할 필요는 없습니다. 여러분이 수학자나 과학자가 아니라면 숫자는 단지 숫자일 뿐이니까요. 그럼 지금부터 우주에 가득한 숫자들을 살펴볼까요?

우주의 나이는 147억 살입니다. 우주의 나이를 우리가 쉽게 이해하기 위해서 1년 달력으로 압축하여 나타낸다면 1월 1일 0시에 시작된 우주의 탄생을 빅뱅이라고 하는데 빅뱅이 일어나서 우주가 탄생한 다음 8월 31일에 태양이 만들어졌고, 인간의 조상은 350만 년 전에 등장하였는데 달력상으로는 맨 끝인 12월 31일 밤 9시 45분에 해당한다고 합니다. 어떤가요? 실감이 나나요? 아마 전혀 실감이 나지 않을 것입니다. 반 만 년 우리 역사의 시작인 단군의 등장은 또 얼마나 까마득한가요? 오천 년. 하지만 그것도 달력으로 환산하면 12월 31일 밤 11시 59분도 넘은 지점이랍니다.

지구가 자전과 공전을 한다는 사실을 모르는 사람은 없습니다. 그런데 얼마만한 속도로 돌고 있을까요? 지구의 자전속도는 시속 1,600km이고 공전속도는 시속 108,000km입니다. KTX열차 최고속도가 300km이니, 지구는 KTX열차보다 5배 이상 빠른 속도로 자전하고, 360배 빠른 속도로 태양 주위를 돌고 있습니다. 그런데 우리는 지구라는 초특급우주선을 타고 있으면서도 왜 멀미를 하지 않고 속도감을 못 느끼는 거죠? 그것은 지구의 중력 때문입니다.

태양을 둘러싸고 있는 행성과 위성, 소행성과 혜성 등은 모두 태양을 중심으로 돌고 있는데, 이 공간을 태양계라고 합니다. 그리고 태양계는 우리 은하계의 일부분을 이루고 있는 아주 작은 천체이고, 우리 은하계 안에서 역시 무시무시한 속도로 은하계를 여행하고 있는데, 태양은 시속 70만km의 속도로 은하계를 여행하고 있고, 우리 은하는 또 시속 250만km로 움직이고 있답니다.

세상에서 가장 빠른 것은? 빛입니다. 빛의 속도(광속)는 시속 30만km입니다. 우주에서도 빛보다 빠른 것은 없습니다. 달과 지구의 거리는 30만km

입니다. 따라서 우리가 쳐다보는 하늘에 둥실 떠 있는 달의 얼굴빛은 1초 전의 달빛입니다. 태양과 거리는 1억 5천만km입니다. 우리가 보고 있는 태양의 빛은 약8분전에 태양에서 출발한 빛입니다. 만약 8분보다 짧은 5분 전에 태양이 사라져 존재하지 않는다고 해도 8분이 지나가기 전까지는 태양이 하늘에서 존재하는 것으로 착각할 수 있습니다.

인터스텔라와 그래비티

화제가 되었던 영화 '인터스텔라(Interstellar)'는 개봉초기부터 많은 관객을 동원하면서 대박을 날린 SF 영화입니다. 제목 '인터스텔라'는 '별과 별 사이'라는 뜻인 만큼 우주공간을 무대로 하는 영화라는 점도 쉽게 추측할 수 있을 것입니다.

'인터스텔라(Interstellar)'는 물리학자 킵 손(Kip Steven Thorne)의 '웜홀(worm hole)이론'을 바탕으로 한 작품이라고 합니다. 위키백과에 따르면 '웜홀'은 사과 표면에 있는 벌레가 사과의 정반대편으로 가기 위해서는 표면을 따라가는 것보다 사과를 파서 사과의 중심을 지나가는 쪽이 빠르고 이때 사과에는 중심을 관통하는 벌레 구멍이 생기게 되는데, 이 벌레 구멍은 서로 다른 사과의 표면을 잇는 최단경로가 되며, 이와 유사하게 시공간의 다른 지점을 연결하는 고차원 구멍이라는 의미에서 '웜홀'이라는 이름이 붙었다고 합니다. 블랙홀이 회전하면 그 속도로 인해 회오리가 생기고 웜홀로 변형되어서 시공간을 잇는다 해서 '시공간 통로'라고도 불립니다. 지나가는 속도는 광속보다 더 빠르고, 블랙홀로 빨려 들어가면 이 통로를 지나 화이트홀로 나온다고 알려졌습니다. 이것을 통해 우주여행을 할 수 있고, 다시 돌아오게 하면 '시간 지연 현상'이 발생하면서 시간여행의 가능성까지 있다는 것이 웜홀 이론입니다. 영화 인터스텔라에서는 주인공이 웜홀을 지나는 시간여행 덕택에 나이를 거의 안 먹지만, 그 사이 지구에서는 수십 년의 세월이 흘러버려서 어린 그의 딸이 할머니가 되어있는 장면이 나옵니다. 무슨 말인지 이해가 잘 안 되더라도 어쨌건 신기하고 재미있는 이야기입니다.

재작년에 개봉한 영화 '그래비티(Gravity)'도 우주공간을 배경으로 하는 SF 영화입니다. 허블 우주망원경을 수리하기 위해 우주 공간에서 작업하던 주인공 스톤 박사는 폭파된 인공위성의 잔해와 부딪히면서 그곳에 홀로 남겨집니다. 위험한 우주 공간 속에서 생존을 위해 처절한 노력을 하는데, 탐사를 직접 지휘하는 노련한 우주비행사 코왈스키가 동행합니다. 허블 우주망원경을 수리하기 위해 우주선 밖에서 유영하는 동안 임무수행팀은 지상 우주비행관제센터로부터 '사용하지 않는 위성에 대해 러시아가 우주 공간에서 파편들로 구성된 구름을 생성시킬 연쇄반응을 야기하는 미사일로 파괴한다'는 경고를 전달받고 임무를 중지할 것과 즉시 왕복선의 지구 궤도 재진입을 명령받습니다.
마침내 우주공간에서 엄청난 속도로 달려오는 위성 파편들이 익스플로러와 허블망원경에 부딪히고 스톤 박사는 우주공간으로 내팽개쳐지면서 위험에 빠집니다.

지금 청소년들이 성인이 되는 10~20년 후에는 사람 수명이 100~120살이 될 것이라고 합니다. 의학공학 기술 발달 덕택입니다. 피 한 방울로 암 진단이 가능하고, 장차 걸릴 가능성이 높은 각종 질병을 미리 확인한 다음,

의학적 조치를 하여 사람의 수명을 획기적으로 늘립니다. 사람의 신체 중 수명이 다 했거나 고장이 난 부위는 줄기세포를 이용하여 배양한 다음, 마치 자동차 부품을 교체하듯 간단히 신체와 장기를 교체하여 건강을 회복하게 되니 수명이 연장되는 것은 아주 자연스러운 일이 될 것 같습니다. 마찬가지로 우주여행도 꿈만은 아닙니다. 게다가 아인슈타인과 스티븐 호킹의 특수상대성이나 블랙홀 이론 등 과학 이론에 의하면 웜홀과 블랙홀을 따라 시간을 거스르는 우주여행을 하고 몇 백 년 동안 늙지 않는 존재가 되어 21세기에 출발하였다가 25세기에 멀쩡한 모습으로 돌아오는 일도 가능하지 않을까 즐거운 상상을 해 봅니다.

GM동아리의 천체관측 활동

지난해 과학부 GM동아리에서는 천체관측 활동을 열심히 했습니다. 지도교사의 헌신적 지도로 교내에서 밤늦게까지 열심히 하늘을 관찰하였고, 강화도에 가서 야간관측을 하는 등 우주와 부쩍 가까워지려는 숭고한 노력을 지켜보면서 흐뭇했습니다. 그 결과, 인천시 천체관측대회와 전국대회에 인천 대표로 출전하여 좋은 결과를 얻었습니다. 이 동아리 학생들이 미래의 윌리엄 허셜이고, 뉴턴이고 패러데이이고, 맥스웰이자 프라운호퍼이고 아인슈타인입니다. 동아리활동에 열성인 학생들이 과학고에 진학하여 진로를 개척하는 모습을 보면서 열심히 한 결과를 보상받는구나 생각하고 가슴 뭉클했답니다. 세상에 읽을 책도 많고 공부할 영역도 많지만, 우주야말로 인간의 상상력을 자극하는 최고의 매력덩어리가 아닐까요? 우주의 끝없음과 상상을 초월하는 거대한 존재가 사람들의 호기심과 궁금증을 자극합니다. 우주와 천체를 공부할 이

유가 충분하지 않나요?

나는 지난 3년여 동안 천체우주과학의 매력에 꽂혔습니다. 영화 '그래비티'와 '인터스텔라'가 주목 받기 한참 전부터 매력에 반했으니 자발적인 관심이었다고 자신 있게 말할 수 있습니다. 관심의 동기는 엉뚱하게도 소설가들의 작품에서 비롯됩니다. 프랑스 작가 베르나르 베르베르의 소설 '타나토노트'와 영국 작가 더글러스 애덤스의 '은하수를 여행하는 히치하이커를 위한 안내서'를 텍스트와 영화로 본 덕택이었습니다. 이 작품을 알게 되면서 굳이 과학자가 아니라도 우리가 우주로 상상력을 넓히는 것이 가능하고 근사한 스토리와 작품이 만들어질 수 있다는 사실도 알게 되었습니다. '좀 더 일찍 관심을 가졌더라면 내 상상력의 폭을 일찍이 더 넓게 확장할 수 있었을 텐데….'라는 아쉬움도 들었습니다. 독서를 통해서 얻은 또 하나의 결실, 한국사람 중에도 천체우주과학을 전공한 많은 인재들이 있고, 미국의 항공우주과학 발전에 크게 기여한 한국인 과학자들이 제법 된다는 사실을 알게 되면서 여건만 잘 갖춰진다면 한국인들이 좋은 두뇌로 인류의 우주과학 발전에 더 기여할 수 있으리라 생각하였습니다. 그 몫을 젊은 여러분이 담당하여 주세요.

—

상상력,
왁자지껄한 교실을 만들다

—

돼지가 있는 교실

2018 새해가 열린 지 며칠 안 된 어느 날 공영방송에서 재미있는 다큐를 방영했습니다. 어느 날 초등교실에 깜짝 입주한 돼지 한 마리로 인한 소동이 아이들을 어떻게 바꾸어 가는지 보여주는 인상적인 영상이었습니다.

담임선생님이 교실에 돼지 한 마리를 데리고 옵니다. 그리고 "잘 길러서 크면 잡아먹자."고 말합니다. 일본의 어느 초등학교 교실에서 담임선생님이 데려온 돼지 때문에 일어나는 소동을 담은 이야기 '돼지가 있는 교실'이 텔레비전에 방영되어 일본에서 큰 화제가 되었다고 하며, 이후 영화화되었는데, 동경국제영화제, 전주국제영화제에도 초청되어 상을 받은 'p짱은 내 친구'가 그것이며, 이 다큐는 영화를 모티브 삼아 담아낸 영상이리라 짐작됩니다.

영화 속 상황과 판박이 사건이 평촌의 한 초등학교 교실에서 일어납니다.

교실 뒤편에 나붙은 글들 속에는 고작 초딩 5학년짜리가 '공부를 못하는 게 불효'라거나 취준생 청년들과 같은 고민들이 있고, '난 괜찮아, 내가 한 말 중에 최고의 거짓말'이라는 가슴 아픈 속마음도 걸려있습니다. 일찍부터 공부에 찌든 학생들의 현실을 방증하는 자료들입니다.

어느 날 교실에 온 돼지 새끼 한 마리. 선생님은 앞으로 백일 동안 아이들과 함께 돼지를 키우겠다고 합니다. 담임선생님이 가져온 돼지 한 마리, 그리고 무심한 듯 담임선생님의 '백일간 잘 키워 잡아먹자'는 말 한마디로 시작된 영상에서 아이들은 금세 달라집니다. 돼지의 등장과 함께 아이들은 이내 그 또래들이 가질 만한 호기심과 수다스러움, 발랄함을 되찾습니다. 그저 돼지 한 마리일 뿐인데 흑돼지 깜둥이를 통해서 아이들은 세상을 바라보는 눈을 새롭게 뜨고, 생명에 대해 다시 생각하게 되며, 함께 의견을 나누고, 남을 배려하고, 자신의 책임과 의무에 대해서도 생각하게 됩니다. 교사의 백 마디 강의와 반복된 훈화로도 쉽게 깨우치기 어려운 많은 것을 학생들은 서로 의견을 나누고 돼지 똥을 치우면서 자연스럽게 익힙니다.

일찍부터 너무 많은 것을 요구하고 짐 지우는 교육 현실이 아이들을 조숙하게 만들고 입을 막아버리고 상상력이 메말라 버린 이기적인 사람으로 키우고 있습니다. 소프트웨어교육이 의무화 된다는 소식에 코딩교육 학원이 성업 중이라고 합니다. 영어, 수학에 음악, 과학 학원과 과외수업이라는 큰 짐에 코딩이라는 새 짐을 얹어주는 교육 현실을 어떻게 봐야 할까요?

내 독서 이력

나는 전공이 국어국문학입니다. 당연히 학창시절 취미는 독서였고, 문학에 대한 관심이 남달랐습니다. 동서양과 고금을 넘나드는 수많은 문학작품 속에 들어있는 수많은 사람들의 삶의 모습 — 대개는 불행한 사람들의 이야기가 주류이지만 — 을 책자와 문장으로 지켜보면서 간접 경험하는 재미에 때로는 날밤 새우기도 하면서 푹 빠지곤 했습니다. 한편으로는 왜 해피엔딩이 드문지, 주인공을 불행하게 하는 작가가 야속하고 이해가 되지 않기도 했습니다. 중학생 시절, 내일이 시험 날인데, 미처 다 못 읽은 수호지의 다음 권 이야기가 궁금해서 도서관에 대출하러 갔다가 도서반원 형에게 핀잔을 듣고 머쓱해서 돌아 나오던 기억이 아직도 생생합니다.

국어국문학과 재학생 중 상당수는 독서 고수들이고, 일찍부터 작가가 될 꿈을 꾸고 있는 사람들이 많습니다. 나도 소설가의 꿈을 꾸면서 닥치는 대로 책 읽고, 열심히 습작도 했지요. 만약 내가 한 30년쯤 늦게 태어나 요즘과 같은 친독서 환경에서 공부하고 성장할 수 있었다면 내 성장 스토리는 많이 달라졌을 거라고 자신 있게 말할 수 있습니다. 왜냐면 내 유아동기에는 책을 만나본 기억이 거의 없고, 초등학교 중간 학년에 가서야 교과서 아닌 책을 처음 본 기억이 있을 만큼 그 시절 독서환경이 안 좋았습니다.

내가 기억하는 내 인생 최초의 문학책은 초등 3학년 여름방학 때 어머니랑 함께 서점에 가서 샀던 신사임당과 이율곡 전기였는데 오십여 년이 지난 지금도 그 내용을 기억하고 있습니다. 어린 율곡을 데리고 시댁인 서울로 가던 신사임당이 대관령 꼭대기에서 강릉 친정동네를 내려다보며 눈물짓는 장면과 율곡 선생이 황해도에서 현감으로 근무할 때 백성들을 잘 다스려 존경 받는 모습을 아직도 생생하게 기억합니다. 요즘 청소년에 비하면 내 어릴 적 독서환경은 척박하기 그지없었습니다. 물론, 그 시절에는 대다수가 그랬습니다. 만약 그 시절에 책을 좀 더 읽을 수 있는 환경이었더라면 오늘날 내가 꽤 괜찮은 작가 라벨을 지닌 사람이 되지 않았을까 생각해 보는 겁니다.

초등학교 4학년부터 3년간 부모님과 떨어져서 외딴 시골의 친가에서 지냈습니다. 당시 전기는 물론 텔레비전, 라디오도 없던 시골이라서 밤만 되면 고된 농사일에 지친 어른들은 일찍 잠자리에 들었기 때문에 동네가 이내 조용해지고, 따로 오락이 없던 시절이라 어린 우리들은 밥숟가락 놓기만 하면 또래네 집으로 밤 마실 다녔고, 서너 명씩 모여서 별 짓궂은 장난을 다 하곤 했는데, 태생이 책을 좋아했던지라 친구들과 책을 가지고 놀이를 많이 했습니다.

국어사전을 훑어 내려가다 임의의 단어를 찾은 다음, 다른 친구들에게 그 단어를 제시하고 책장을 몇 번 넘겨서 찾아내는지 단어 찾기 놀이를 했습니다. 게임 주관자는 순번대로 돌아가고, 주관자가 선정한 단어를 국어사전에서 얼마나 빨리 찾아내는지 경합하는 방식입니다. 그게 싫증나면 사회과 부도를 펼친 다음, 세계의 특정 도시 이름 중 찾기 힘든 구석에서 찾아낸 어렵고 낯선 지명을 골라서 얼마나 빠르게 찾아내는지 내기하는 것입니다.

두 놀이를 계속하면서 어린 우리들은 요즘 유행하는 용어로 국어와 사회과 융합 공부를 하고 있었던 것입니다. 국어사전을 펼치는 놀이 과정에서는 새로운 단어와 뜻풀이를 만나게 되면서 어휘 개념이 자연스레 익혀졌으며, 사회과 부도를 펼치면서는 자연스럽게 지리감각을 익히게 되었을 것입니다.

긴긴 겨울밤에 특별한 놀이나 볼거리가 없던 시절, 또래들과 방에서 뒹굴

다가 만들어 낸 여러 가지 놀이 중 하나였지만, 뒤돌아보면 굉장히 창의적이고 학습 친화적이고 건전한 놀이였습니다. 선생님이나 어른들이 학습 성과를 기대한 의도를 가지고 시켜서 했던 과제였다면 어땠을까요? 그 놀이에서 거둘 수 있었다고 생각되는 긍정적 효과를 결코 얻지 못했을 것입니다. 사람은 누구나 초등학생 시절이 어휘 습득하는 능력이 뛰어나다는 것은 공지의 사실입니다. 그 시절 놀이를 통해서 부수적으로 얻었던 어휘 지식과 세계지리 지식은 내 성장에 큰 영향을 미쳤습니다.

김찬삼의 세계일주

놀이에서 지지 않기 위해서, 그리고 1등 했을 때 얻는 짜릿한 쾌감을 즐기면서 일군 성과가 그 후 나의 지적 성장에 많은 영향을 끼쳤음을 나중에 인식하게 됩니다. 사회과 부도에서 지명 찾기 하면서 얻었던 여러 나라의 도시 이름은 중학교 1학년 때 읽었던 '김찬삼의 세계일주 무전여행기'를 통해서 만나게 된 인문지리 정보와 쉽게 결합하는 효과가 있었고, 덕택에 십여 권 가까이 되던 여행기를 날밤 새우면서 흥미진진하게 읽을 수 있었습니다.

김찬삼 교수는 지리교육과를 졸업하고 고등학교 교사를 하다가 1960년대 초부터 십여 년간 말 그대로 '세계를 일주'한 선각자입니다. 국민소득 백 달러도 안 되던 그 시절, 해외여행이란 언감생심 꿈속에서도 할 수 없었던 그 시절에 세계 일주라니…. 처음에는 제목의 '무전여행기'란 단어가 무슨 뜻인지도 몰랐습니다. '웬 무전을 치면서 다니는가?'그는 세계 일주를 가난한 조국의 재정 한 푼 축내지 않고 대륙별로 완벽하게 해 낸 대단한 인물입니다. 살기 어렵던 그 시절, 어렵게 미국으로 가는 비행기 값만 마련하여 태평양을 건너간 그는 현지에서 여행비용을 버느라 일정기간 체류하였고, 이후 히치하이킹과 거의 노숙자 수준으로 무료 숙박을 하면서 세계 대륙을 모두 여행하였습니다. 미국에서 출발하여 중미의 하이에이를 낡은 오토바이를 타고 가는 그를 통해서 니카라과, 과테말라, 엘살바도르, 코스타리카, 파나마 등 구분도 쉽게 안 되는 작은 나라 이름들도 처음 만났고, 티티카카호수의 갈대배 사진과 칠레에서 만난 여성과의 짧은 로맨스, 양자 삼아 함께 살자 하는 칠레인의 인정 넘치는 이야기 등 볼거리와 극적 재미도 가득하여 내 흥미와 상상력을 마음껏 자극하였습니다.

'자식을 진정으로 사랑한다면 여행을 시켜라.'는 격언에 공감하면서 그분의 여행기를 통해서 아주 넓은 세상에 대한 자각을 하게 됩니다. 포장도로도 거의 없었고, 큰 길은 신작로라고 부르던 그 시절, 중남미를 관통하는 잘 뻗은 하이웨이(고속도로)가 있다는 사실, 그리고 아메리카 대륙이 미국의 뒷골목이라는 사실도 그때 알았습니다.

시골 골방에서 또래들과 함께 사회과 부도에서 보았던 세계 여러 나라의 열차 그림도 아직 눈에 선하며, 당시 국민소득이 100달러 미만이라 필리핀보다 못산다는 설명 역시 기억 속에 선명하게 남아 있습니다. 또, 어린 시절 놀이 경험이 교사가 되어서 국어 수업을 놀이식으로 학생들이 적극 참여하는 형태로 이끄는 데 많은 영향을 주었다고 생각합니다. 놀이식 학생 주도형 수업을 진행하다가 과도할 경우에는 소란해져서 사태를 수습하느라 쩔쩔 매기도 했습니다.

놀이형 국어수업

              그렇습니다. 교직에 발 디딘 이래, 내 국

어수업은 한 번도 엄숙한 적이 없는 놀이형이었습니다. 시작종이 울리고 수업을 위해서 교실에 들어가면 학생들 얼굴을 보는 순간부터 웃음이 나오고, 행복하고, 장난기가 발동합니다. 수업이 시작되면 교수학습지도의 처음 도입단계에 학습동기유발 과정이 있습니다. 그날 수업과 관련하여 학생들의 흥미를 높이기 위해서 때로는 시사문제나 사회적 이슈 또는 연예인, 개그콘서트 이야기도 끌어들이게 되는데, 자칫 잘못 꺼내놓으면 왁자지껄하여 수업 분위기가 흐트러지기 쉽습니다. 당연히 교실은 소란해지고, 엉뚱한 질문과 어른들은 잘 모르는 학생들만의 관심사로 연결되기도 하면서, 때로는 교실 소음 때문에 옆 반 선생님께 민폐를 끼치기도 했습니다. 그래도 학생들이 적극 참여해주는 덕분에 평소 낙오하는 학생들도 수업에 잘 끌어들일 수 있었습니다.

내 수업 방식은 교사가 설명하고 학생들이 경청하는 강의식이 아닙니다. 수업종료 직전 차시학습 예고 때 다음 시간 수업을 미리 소개하고 개별과제, 조별과제. 전체과제 등을 구분하여 개인 또는 모둠, 그리고 전체에게 따로따로 부과합니다. 당연히 학생들은 자신만의 과제를 해결하기 위해서 동료들과 의견을 조율하는 과정이 필요하고 협동학습이 자연스럽게 이루어지며, 경우에 따라서는 의견대립으로 인한 논쟁이 벌어지기도 합니다. 본시학습에서는 개별과제와 조별과제를 발표시킵니다. 초임교사 시절에는 전지 종이에 매직펜으로 과제를 정리하여 쓴 소위 차트식 발표가 가장 좋은 방법이었습니다. 학생은 과제를 발표하기 위해서 과제를 먼저 해결하고, 잘 정리한 다음, 전지에 매직펜으로 옮겨 적는 과정을 거쳐야 합니다. 또, 청중들에게 발표하는 연습을 잘 해야 합니다. 마지막으로 교단 앞에서 바른 자세와 어조로 발표하는 훈련을 거치는 등, 학생의 발표학습 지도는 학생들에게 협동하고, 때로는 양보해야 하고, 학습요소를 골라 간결하게 간추리는 능력을 길러주고, 대중 앞에서 발표하는 능력을 기르는 훈련이 되었으며, 듣는 학생들에게는 남의 발표를 잘 듣는 훈련이 이루어집니다. 실제로 잘 듣는 방법에 대해 훈련하지 않으면 듣기도 중요한 학습요소라는 것을 학생들은 잘 모릅니다. 듣는 데도 다양한 방법과 태도가 있다는 것과 잘 듣는 방법이 경청이라는 것을 가르칩니다. 이런 과정을 지속적으로 지도하면서 발표를 잘한 학생에게는 칭찬을, 잘하지 못한 학생에게는 격려와 응원을 해 주면 학생들은 긍정적으로 대응하면서 놀랄 만큼 발표력과 듣는 능력이 좋아집니다.

왁자지껄 살아있는 교실

학교는 학원이 아니며, 교실은 학원 강의실이 아닙니다. 왁자지껄한 교실, 학생들의 호흡이 살아 움직이며 학생이 주인이고 수업의 주체가 되는 공간이라야 합니다. 교과서는 성경책이 아닙니다. 교과서의 틀을 과감히 벗어나서 재구성하는 노력과 함께 학생들의 기를 살려주고, 공부할 것, 생각할 것은 풍부하게 제공하지만 그들이 주도적으로 활동할 수 있도록 덕석을 깔아주는 데 교사는 최선을 다해야 합니다. '자식을 진정으로 사랑하면 물고기를 잡아주지 말고, 잡는 방법을 가르치라.'는 말이 있습니다. 능동적 자기주도 학습이 학생들의 성장에 가장 좋은 영양소라는 의미입니다. 기는 학성의 상상력을 북돋워 훌쩍 키워줍니다. 상상력으로 왁자지껄한 교실을 단들어보세요. 그리고 교사는 한 발짝 떨어져 지켜보다가 잘 하면 박수 쳐 주시기 바랍니다.

'별에서 온 그대'를
만났습니까?

별에서 온 소문

우리 학교에 '별에서 온 그대'가 있다는
소문, 들으셨나요?

네? 못 들었다고요?

있습니다. 우리 학교에 있습니다.

누구냐고요?

어떤 자동차 회사의 광고 가운데 이런 게 있었죠?

'수소, 우주의 85%

그 무한한 수소가 자동차의 에너지가 된다….'

어른이 되고도 한참이나 지난 내가 매력에 빠져서 정신 못 차리게 좋아하
는 것 가운데 하나가 우주 이야기입니다. 내셔널지오그래픽채널의 우주다

큐 '코스모스'(칼 세이건 원작) 연작 시리즈를 열 번 이상 보고 또 보면서 블랙홀에 빠져 들어갔습니다. 그런데 상상력의 끝판왕이라 할 수 있을 만큼 광대무변한 우주를 우주의 티끌보다 더 보잘 것 없는 존재인 인간이 밝히고 비밀을 알아내 왔다는 사실에 자꾸 경탄하게 됩니다. 공간적 시간적으로 상상할 수조차 없는 우주의 넓고 끝없음에 벌어진 입이 다물어지지 않습니다. 우주의 숫자는 우리가 만나는 일상생활 속 숫자와는 차원이 한참 다릅니다. 몇 백 억대의 재산을 가진 부자를 부러워하지만, 별의 개수나 거리를 나타내는 숫자를 몇 억, 몇 조 같은 숫자를 사용하는 우리의 상식으로는 헤아리는 것 자체가 불가능합니다.

숫자의 단위는 일, 십, 백, 천, 만, 억, 조, 경, 해 순으로 이어진다는 것 정도는 다들 알고 계시죠? 그럼 그보다 더 많은 숫자의 세계는요? 항하사(恒河沙), 아승기(阿僧祇), 나유타(那由陀), 불가사의(不可思議), 무량대수(無量大數)로 이어지는 숫자가 그 위에 있습니다.

처음 들어본다고요? 이들 숫자는 인도에서 비롯되었다고 합니다. 항하사는 10의 56승, 아승기는 10의 64승, 나유타는 10의 72승, 불가사의는 10의 80승, 무량수는 10의 88승이랍니다. 사실, 이것들은 우리 인간 세상사와는 아무 상관없는 숫자개념이고, 그것을 헤아리다 보면 숫자 감각, 현실 감각이 마비되어버릴 지경이라 인간의 보잘 것 없음을 깨우치게 하는 종교적 차원으로 생각이 이어집니다.

그런데, 우주에서는 이런 숫자 개념이 그대로 적용됩니다. 궁극적으로 개념 자체도 인간의 두뇌에서 시작되었겠지만, 그런 상상력으로도 결코 미칠 수 없을 만큼 광대무변한 것이 우주라는 사실을 천문도서와 '코스모스' 다큐 영상을 보면서 알게 되었습니다.

같은 원소로 이루어진 우주

자동차 광고 이야기로 다시 돌아갑니다. 규모를 도무지 짐작조차 할 수 없는 우주에 수소가 가득하다면 에너지와 자원 고갈, 경제 침체, 일자리 부족 때문에 고민하고 있는 오늘날 대한민국의 미래와 인류, 그리고 우주의 미래를 낙관할 수 있겠다는 생각도 합니다. 외계인이 등장하는 여러 공상과학 소설이나 최근 개봉했던, 화성탐사 길에 낙오되었다가 화성에서 감자를 재배하고, 기적적으로 생환한다는 우주인 영화 '마션(The Martian)'처럼 지구를 포함한 우주에는 온갖 신기한 것이 가득하다고 합니다. 어떤 별은 다이아몬드 덩어리라고 하며, 어떤 위성은 메탄이 물처럼 흐르는 강과 호수가 있다고 합니다. 겉은 온통 얼음이지만 안으로 들어가면 물과 생물이 존재할 것이라는 행성도 있고, 어떤 위성은 행성과 거리가 너무 가깝기 때문에 그 행성의 인력으로 인하여 수시로 수십 킬로미터 높이에 달하는 해일과 지진이 거의 매일 일어나고 있다고도 합니다. 지구인이 상식과 진리라고 믿고 있는 것들이 얼마나 작고 보잘 것 없는지 짐작도 되지 않을 지경입니다.

그런데 재미있는 사실이 있습니다. 상상조차 할 수 없는 거대한 우주가 사실은 모두 몇 개의 같은 원소로 이루어졌다는 것입니다. 147억 년 전 빅뱅으로 탄생한 우주를 구성하고 있는 압도적 1위가 수소 88%, 2위가 헬륨으로 11%, 3위가 1% 이하의 여러 가지 다른 원소라고 하며, 이 구성원소는 우주에 존재하는 모든 것들에게 공통적이라고 합니다. 온 우주와 세상에 존재하는 모든 것의 기본요소가 똑같다는 점을 생각하면, 사람이나 동식물, 광물이건 화성인이나 다이아몬드나 영화 속 에일리언까지 모두가 같은 구성요소로 만들어진 신의 창조물이라는 점에 놀라게 됩니다.

다문화예비학교와 만나다

　　　　　　　　　우리 학교가 시교육청으로부터 다문화예비학교로 지정받았습니다. 학교에서 다문화학생들을 직접 가르치고, 심도 깊은 다문화 이해 교육을 하도록 권한을 부여받은 것입니다.

다문화라는 단어가 이제는 많이 익숙하지요? 다문화(多文化, multiple cultures)란 '한 사회 안에 다른 민족이나 여러 국가 문화가 혼재하는 것'을 이르는 말입니다. 우리나라는 이미 다른 인종이나 민족 같은 여러 집단이 지닌 문화가 함께 존재하는 다문화 사회가 되었습니다. 당연히 국제결혼 가정, 부모 중 한쪽이 한국인으로 구성된 다문화가정(multi-cultural family)도 자연스럽고 흔하게 볼 수 있습니다. 우리 학교에도 다문화가정 자녀들이 상당수 재학하고 있습니다. 따라서 우리는 이제 이런 문화적 다양성을 자연스럽게 받아들여야 합니다. 세계화가 급속히 진전됨에 따라 지구상에 단일한 민족 국가 개념은 급격히 퇴색했습니다. 학교에서는 자연스럽게 다양한 문화를 인정하고 교류하기 위해 여러 문화를 존중하는 태도를 가르쳐야 합니다. 세계화로 급속히 통합되는 현대사회에서 여러 나라의 문화를 자유롭게 접하며 문화의 다양성을 이해하고 수용하면서 다른 문화에 대한 존중과 문화적 차이에 대한 관용으로 함께하는 방법을 배워야 할 때가 된 것입니다. 싱가포르에서 거리를 걷고 쇼핑을 하고 관광하노라면 부딪는 수많은 사람들의 옷차림, 피부색, 언어가 크레파스통어 들어온 듯 참 다양하면서도 잘 어울린다는 느낌이 들었습니다.

우리 주변에는 특수학교에 진학하는 장애학생들도 있지만 그들이나 부모들 중에서 상당수는 일반학교에서 통합교육 받기를 원합니다. 장차 일반인들과 함께 어울려 살아야 할 장애인들이 학교에서 일반학생들과 함께하면서 서로를 이해하고 배려하는 태도를 함께 배워야 한다는 인식 때문입니다. 우리 학교에서는 특수학급 학생들과 일반학생들이 자연스럽게 함께 어울려 지내면서 서로를 이해하고 배려하는 태도가 잘 길러지고 있습니다. 우리 학교에 20여 명 다문화학생이 재학하고 있습니다. 그들에게 보통교육을 잘 시켜서 건강한 대한민국사람으로 잘 길러내는 것이 우리의 소명이라고 확신하고 있습니다.

금년도에 우리는 다문화예비학교 교육비 2,400만 원을 지원받았습니다. 이 예산으로 다문화학생들에게 보통교육을 잘 시켜서 훌륭한 한국인으로 키우겠습니다. 하지만 이 예산이 다문화학생들뿐만 아니라 일반학생들이 함께 다문화이해 교육을 받는 데 쓰이도록 배려하겠습니다. 일반학생들에게 다문화를 긍정적으로 이해하는 저변을 넓히는 교육도 다문화학생들을 잘 가르치는 것 못지않게 중요하다 생각하기 때문입니다. 우리에게는 다문화를 긍정적으로 수용하고, 모든 구성원들이 아무런 편견이나 차별 없이 함께 살아가도록 가르쳐야 할 책임과 의무가 있습니다.

다문화예비학교 프로그램

우리가 다문화예비학교를 운영하려고 계획하고 있는 프로그램은 다음과 같습니다.

먼저, 다문화 언어 프로그램 운영을 위한 강사 초청 행사를 예정하고 있습니다. 그리고 한국어 교육자료집을 만들어 배포하겠습니다.

다문화 이해를 위한 중국어와 일본어 이중언어반을 운영합니다. 5월 30일 방과후에 이중언어반 개강식이 있었습니다. 중국어는 원어민 선생님, 일본어는 대학원에서 일본어를 전공한 선생님을 초빙하여 제2외국어를 제대로 배울 수 있는 기회를 제공하게 되었습니다. 이중언어반은 무료수강이며 학생들에게는 간식도 주기적으로 지원할 예정입니다. 어느 정도 진도가 나간 다음에는 이중 언어 말하기 교내대회를 개최하고 전국대회에도 출전하도록 지도하겠습니다.

다문화교육 자료 및 도서구입도 중요한 다문화 이해 교육입니다. 교사들의 다문화이해 수준을 높이기 위한 워크숍도 개최할 것입니다.

수강생과 다문화학생들이 모두 함께 참여하는 다문화 체험활동은 필수겠지요. 다문화 체험 활동은 학기 중에 실시하고, 방학 때는 다문화 캠프를 운영합니다.

한국문화 이해 프로그램을 운영하여 한국인으로서 자부심과 아이덴티티를 확립하도록 지도하겠습니다. 고궁과 박물관, 한옥마을을 탐방하고 전통예술 체험을 하여 전통문화를 이해하도록 도움을 주겠습니다.

우리 전통문화 체험 교육을 실시하겠습니다. 장과 매실청 담그기, 송편 등 전통음식 만들기 프로그램을 운영하겠습니다. 다도체험 기회 제공도 빠질 수 없지요. 한지공예와 화문석 만들기, 한지 수제 책 만들기(북 아트)와 택견 체험도 실시하겠습니다.

학교 적응력 강화를 위해 자아 존중감 향상 프로그램을 운영하고 학습력 향상을 위해 기초 한국어, 영어, 수학 강좌를 운영하겠습니다. 또 직업교육을 연계한 특기적성 교육을 제공하겠습니다.

우리 모두는
똑같은 원소로 구성되었다.

금년도에 중국동포 학생이 입학했습니다.

현재는 의사소통도 쉽지 않은 수준이지만, 결코 포기할 수 없습니다. 다행히 중국인 유학생을 강사로 선정하여 매일 한국어 개별지도를 하고 있습니다. 나도 기초 중국어는 할 줄 알기 때문에 개별로 만나서 우리말도 가르쳐주고 (내가 국어교사 출신이라서 참 다행입니다.) 덩달아 중국어를 배우고 있습니다. 처음 만났던 4월초만 해도 딱딱하게 굳어있던 학생의 얼굴이 나를 보면 환하게 밝아집니다. 점점 밝아오는 학생의 얼굴을 볼 때마다 기분이 좋습니다. 세월이 지나서 그가 완전한 한국인으로 자리 잡은 다음, 옛날을 회상할 때, 한국에 처음 와서 입학한 학교에서 도움 받았던 어떤 선생님을 고맙고 좋은 인상으로 기억해준다면 더 바랄 나위가 없겠습니다.

우리 학교에 별에서 온 그대가 있다는 소문, 들으셨나요?

'별에서 온 그대'를 만났습니까?

네? 못 들었다고요?

있습니다. 우리 학교에 분명히 있습니다.

누구냐고요?

드라마 주인공 김수현이 아닙니다. 바로 옆자리에 앉아 있고, 같이 공부하고 점심시간에 함께 밥 먹은 옆자리 친구들입니다. 그가 다문화학생이냐고요? 아닙니다. 다문화인지 아닌지는 따질 필요도 없습니다. 날마다 만나는 모든 사람들이 따지고 보면 국적, 성별, 생김새에 구분 없이 똑같은 성분으로 구성된 존재이죠. 우주의 역사 147억 년 전 빅뱅으로 우주가 탄생할 때 튀어나와 온 세상을 구성하고 있는 수소와 헬륨 원소, 그리고 기타 원소들로 구성된 사람을 비롯한 삼라만상은 예외 없이 별에서 온 그대랍니다.

—

내 얼굴이 거울에
어떻게 비칠까

—

나를 비추는 거울

포디닛의 '거울아 거울아' 노래 들어보셨나요?

Let's go.

4minutes left 4minutes left Ah! Ah!

4minutes left 4minutes left Ah! Ah!

대체 왜 그땐 날 거들떠보지 않고

매일 날 그대만 바라보게 만들고

오늘은 좀 더 예쁘게 나 나 나 날 (오늘도)

보여줘 너무 멋진 너 너 너 너 너에게

거울아 거울아, 이 세상에 누가 제일 예쁘니?

거울아 거울아, 이 세상에 내가 제일 예쁘니?

오늘만은 내가 제일 예쁘다고 말해줘 봐.

이 노래는 외모지상주의가 판치는 대한민국에서 잘 다듬은 외모의 유명한 걸그룹이 외모가 예뻐지고 싶은 젊은이의 마음을 숨 가쁘게 호소하는 건가요?

그리스 신화에 나르키소스(Narkissos) 이야기가 있습니다. 어머니 리리오페는 강의 요정인데, 케피소스 강의 홍수에 휘말린 후 나르키소스를 낳았습니다. 리리오페는 유명한 예언자 테이레시아스를 불러 아들의 운명을 물어보는데, 자신의 얼굴만 보지 않으면 오래 산다는 불길한 예언을 듣습니다. 나르키소스는 잘 자라는 듯 했지만, 그의 외모에 반한 요정 에코의 사랑을 거절하여 복수의 여신 네메시스의 노여움을 사고, 결국 샘물에 비친 자신의 그림자를 보고 사랑에 빠진 다음, 자신의 모습만을 그리다가 물에 빠져 죽고 맙니다. 그가 죽은 자리에 꽃이 피어나는데 그게 바로 수선화(narcissus)입니다.

이 신화는 샘물이라는 거울에 비친 자신의 모습에 취하여 파멸하는 주인공 이야기입니다. 거기서 유래하여 정신분석학에서 나르시시즘이라는 용어는 환자가 지나치게 자신의 신체에 관심을 가지는 상태를 의미하는 성도착증으로 해석합니다. 유명한 정신분석학자 프로이트도 나르시시즘을 이야기했지요.

현대문명의 심연 속에는 그리스신화가 잠겨 있고, 그 신화는 서양문명의 원형질이기 때문에 현대문명을 잘 이해하려면 신화를 해석할 줄 알아야 합니다. 문학이나 예술에 등장하는 잘 생긴 미소년의 거울에 비친 모습은 아름답기보다는 불길합니다.

베네치아에서의 죽음

유명한 독일 작가 토마스 만의 소설 '베네치아에서의 죽음'(독일어 Der Tod in Venedig)도 일종의 자기 자신에 대한 거울 비춤 현상이라고 생각되는데, 그에 따른 비극적 결말을 담고 있다고 해석할 수 있습니다. 이야기 주인공인 뮌헨 출신의 음악가 구스타프 폰 아셴바흐(Gustav von Aschenbach) 교수는 요양하러 간 베네치아에서 미소년 타지오(Tadzio)를 만나면서 나르키소스와 같이 불꽃같은 사랑에 빠집니다. 같은 이름의 영화에 등장하는 미소년 타지오는 미켈란젤로의 다비드 대리석조각상이 금방 잠에서 깨어난 듯 소름끼치게 잘생긴 얼굴로 등장합니다만 최고 미적 가치의 상징 존재인 미소년을 마음속에서 간절하게 갈구하다가 죽어간다는 이 이야기는 다분히 탐미적 예술작품입니다.

이 소설을 원전으로 삼아 1971년에 만든 같은 이름의 영화가 있는데, 여기 사용된 배경 음악이 오스트리아 출생의 위대한 작곡자 구스타프 말러의 교향곡 제5번 4악장 Adagietto입니다. 공교롭게 금년에 내가 제일 많이 들었던 음악이 바로 이 곡인데 영화 주제곡으로 쓰인 제4악장의 아름다움은 말로 표현하기 어려울 만큼 감동 그 자체입니다. 하프 연주로 시작되는 그 악장은 천상에서 에코를 반하게 했던 나르키소스의 모습 그 자체가 아닐까 생각하면서 들을 때마다 감탄합니다.

베네치아로 요양 온 음악가 아셴바흐 교수는 병이 깊었습니다. 증기선을 탄 긴 여행 끝에 도착한 물의 도시 베네치아 초입부터 그는 까칠하고 피곤에 절은 신경질적인 모습입니다. 자신의 음악을 몰라주는 친구들과 다중의 몰이해에 지쳤고 단순히 쾌락을 위한 음악이 아니라 한 시대의 정신을 반영하는 음악이란 어떠해야 하는지 심각한 고민에 빠진 이 음악가에게 다가온 놀라운 존재가 있었으니 아름다운 미소년 타지오. 그는 두근거리는 가슴과 시선으로 소년의 뒤를 쫓지만 소년은 그를 보고 미소 지을 뿐 결코 가까이 오지 않습니다. 절대적 아름다움의 정화를 만나서 마취되어 버린 듯한 예술가는 자신의 음악에 대해 다시 생각하게 되지만 너무 지치고 병들어 감각과 쾌락을 맛볼 사이도 없이 한낮의 해변, 햇볕 내려쬐는 모래밭에서 안타까운 죽음을 맞이합니다.

거울의 이미지를 담은 이야기들

조선 초기 무학대사와 태조 이성계에 관해 전해 내려오는 유명한 일화에서도 거울의 이미지가 보입니다. 여러분도 알고 계시리라 믿습니다.

어느 날 둘이 만나 대화가 무르익어 갈 무렵 태조가 입을 열었습니다.

"오늘은 군신(君臣)의 예를 떠나서 모처럼 농담이나 합시다."

"좋습니다, 전하!"

"그럼 내가 먼저 하겠소. 대사께서는 그간 산중에서만 지낸 탓인지 얼굴이 흡사 산돼지 같구려."

그러자 무학 대사가 말을 받았습니다.

"하하하, 전하의 얼굴은 흡사 자비로우신 부처님을 꼭 닮았습니다."

"내가 농담을 청했는데 농담이 아닌 아첨을 하다니요?"

"전하, 부처님의 눈에는 부처님만 보이고, 돼지의 눈에는 돼지만 보이는 법이지요."

이성계가 자기 얼굴이 비치는 거울에 침 뱉은 셈이죠? 아무리 왕이라지만 권력이 아닌 세 치 혀로 내뱉는 말로서야 득도한 스님을 이길 수 있나요?

또 하나, 우리 모두 잘 아는 백설공주 이야기를 새롭게 해석한 '백설공주와 똑똑한 거울'이라는 책을 소개합니다. 착하고 예쁜 백설공주가 심술꾸러기 마녀 왕비에게 시기 질투를 받은 결과, 궁전에서 쫓겨나고, 숲 속에서 일곱 난쟁이의 도움으로 목숨을 건집니다. 하지만 이 사실을 안 왕비가 공주에게 독사과를 먹여서 혼수상태로 만들어버리죠. 백설공주를 깨어나게 하려면 세상에서 가장 아름다운 사람, 왕자님을 찾아야 합니다. 여기까지가 우리 모두 잘 아는 그 이야기입니다.

백설공주에게 독사과를 먹인 왕비는 의기양양하게 거울 앞에 다시 섭니다. 그런데 이게 웬일까요? 왕비가 최고의 경쟁자라고 생각한 백설공주 대신 똑똑한 거울은 다른 사람을 가리키며 의미심장한 말을 던집니다.

"진짜 아름다움은 마음에서 나오는 것이지요."

오늘날 우리 사회는 마음이 아닌 겉모습을 중요하게 여기고 있습니다. 도시의 붐비는 거리에는 성형외과병원들이 성업 중이고 많은 의사선생님들도 성형외과 운영이 로망이라고 하죠. 원작에서 백설공주가 왕비에게 시달림을 받는 것도, 왕비가 끊임없이 질투한 것도 사실은 마음이 아닌 거울이 비쳐주는 겉모습이구요. 이 책은 원작을 살려 내면서도 기발한 반전을 통해 아름다움은 마음에서부터 우러나오는 것이라는 사실을 알려 줍니다.

거울은 물체의 모양을 비추어 보는 도구입니다. 일반적으로 투명한 유리의 뒤쪽에 아말감을 바르고 그 위에 습기를 막는 보호제를 발라서 만듭니다. 인류의 오랜 사랑을 받아왔지만 특히 세상의 모든 여성들에게 거울은 필수품입니다. 청동기시대부터 사용된 거울을 우리나라 박물관은 물론, 세계 어느 박물관에 가도 쉽게 발견할 수 있습니다. 오늘날 같은 유리 거울은 12세기경에 등장하였다고 하며, 16세기경부터는 유럽과 전 세계에 퍼졌다고 합니다.

거울은 세상 모든 것을 보여주지만 비유적으로도 잘 쓰이는 사물 지시어입니다. 근데, 거울이 사방지천에 널려있어서 언제든지 자신을 비쳐볼 수 있음에도 불구하고 자신의 진짜 얼굴을 볼 줄 모르는 현대인이 얼마나 많습니까? 어제 한 말 하룻밤 새에 잊어버리고 다음날 딴 말 하는 사람, 지위가 변하면 하는 말도 달라지는 낯 두꺼운 사람도 거울에 자신을 잘 비추지 못하는 행위를 저지르고 있는 것이 아닐까요?

한 해를 점검하는 여러 방법들

해마다 세밑이 되면 한 해의 교육활동 성과를 점검해 보게 됩니다. 기업을 비롯한 모든 기관이 한 해 동안 각종 실적과 성과를 따져본 다음 성과급을 지급하기도 하고, 자료를 면밀히 분석하여 반성의 절차를 거친 다음, 다음해의 활동 계획을 수립하는 데 참고하게 됩니다. 학생교육을 책임지고 있는 교육자 입장에서는 교육의 성과를 계량화하여 수치로 비교평가하기가 매우 어렵지만 그래도 다양한 측정도구를 가지고 실적을 챙겨보며 기뻐하는 반면에 실패나 좌절의 경험도 빠지지 않고 챙겨서 반면교사를 삼고, 다음해 교육에서는 똑같은 잘못을 저지르지 않도록 장치를 함께 마련합니다. 우리 학교에서도 학생 학부모 등 교육수요자와 교원들을 대상으로 설문조사를 하고, 부서별 실적표를 제출 받아서 성과평가를 실시하고 있습니다.

실적과 성과에 대한 반성을 위한 측정도구로는 교원능력평가 제도가 또 있습니다. 교장은 학생들에게서 받는 평가가 없기 때문에 올해 학교장으로서 근무실적을 동료선생님들과 학부모들로부터 받았습니다. 원래 11월 첫 주부터 2주간 평가할 예정이었지만, 학교 사정상 달포 늦게 시행했고 평가결과는 만족스러웠습니다. 학부모님들이 주신 평가의 만족도는 5점 만점에 4.65점으로 '매우 그렇다'는 평가를, 그리고 동료교원들의 평가 만족도는 역시 5점 만점에 4.94점으로 '매우우수', 평가를 받았습니다. 올 한 해 근무 결과는 이 실적만 놓고 보자면 성공적이었다고 평가해도 될 듯싶습니다.

업무능력이 뛰어나면서도 창의적인 생각으로 좋은 교육활동, 발전하는 교수학습 지도 방법을 개발하고 도입하고 적용하느라 헌신하는 좋은 교사들이 우리 학교에 많다는 점이 성공의 가장 큰 비결입니다. 올 한 해 동안 우리는 영재학급, 코어교실을 개설하여 운영하였고, 로봇동아리 등 상설 동아리활동이 활발했습니다. 학생 자치활동 활성화 등 인천형 혁신학교인 행복배움학교 활동을 하면서 학생이 주인 되는 학교, 교사의 전문성이 뛰어난 학교로 소문이 나기 시작해 미래창조과학부 장관이 우리 학교 교육활동을 직접 보러 오는 등 두드러진 학교 브랜드 가치 상승의 효과가 이어지면서 내년도 신입생 지망율이 수직상승하는 효과가 나타나고 있습니다. 덕택에 4년간 행복배움학교로 지정 받아 운영할 수 있게 되었고 학급과 학생 수가 증가하는 등 교세가 획기적으로 신장되고 있으며, 질적 양적 성장의 기회를 잡았습니다.

지시전달보다 연수를 늘리니

우리가 지시전달을 위한 회의는 모두 없

앤 반면 교원의 전문성 향상을 위한 연수 기회를 대폭 늘린 결과, 괄목할 만한 성과가 나타나고 있습니다. 스마트교육에 교사들의 관심이 폭발하였고 교수학습방법 개선에 대한 관심과 정보 교환 노력이 눈에 띄게 활성화하고 있습니다. 창의적인 교육 프로그램을 도입하는 데 교사들이 앞장서고 있습니다.

학생 개인별 적성에 맞고 진로 목표에 연결되는 동아리활동을 장려한 결과, 금년에도 시 대회, 전국대회에 출전한 학생들이 다수 입상하여 학교의 명예를 높였습니다,

교사들도 여러 행사에 출전하여 장관상 등 많은 수상실적을 거두었습니다. 이런 노력은 교사의 전문성을 높이는 데서 그치는 것이 아니라 학생교육 활동의 수준을 높여서 질 높은 교육활동에 직접 기여하게 됩니다.

교사들이 질 높은 교육을 실천하기 위해 연구하는 분위기가 고조되면서 종전의 수동적, 타성적, 냉소적 태도를 탈피하였고, 각종 프로젝트를 능동적으로 기획하고 실천하고 예산을 지원받아 오는 등 적극적으로 교육활동을 하고 있습니다. 선생님들의 협의회를 지켜보면 활발한 토의와 토론이 일어납니다. 학교장은 가능하면 협의에 간섭하거나 리드하지 않습니다. 토론 결과 좋은 의견이 제시되고 난상토론이 이루어지고 나면 반드시 좋은 결론이 나고, 자발적으로 교육활동이 실현될 기반이 갖춰집니다. 아무리 똑똑한 리더가 존재하더라도 소수의견보다 집단지성이 발동되면 좋은 결론을 내게 될 가능성이 높습니다. 우리 학교는 집단지성의 힘을 동력으로 하여 움직이면서 민주적이고 합리적으로 운영될 것입니다. 나는 집단지성의 힘을 믿습니다.

—

당신은 얼마나
'고집쟁이'인가요?

—

옹고집 이야기

　　　　　　　　　　'옹고집전'이란 고전소설이 있습니다. 황해도 옹진 땅에 놀부만큼 심술궂고 못된 옹고집이라는 부자가 살았는데, 어느 날 동냥 온 스님을 심하게 구박합니다. 화가 난 스님이 도술을 부려 지푸라기로 가짜 옹고집을 만들어 옹고집의 집에 보냅니다. 두 옹고집 사이에 큰 싸움이 나고 누가 진짜 옹고집인지 관청에 찾아가 사또님께 판결을 부탁하는데, 진짜 옹고집은 횡설수설하고 가짜 옹고집이 뛰어난 달변으로 사또의 마음을 사로잡는 바람에 진짜 옹고집이 곤장을 맞고 쫓겨나게 됩니다. 결국 모든 것을 잃게 된 진짜 옹고집은 모든 걸 후회하고 자살하려 합니다. 그때 스님이 나타나 그를 꾸짖고 지푸라기에 걸린 도술을 풀어줍니다. 그렇게 해서 집으로 돌아갈 수 있게 된 옹고집이 마음을 고쳐먹고 행복하게 잘 살았다는 이야기입니다.

어때요? 스크루지 영감 이야기 같지 않나요?

'옹고집, 똥고집, 고집쟁이'란 단어를 들으면 제일 먼저 무엇이 떠오르나요? 떼를 쓰는 어린이 모습의 이미지로 주변에 있는 특정한 어린이 얼굴과 겹쳐 보이지는 않나요? 사실이라면 주변에 고집쟁이가 있군요. 고집쟁이란 남의 말은 들을 생각도 안 하고 자기 생각만 관철시키려는 이기적인 사람의 모습일지도 모릅니다. 이기적인 사람은 자기중심적이기 때문에 타인에 대한 배려가 부족하고 주변 사람들과 폭넓은 친교관계를 맺지 못합니다. 그래서 외롭지요. 어디에 가나, 어떤 모임에서나 환영받지 못합니다. 요즘과 같은 디지털시대, 핵가족시대, 싱글들의 전성시대에 전철을 타보면 열차 속에 사람들은 붐비지만 저마다 코앞에 갖다 댄 자신만의 디지털 화면 속에 갇혀 있는 모습에서 외로움을 봅니다. 그리고 붐비는 전철 안의 대중 속에 역설적으로 소외감을 느끼면서 마음이 서글퍼지기도 합니다. 멀리 떨어진 디지털 친구와는 끊임없이 대화를 나누면서 소통하지만 옆에 함께 탄 남들과는 철저하게 단절되어버린 아이러니가 요즘 시대를 사는 현대인들의 특징이자 현대판 고집쟁이들의 비극은 아닐까 생각해 봅니다.

성공한 고집쟁이들

반면 고집쟁이는 '뭔가 확실한 주관을 가지고 자신만의 목표 달성을 위해 열심히 노력하는 열성적인 사람'이란 긍정적 이미지가 있습니다. 누가 뭐래도 나의 길을 간다는 '마이웨이'정신으로 일가를 이룬 사람, 스티브 잡스나 빌 게이츠 같이 우리 시대 성공한 사람들은 대개 고집으로 한 우물을 파서 성공한 사람들입니다.

국어사전은 고집쟁이를 아래와 같이 풀이합니다. '쟁이'의 쓰임도 함께 알아보세요.

▶ **고집쟁이** [명사] 고집이 센 사람. 비슷한 의미의 유의어로 고집통, 고집 통이, 독불장군 등이 있다.

▶ **쟁이** [접사]{일부 명사 뒤에 붙어} '그것이 나타내는 속성을 많이 가진 사람'의 뜻을 더하는 접미사이다.

 – 수다쟁이, 몹시 수다스러운 사람을 낮잡아 이르는 말.

 – 욕심쟁이, 욕심이 많은 사람을 낮잡아 이르는 말.

 – 거짓말쟁이, 거짓말을 잘하는 사람

 – 뚜쟁이, '중매인'을 낮잡아 이르는 말

 – 떼쟁이, 떼를 잘 쓰는 사람

 – 욕쟁이, 남에게 욕을 잘하는 사람.

세상에는 모래알처럼 많은 사람들이 있지만, 모두 자기 생각이 있고, 자기 나름의 고집도 있게 마련입니다. 제각각 다른 얼굴 생김새와 피부색과 성격과 생각으로 이루어진 수많은 사람들이 있기 때문에 세상이 아름답다고 노래한 어떤 시인의 말처럼 우리는 다양성의 시대를 살고 있습니다.

나는 평소 남을 배려할 줄 알고, 남의 말을 경청할 줄 알고, 또 가난하고 불행한 사람들의 이야기에 공감할 줄 알고, 또 그들을 위해서 기꺼이 지갑을 열 줄 아는 사람들을 좋아합니다. 하지만 내가 특별히 좋아하고 존경하는 고집쟁이들이 있습니다.

고집쟁이들이 어떻게 세상을 아름답게 바꾸기도 하고 나를 비롯한 수많은 사람들에게 영향을 끼쳤는지 알아보는 것은 수많은 학생들을 가르치고 그들에게 많은 영향을 주는 선생님들에게 아주 중요한 일입니다. 다음 세대들이 세상을 아름답게 만들어가도록 학생들을 잘 가르쳐야 할 책임과 함께 세상의 발전에 기여할 책임을 진 선생님들이 아름다운 고집쟁이들을 알아보는 것은 교육적 가치가 충분한 일이기 때문입니다. 그래서 내가 좋아하고 잘 아는 고집쟁이들, 그리고 그들을 담아낸 책 몇을 소개하려 합니다.

고집쟁이를 담은 책들

먼저 '한국의 고집쟁이들'이란 책(박종인 지음)을 소개합니다. 이 책은 80년이 다 되도록 한 자리를 떠나지 않고 3대째 이발사를 해온 사람, 평생 기다란 집게를 갖고 다니며 쓰레기를 줍는 사람, 팔도에서 버려진 돌을 주워 건물을 짓는 사람, 연 만드는 데 일평생을 바친 사람, 서울 한복판에서 50년째 대장간을 하는 사람, 수십 년간 대구에서 고전음악감상실을 운영한 사람 등 그저 묵묵히 인내와 열정으로 자신에게 주어진 길을 걸어온 23명을 기록한 다큐멘터리입니다. 세상은 급변하지만 변함없이 자기 길을 걸어가고 각자 몸담고 있는 분야에서 최고 수준의 경지에 다다랐지만 자신을 자랑하거나 드러내지 않는 주인공들을 발굴해낸 이는 이들 주인공들을 '지혜로운 고집쟁이'라고 찬양합니다.

두 번째로 '어린이가 닮고 싶은 조선의 고집쟁이들'이란 책이 있습니다. 글 쓴이는 '꿈이 있으면 꿈을 향해 노력하게 된다. 꿈은 자신을 변화시킨다.'고 말합니다. 이 책에 실린 인물들은 조선시대 엄격한 신분사회 속에서도 자신이 하던 일을 완고할 정도로 끝까지 붙들어 최고의 경지로 이끌어냈던 전문가들입니다. '천민 시인 홍세태, 시대를 앞선 소설가 이옥, 흔들리지 않는 사관 민인생, 고집불통 화가 최북, 최고의 만능 기술자 최천약, 천연

두 전문 어의 유상, 책을 만든 훈장 장흔, 장악원 악사 김성기, 상제 전문가 유희경, 호조 아전 김수팽'에게서 꿈을 향한 열정을 볼 수 있습니다. 어린이들을 위해 준비된 책이니만큼 부담 없이 읽을 수 있을 것입니다.

세 번째로 한국 최고의 고집쟁이로 세상이 인정한 안과의사 공병우의 자서전 '나는 내 식대로 살아왔다'를 소개합니다. 꽤 오래 전인 1960년대에 한국일보사에서 한국의 고집쟁이라는 제목으로 설문조사하여 뽑은 사람 10명이 있었는데, 1위가 이승만, 3위가 최현배, 6위가 공병우였다고 합니다. 60년도 지난 기사이기 때문에 그때 뽑힌 사람이 누구누구였는지 전부 확인은 안 되지만 선정된 사람들은 대한민국 정부 수립 초창기 역사와 함께 한 당시의 유명인사들 임에 틀림없는데, 이분들의 공통점이 당대 최고 수준의 고집불통들이었다는 점입니다.

공병우 선생과 인연

오늘 이야기에서 내가 진짜로 말하고 싶은 주인공, 또 하나의 유명한 고집쟁이 공병우 선생에게서 나는 많은 영향을 받았고 내 삶에도 직접 들어와 계시고, 많은 가르침을 남겨주었습니다. 그래서 이분의 고집을 존경하며, 실용정신과 남겨주신 정신적 유산을 물려받았으며, 가르침과 실천을 그대로 따르려 노력하고 있습니다.

선생은 학교를 조기졸업으로 빨리 마쳤으며, 의대를 다니지 않고서도 독학으로 의사가 되었고, 박사과정도 남들이 하는 공부시한을 절반으로 단축하여 마치고 학위를 땄습니다. 한편 편리한 한글타자기를 만들어서 보급했고, 사람이 출입하는 데 불편하다고 집안의 높은 문지방과 거추장스런 간장독을 없애버렸으며, 사과상자를 포개서 침대를 만들어 썼습니다. 허례허식을 싫어해서 자신의 병원 개원 기념행사를 한 번도 하지 않았고, 아들이 장가 갈 때 낮에 하는 결혼식은 시간 낭비라고 반대하였으며 새 며느리에게는 폐백 인사로 절하는 것은 집어치우고 악수나 한번 하자고 하면서 수많은 격식과 형식을 과감히 깨뜨려 파괴해 버린 분으로 유명합니다. 대단한 실용주의자라고 할 수 있습니다. 자신의 사망 후 부고를 세상에 절대 알리지 말라고 했으며, 의학 발전을 위해서 자신의 시신을 대학병원에 해부실습용으로 기부합니다. 신촌세브란스 병원에 가면 숭고한 뜻을 기념하는 그분의 초상화가 걸려있는 것을 볼 수 있습니다.

1990년 겨울방학 때 그가 운영하던 한글문화원을 방문하여 그의 자서전 '나는 내 식대로 살아왔다'를 받아와서 읽었고 지금까지 잘 보관하고 있습니다.

공병우 선생과 인연은 조금 다른 데서 시작됩니다. 내가 교사가 된 다음 짬짬이 쓰는 교육현장의 글은 물론, 소소한 일상생활을 기록하는 수상록, 학생들과 나누는 상담 기록, 그리고 학교 교육과정 운영과 관련한 행사와 업무, 기안문서 같은 여러 종류의 문서 작성, 차시별 수업 지도를 준비하는 학습지도안 작성, 정기고사 시험지 만들기 등 계획 수립부터 시행까지의 모든 과정을 일일이 손으로 써야하는 것이 번거롭기 짝이 없었고, 그래서 거기서 벗어나고자 하는 강렬한 바람으로 문서 작성의 기계화를 절실히 바라게 됩니다.

컴퓨터와 만나다

1988년 서울올림픽이 끝난 이듬해 상업고

등학교로 전근가면서 한글기계화의 가능성을 찾게 됩니다. 학교에는 타자교실과 타자기 수업과 8비트 컴퓨터가 있었습니다. 또, 컴퓨터실에는 중형컴퓨터가 별도로 1대 있었는데, 도입가격 5천만 원이라고 붙어있는 딱지를 보면서 기가 죽었지만 냉온 설비가 별도로 갖춰져 있는 그 특별한 공간에 내 호기심이 온통 쏠립니다. 이것을 잘 활용하면 한글 기계화가 가능할 것으로 판단하였던 것이죠. 근데 웬걸, 고가의 중고 컴퓨터로 할 수 있는 거라곤 학생들 성적관리 딱 하나뿐이라 터무니없이 비싸기만 한 이 고물기계가 도태되는 공룡 같다는 느낌이 들었습니다.

어쨌건 근무 첫해에 빈 시간 짬짬이 8비트 컴퓨터로 원시적인 초기 오락실 게임을 하면서 난생 처음 만난 컴퓨터와 친해졌습니다. 그리고 이듬해 봄 신학기에 컴퓨터실에서 새로 도입된 신형 컴퓨터 2대와 조교 자리에 놓인 5.25인치 플로피디스크 5장 묶음을 발견합니다. 그런데 아무도 그것의 용도나 활용방법에 관심이 없었습니다. 덕택에 신형컴퓨터는 내 차지가 됩니다. 막 판매되기 시작한 삼보XT컴퓨터와 흔글 1.0버전 프로그램이 그것입니다. 당시 XT컴퓨터는 하드디스크가 없었기 때문에 운영체제인 도스를 플로피디스크로 실행시켜야 살아나고, 그 다음 응용프로그램도 디스크를 역시 똑같은 방법으로 다시 실행시켜야 하는, 지금 기준으로 보면 번거롭기 짝이 없고 원시적인 수준이었지만, 당시는 획기적인 제품이었고, 한 세트 구입에 300만 원 정도 드는 고가품이었습니다. 참고로 그때 현대 엑셀 승용차 값이 오백만 원 정도였으니 승용차에 버금가는 귀중품이었습니다. 새 컴퓨터를 아무도 사용하지 않는 덕택에 내가 독점하다시피 하여 아두도 사용법을 모르는 개인용 피시 구동법과 흔글 1.0을 혼자서 터득했습니다. 그리고 예쁘지 않은 내 손글씨로 만들어 오던 수작업 시험지를 버리고 마침내 컴퓨터로 시험문제지 출제를 할 수 있게 되어 한글문서 기계화의 오랜 소망을 비로소 이룰 수 있게 되었습니다. 사실 그동안 예쁘지 않은 내 손글씨 시험문제지가 학생들 손에 들려있는 것을 보면 참 미안했습니다. 그래서 소망이 더욱 간절했던 것이지요.

내친김에 교과서 문학작품을 공부하는 데 더해 자신의 감정과 생활체험을 직접 시로 써 보고 그 작품들을 모아서 시집을 내자는 약속을 하고 학생들의 시 쓰기를 지도하였습니다. 학생들이 일상생활하면서 만나거나 느끼는 감정의 여러 가지를 낙서하듯 부담 없이 글로 담게 하였고, 퇴고하는 과정을 일 년에 걸쳐서 지도했습니다. 마침 동료선생님 중 시인이 계셔서 도움도 받을 수 있었습니다. 완성된 작품들은 내가 컴퓨터로 입력하고, 학생들은 삽화를 직접 그려서 꾸몄습니다. 제목을 공모한 결과, 초보시인이라는 뜻을 담은 '푸내기(풋내기의 변형말)의 꿈'으로 정했습니다. 마침내 학생들의 시 작품을 모은 시집을 발간했습니다. 시인 선생님이 학생작품 전체 품평의 글을 써 주셨고, 동료 선생님의 격려사를 첨부해서 제작한 근사한 시집이 마침내 완성되었습니다. 이제 세월이 흘러 만지면 부서질 것처럼 퇴색한 그 문집 몇 권이 아직도 내 서재에 꽂혀 있습니다. 낡은 그 책을 꺼내 펼치면 눈길이 닿는 순간 25년 전의 그 시절로 날아가는 근두운이 됩니다.

3벌식 컴퓨터 자판

그즈음, 학교 우편함에 보관된 여러 통의 두툼한 우편물봉투를 보게 됩니다. 월 1회씩 꼬박꼬박 오는 이 우편물에는 타자기로 쓴 듯한 글씨체(한글 폰트 중 공한체입니다.) 빽빽하게 쓴 미니

책자와 편지글 형태의 인쇄물 여러 편이 들어있었는데, 바로 공병우 선생님의 개인 사무실인 한글문화원에서 보낸 자료였는데 특정인이 명시되지 않았기 때문에 아무도 주목하지 않아서 내가 뜯어볼 수 있었습니다. 열정적인 어조로 쓴, 주장이 강한 글 여러 편이 미니책자에 가득 들어있었습니다. 책자에는 공병우, 송현 선생 등 몇 분이 쓴 한글기계화가 중요하다는 점과 한글타자기와 컴퓨터 자판을 3벌식으로 써야 하는 구체적 이유 등이 쉽게 설명되어 있었고 3벌식을 쓸 수 있는 프로그램을 담은 디스켓 등이 부록으로 있었습니다.

한글 기계화에 대한 놀라운 선견지명을 가졌던 선생은 한글타자기를 직접 개발하고 판매하는 '공병우타자기주식회사'를 만들어 타자기 보급에 앞장섰고, 일찍이 정부에서 정한 2벌식 표준자판 방식이 옳지 않다는 판단으로 3벌식 한글 입력 방법을 보급하는 데 최선을 다했습니다. 다들 은퇴하는 나이인 80대 노인이지만 사재로 한글문화원을 운영하면서 3벌식 자판 보급운동을 하였고, 나도 이때 공병우 선생과 한글문화원, 3벌식 자판을 알게 되었습니다. 그리고 그분의 주장에 동의하고 선생님의 열정과 고집이 존경스러워 3벌식으로 갈아탔습니다. 덕택에 지금까지 남들과 다른 3벌식으로 한글 기계화를 실천하고 있습니다.

그를 기억하고 삶을 높게 평가하는 사람들이 여기 저기 쓴 글이 있어서 소개합니다.

"그가 인생을 마무리하는 시점까지 자신이 연구한 세벌식 자판 보급에 전념한 것은, 고집 때문이 아니라 과학적 근거 때문이라는 생각을 하게 된다 그는 자판 배열에 있어선 한국 최고의 전문가였다. 교육기관과 서적이 젼

무한 시절, 그는 영문타자기를 갈기갈기 해체하며, 독학으로 타자기 자판 설계를 연구한 바 있다. 전문가들도 세벌식 자판의 실용성과 과학성을 높게 사고 있다. 언젠가는 그의 꿈이 실현될 날이 대한민국의 역사에 있을 것이다. 그때가 되면, 공병우의 자서전 '나는 내 식대로 살아왔다'는 세벌식 타자기의 개발과 보급 운동에 헌신했던, 한글을 사랑했던 안과의사 공병우의 열정과 확신에 찬 90년의 기록으로 우리 앞에 다시 부활할 것이다."

"나의 죽음을 세상에 알리지 말라" 공병우박사 (이상길)
"그는 그 한 마디를 남기고 조용히 하늘로 떠났습니다. 충무공의 얘기가 아닙니다.

1995년 3월 향년 아흔을 일기로 세상을 떠난 한국 최초의 안과의사 공병우 박사의 유언입니다. 그는 "장례식도 치르지 말라."는 말을 남기고 "쓸만한 장기와 시신은 모두 병원에 기증하라. 죽어서 한 평 땅을 차지하느니 그 자리에 콩을 심는 것이 낫다. 유산은 맹인 복지를 위해 써라."며 이승을 떠났습니다. 만약 그렇게 하지 못한다면, 가장 가까운 공동묘지에 매장하되 입었던 옷 그대로 값싼 널에 넣어 최소면적의 땅에 묻어달라고 당부했습니다. 이런 유언 때문에 공 박사가 별세했다는 소식은 이틀이 지나서야 세상에 알려졌습니다.

늘 공부하며 사는 것, 남의 눈치보다는 옳다고 믿는 것을 실천하며 사는 것, 소아(小我)보다는 큰 뜻에 따라 사는 것, 사랑을 품고 사는 것, 이러한 삶이야말로 젊은 삶이 아닐까요?"

그러고 보니 나도 삼십여 년 교직생활을 거치면서 내 나름의 고집이라 할까, 신념이랄까 지키고자 하는 지 있습니다. 선생님이 평생 지키고자 했던 것들, 3벌식 타자법을 쓰는 것, 격식이나 허례를 잘 따지지 않고 실용적으로 사는 것, 잡기와 오락보다는 요리, 사진, 글쓰기, 여행 등 생산적인 활동에 시간을 더 많이 투자한다는 것, 환경보호를 위해 자가용승용차보다는 대중교통 BMW(Bus, Metro, Walking)를 더 사랑하고, 점심식사 잔반을 일체 남기지 않는 것, 봉사활동과 장학금 기부, 의료지원 및 사회복지를 위한 기부를 꾸준히 실천하는 것은 모두 나를 가르쳐 주신 여러 고집쟁이들에게서 배운 유산들입니다. 그래서 이상길 기자의 언급처럼 늘 공부하며, 남의 눈치보다는 옳다고 믿는 것을 실천하며, 큰 뜻에 따라 사랑을 품고 사는 고집쟁이가 되고 싶습니다.

一
뉘 집 큰아들이
징역 와 있구먼
—

괴짜 노인

예전에 감옥살이 하는 괴짜 노인이 있었답니다. 감옥 안 사람들은 이름이 아니라 죄수번호로 불린다는 것을 세상 사람들 모두가 잘 알고 있지만 이 노인만은 같은 방에 수감된 동료들을 번호로 부르지 않고 꼭 이름으로 불렀답니다.

신참이 들어왔는데, 노인이 물었습니다.

"자네 이름이 뭔가?"

"응일이요."

"일 자(一字)가 한 일 자렸다. 뉘 집 큰아들이 징역 와 있구먼."

혼잣말인 듯 아닌 듯 안타까움 서린 영감님의 혼잣말을 들은 당사자가 그날 밤새 잠 한숨 못 잤답니다. 그동안 자기가 큰아들이라는 사실을 까맣게 잊고 있었는데, 사람은 번호로 불리는 존재가 아니라 자기 주변과 관계를 맺고 살아가는 사회적 존재라는 인식을 영감님 덕택에 비로소 깨우치게 되었던 것입니다, 신영복의 '담론'에 나오는 이야기입니다.

디아스포라의 고통을 보다

4월 17일 일요일 오후에 영종도에 있는 법무부 외국인 수용시설인 '인천공항외국인출입국 지원센터'에 봉사활동을 다녀왔습니다. 부평세림병원 의료봉사단의 일원으로 정부에서 일시보호하고 있는 그곳 외국인들 건강을 돌보는 자원봉사 활동인데, 작년 4월에 다녀왔었고, 그 직후 창궐한 메르스 사태로 인하여 1년간 중단했다가 다시 시작한 봉사활동 프로그램입니다. 정치와 사회가 불안하거나 주권을 상실한 나라의 국민들, 정치적 또는 다른 이유로 버림받은 소수 디아스포라들이 현재 당하고 있는 고통을 직접 보고 느낄 수 있는 기회였습니다. 작년에 만난 환자들은 이집트, 콩고, 예멘, 모로코, 파키스탄 등 우리가 평소에는 좀체 만나보기 어려운 낯선 나라 사람들이었습니다. 그들은 자국 정정이 불안하거나 내전 상태에서 피치 못할 사정 때문에 정처 없이 먼 나라에 와 기약 없이 고생하고 있었습니다. 유아들은 물론 입국한 뒤 태어난 1개월짜리 영아도 있었습니다.

예전 베트남 전쟁 뒤 상당기간 보트피플로 떠돌던 베트남 난민들의 암담한 소식을 신문에서 보곤 했던 기억이 있습니다. 무수한 사람들이 바다에서 목숨을 잃기도 했지만 그때 용케 구조되었던 사람들 가운데는 미국에서 자리 잡고 살면서 제법 성공한 사람도 있고, 금의환향하여 옛 친척 상봉했다는 소식이 뉴스가 되기도 했지만 어떤들 내 나라보다 좋은 곳이 세상에 또 어디 있겠습니까? 언제나 평화롭고 근심걱정 없이 후손들이 잘 사는 대한민국이 되기를 절실한 심정으로 기원합니다.

의료봉사활동은 대개 두 세 시간 정도를 예정하고 오후 2시경에 갑니다. 봉사단 구성은 세림병원의 과장(전문의) 한 두 명과 간호사 1명, 치과개원의 1명, 약사 1명, 그리고 나를 포함한 지원인력 몇 명이 한 팀이 됩니다. 그곳의 직원 3~4명이 인원 파악과 통역을 지원해 줍니다.

1년만의 방문이니만큼 그곳 주인공들이 얼마나 바뀌었을까, 작년에 만났던 이집트인 자매소녀들을 다시 만날 수 있을까 기대 반 설렘 반으로 찾아갔지만 그 사이에 얼굴들이 모두 바뀌었습니다. 작년에는 중동 아프리카 국가들에 불어 닥쳤던 민주화 운동과 관련한 정치적 난민들이 다수였습니다 다만 이번에는 미얀마 난민들이었고 이집트 사람 몇 명도 있었습니다. 해마다 주인공의 얼굴만 바뀌는 게 아니라 난민의 성격도 변하는 것을 알 수 있었습니다.

미얀마 사람들은 그 나라 소수민족인 카렌족, 로힝야족이라고 합니다. 정정이 불안한 그 나라에서 행정적으로 이들을 돌보지 못하고 사실상 방치하는 바람에 이들 소수민족의 불안정 상태를 해소하기 위해 유엔에서 중재하여 여러 나라에 분산해 보내고 있는데, 이들은 우리 정부가 초청 형식으로 데려온 사람들이라고 합니다. 유엔회원국으로서 책임을 다하고자 국가별 분담 능력에 따라 할당 받아 데려온 것입니다. 당연히 이들은 우리 정부가 책임지고 국내에서 정착을 지원할 것이고 특별한 사정이 없다면 장차 우리 대한민국 국민이 될 가능성이 높다고 합니다.

자신들이 살던 땅이나 조국에서 관계가 깨지면서 불행한 존재가 된 그들이 대한민국이라는 낯선 땅에서 새로운 관계를 구축하는 데 또 얼마나 많은 시간이 걸리고 노력이 필요할까요? 자리 잡는 동안에 또 얼마나 많은 장벽과 좌절을 경험해야 할까요? 쉽지 않지만 그들의 새로운 관계 맺기가 잘 되기를 기원해 봅니다.

접수창구에서 진료를 위한 인적사항과 질병 유무를 기록하는 보조 일을 하면서 살펴본 그들의 모습에서 빤히 보이는 곤궁한 처지가 너무나 안타까웠습니다. 오랜 기간 좋은 음식 제대로 먹었을 리 없으니 공통적으로 혈색이 창백합니다. 얼굴이며 손목, 팔다리 등 온몸에 동전 모양 같은 곰팡이성 피부병을 다수 가지고 있고, 심한 어린이는 진물도 흐르고 있습니다. 두어 살은 넘었으니 걸어야 할 텐데 아직 일어나지 못하는 영유아도 있습니다. 장기간에 걸친 그곳 난민수용소 생활 때문에 비위생적 환경에 오래 노출되고 잘 먹지 못해 영양실조에 따른 저발육 상태가 가져온 후유증일 것입니다.

난민문제, 남의 일이 아니다

국제화시대이다 보니 외국인 난민 수용시설을 갖춘 나라가 많아졌습니다. 특히 독일을 비롯한 서유럽국가나 그리스, 터키는 현재 엄청난 숫자의 난민을 수용하고 있다고 합니다.

시리아내전이 격화되면서 이웃나라로 피란 가는 대규모 엑소더스 사태가 났습니다. 이웃나라인 터키, 그리스로 향한 난민들은 영국이나 독일을 최종 목적지로 필사의 탈출을 하는데, 작년 터키 해변에서 사망한 채 발견된 세 살 난민 아기 아일란 쿠르디(Aylan Kurdi)는 전 세계 사람들을 울렸지요. 쿠르디와 가족은 시리아내전을 피해 세 번째 밀입국을 시도하다 배가 난파하여 엄마와 다섯 살 형과 함께 천국으로 갔습니다.

우리에게도 한국전쟁 당시, 거제도 포로수용소라는 전쟁 난민 수용시설이 있었습니다. 그리고 한국전쟁 후 상당기간 경제적 어려움 해결이나 이

산가족 상봉을 위해 일본으로 밀항해야 했던 슬픈 역사가 있었습니다. 그들은 남몰래 배를 타고 바다를 건넜지만 많은 사람들이 다시 붙잡혀 일시 수용되었다가 강제 송환되곤 했습니다. 이렇게 밀입국하다 체포된 한국 사람들을 송환하기까지 수용했던 곳이 규슈 남쪽 나가사키 현 오무라 시에 있는 오무라수용소입니다. 그런데, 이 수용소는 일본 내에서 범죄를 저지른 재일동포가 형기를 마치면 재수감되었다가 한국으로 강제 송환되는 강제 송환 대기소였기도 합니다. 밀항자의 경우 다시 한국으로 돌아오면 반길 가족이라도 있지만 일본에서 태어나 평생을 거기서 살던 재일동포가 그곳을 거쳐 강제 송환되면 가족과 영원한 생이별이 되었습니다. 그런 만큼 오무라수용소에 수감된다는 것은 재일동포에게는 '일본 내 생활의 끝'이라는 청천벽력이었습니다. 1959년 9월 23일자 어느 신문기사를 보면 당시 수용소에 980명의 동포가 수용되어 있음을 알 수 있습니다.

다문화 학생 껴안기

4월 11일에 1학년 편입한 중국 국적 학생 1명이 등교를 시작했습니다. 조선족 아버지와 한족 어머니를 둔 학생입니다. 중국에서 초등학교 과정을 마치고 작년 말에 입국하였는데, 입국한 지 반 년 가까이 지났지만 우리말을 전혀 하지 못하고 음식이나 문화 전반에 대해서도 아주 생소해 합니다. 그동안 적절한 적응교육이 전혀 제공되지 못했고 집안에만 머물러 있었던 결과입니다. 당연히 이 땅에 적응하는 데 많은 시간과 노력이 필요할 듯합니다. 면담 결과, 국내 정착을 목표로 하고 있고 중국에 다시 돌아갈 계획은 없다고 합니다.

비록 중국 국적이지만, 혈통이 분명한 우리 동포입니다. 이 땅에 들어와서 거주하고 있는 학령기의 젊은이에게는 국적이나 조건에 구애되지 않고 의무교육 과정의 교육 기회를 제공해야 할 법적 책임이 공교육기관인 우리에게 있습니다. 게다가 우리 혈통을 물려받은 해외동포라면 이 땅에서 당당하게 교육 받을 권리가 있는 존재임에 틀림없습니다.

하지만 현실적으로 우리 교직원이나 학생들 가운데서 중국어를 잘 하는 사람이 없기 때문에 이 학생을 지도하기에는 벅찹니다. 작년에도 이와 똑같은 경우가 있었습니다. 한국인과 결혼하여 입국한 중국국적의 엄마가 데려온 한족 청소년인데 우리 학교에서 일단 편입학 허가를 마쳐놓고 다문화학교인 인천한누리학교에 1년 동안 위탁교육을 보냈습니다. 그 학교에서는 다문화 청소년과 외국인들을 위탁 교육하면서 우리말과 문화를 더 잘 가르쳐서 원적교로 돌려보내는 일을 합니다. 그런데 금년 들어 위탁교육 받기를 희망하는 다문화학생과 외국인이 급증하면서 포화상태가 되어 수용할 수 없게 되었다 하여 이제는 우리가 이 학생을 직접 가르쳐야 할 상황이 되었습니다.

난감합니다. 기본적인 의사소통도 되지 않는 이 학생에게 중학생 수준의 학업을 원만하게 제공하기에는 무리가 있습니다. 하지만 손 놓고 있을 수도 없습니다. 사고무친(四顧無親)이란 말이 있습니다. 주위에 의지할 만한 사람이 전혀 없음을 가리키는 한자성어입니다. 고립무원(孤立無援)이란 말도 있습니다. 남과 사귀지 않거나 남의 도움을 받을 데가 전혀 없음을 가리키는 말이기도 합니다. 무인도에 떨어진 현대판 로빈슨 크루소 영화 '캐스트 어웨이(Cast Away)'의 주인공 톰 행크스처럼 이 학생이 학교에 등교하는 순간, 이런 심정이 아닐까 생각하면 가슴이 아픕니다. 우리말과 문화에 잘 적응할 수 있도록 빨리 도와줘야겠다는 생각에 마음이 조급해집니다.

때마침, 우리 학교가 다문화예비학교로 지정되면서 전담강사를 채용하여 이 학생에게 맞춤형으로 한국 적응교육을 할 수 있게 되었습니다. 우리나라에 입국한 지 꽤 되었지만 기회를 얻지 못하고 마냥 기다리면서 교육기회를 못 얻고 어려움을 겪고 있는 이 학생에게 최대한 빨리 공교육서비스를 제공하기 위해 편입절차를 밟고, 지역다문화센터의 자원봉사자 지원을 받아서 첫 주 적응교육을 시작했습니다만 전문강사를 구하는 절차를 거치려면 시간이 소요되어 어쩔 수 없이 다음 한 주간은 계양다문화센터에 위탁교육을 보냈습니다. 그리고 공고기간을 거쳐서 적절한 전문강사를 구했습니다. 국내대학에 유학 와서 현재 한국어 박사과정을 이수하고 있는 중국인을 이 학생의 우리말과 문화 적응교육을 맡아줄 적임자로 선발하여 4월 25일부터 투입하게 되었습니다.

중도입국자녀를 포함한 다문화학생들은 장차 기하급수적으로 증가할 전망이며, 한누리학교가 다 수용할 수 없기 때문에 우리처럼 예비학교를 확대하여 일반학교에서 직접 수용하는 방향으로 다문화교육이 확산될 것이라고 전망합니다. 혁신학교인 우리가 다문화교육의 확산에 일정 부분 기여할 수 있는 기회를 갖게 된 것을 다행으로 생각합니다. 장애학생을 특수학교에서만 수용하지 않고 일반학교 통합학급에서 수용하는 원리와 같습니다. 오히려 경우에 따라서는 일반학교의 일반학급에서 다문화학생, 외국인학생을 수용하는 것이 훨씬 교육효과가 클지도 모릅니다.

다문화는 자연스럽다

국제화시대를 살아가는 우리에게 다문화는 피할 수 없는 추세이고, 다문화학생은 갈수록 늘어갈 것입니다. 이런 현상은 세계 모든 나라에서 일어나고 있는 거스를 수 없는 대세이고 우리 문화를 다양하게 만들어주는 긍정적 요소가 될 것입니다. 싱가포르와 쿠알라룸푸르, 런던에 가 보니 다양한 인종들이 함께 어울려 사는 것이 너무나 자연스러웠고, 다문화가 문화의 다양성 확보는 물론, 경제적으로도 큰 기여하고 있는 것을 확인하였습니다.

다문화는 짐이 아니라 우리의 자산입니다. 다문화학생은 말할 것도 없습니다. 최근 조선, 철강, 무역, 해운업 등에서 우리 경제에 위기 징후가 심각하게 나타나고 있어서 불안합니다. 체질개선과 구조조정을 해야 할 시점입니다만, 활발한 다문화교육은 우리가 경제는 물론, 문화적으로도 다음 단계로 도약하는 데 필요한 견인차가 될지도 모릅니다. 또, 조선족이라면 고려인과 함께 우리의 불행했던 과거 역사가 그들의 조상들을 강제로 국외로 떠밀어 내보냈던 역사의 희생양이기 때문에 그 후손들은 우리가 따뜻하게 안아주어야 할 존재입니다. 어쩌면 그들에게 우리 모두가 큰 빚을 졌는지 모릅니다.

그렇습니다. 우리는 누군가의 아들이나 딸이고, 형이나 언니, 동생, 누나나 여동생이자 조카이자 아버지 어머니이고, 삼촌이나 고모, 이모입니다. 당연히 얼굴이 다르고, 가진 것도, 건강이나 체격조건도, 취미나 특기, 성적도 다 다릅니다만 주변 사람들과 관계를 맺고 살아가고 있으며, 누구나 예외 없이 인격을 가진 더할 나위 없는 소중한 존재들입니다.

우리 학교는 차별 없는 교육공동체를 지향합니다. 제도이기 때문에 어쩔 수 없이 정기시험도 보고 석차도 산출해야 하지만, 그렇다고 할지라도 우리는 어떤 형태의 차별도 반대합니다. 그래서 체육대회와 체육수업을 진행하는 운동장에서도 기량 뛰어난 학생 개인이 1등 하는 재주를 겨루는 것이 아니라 팀별로 협동하여 과제를 수행하고, 결과를 기다리고, 함께 즐거워하면서 신체 단련과 협동심 기르는 것을 중요한 교육목표로 삼고 있습니다. 일반교과 수업시간에도 팀원이 함께하는 동아리활동, 모둠활동, 협동학습과 프로젝트 수업을 통해서 공부가 이루어지도록 배려합니다. 지적능력이나 체력, 체격이 열등하더라도 소외되지 않고 함께 즐겁습니다. 우리 학교는 건강한 급식, 왕성한 체육활동, 그리고 독서활동과 진로교육의 진흥을 가장 중요한 기초 교육활동 목표로 삼고 있습니다. 이런 교육활동을 밑바탕으로 기초를 튼튼히 하면 미래형 학력은 저절로 차곡차곡 쌓여 갈 것이라고 믿기 때문입니다.

학교생활 속에서 학생들끼리는 물론, 학생과 교사, 교사와 교사, 교사와 지원인력이 좋은 관계를 끊임없이 만들고 확인하면서 모두가 행복하기를 기원합니다.

마션(Martian, 화성인)을
만나면 나도 화성인

10월 8일 한국에서 개봉한 영화 '마션(The Martian)'이 18일 현재 관람객 3백만 명을 돌파했습니다. 영화감독 리들리 스콧은 '에이리언', '델마와 루이스', '블레이드 러너', '블랙호크 다운' 등 우리에게 낯익고 성공한 영화들로 타의 추종을 불허하는 명감독이 되었고, 나를 포함해서 그의 팬들이 우리나라에도 구름처럼 많이 있지요. 그래도 나는 이 영화를 지금 당장은 보지 않을 생각입니다. 우선 문자 텍스트로 만나보면서 영상이 아닌 나의 상상력으로 화성의 생활을 그려볼 생각입니다. 그래서 지난주에 전자책 '마션'을 샀습니다. e-BOOK을 읽으면서 나는 '화성인'이 되고 있습니다. 화성일 93일째, 주인공인 '화성인'마크 와트니의 해박한 공학·화학 지식은 당연히 글쓴이 앤디 위어의 지식이겠지요.

화성에 착륙한 아레스3팀은 활동을 시작한 지 며칠도 되지 않아 나사에서 다급한 철수명령을 받습니다. 갑자기 닥친 모래폭풍으로 인하여 탐사팀에게 큰 피해가 예상되니 즉각 대피하란 거였죠. 긴급대피 하는 도중에 불운한 주인공은 폭풍에 날려 내동댕이쳐지고, 그 와중에 우산처럼 접힌 통신안테나에 그의 우주복이 뚫리고 복부가 관통당하면서 신체에 큰 상처를 입지만 잘 준비해 둔 특수수지 덕택에 우주복 천공이 저절로 메워지고 지혈도 됩니다. 그러면서 구사일생으로 목숨을 건진 주인공은 거주공간에 홀로 남게 되고 졸지에 의로운 화성인이 됩니다. 사실 주인공은 식물학자입니다만, 해박한 공학·화학 지식 덕택에, 물을 만들고 인분을 활용하여 화성 흙에 생명을 불어넣고, 박테리아를 성공적으로 이식하면서 감자를 재배하여 식량을 만드는 준비를 갖추어 가고 자신의 생존 가능성을 높여갑니다. 함께 착륙했던 팀은 폭풍 때문에 다급한 대피시간에 쫓겨서 잘 살피지 못한 채 마크가 사망한 것으로 판단하고 그를 버려둔 채 화성 이륙선을 타고 탈출해 버립니다.

홀로 남겨진 마크는 살아남기 위해 물을 만드는 과정에서 예상치 못한 계산 착오로 인하여 산소와 수소의 합성으로 인한 폭발사고가 한 차례 발생하지만 기적적으로 살아나 다시 생존 가능성을 높여갑니다. 하지만 모든 통신수단이 두절되었기 때문에 지구나 화성 어느 편에서도 서로의 소식을 전할 방법이 없는 암담한 상황이 계속됩니다. 지구에서는 사망한 마크를 추모하는 행사가 치러지고, 그는 죽은 사람으로 간주됩니다.

한편 나사에서 위성감시팀원 민디 파크(이 사람은 한국계로 박민지라고 하던데…??)가 아레스3팀의 화성착륙지점을 위성사진으로 살펴보다가 그의 생존증거를 확실하게 확보하게 되면서 나사에는 비상이 걸리고, 그를 살릴 수 있는 방법을 찾는 데 모두가 부산해집니다.

뒷이야기가 궁금합니다. 우리의 주인공은 어려운 환경이지만 꿋꿋하게 감자를 잘 키우고 수확하여 자신의 생명을 연장할 테고, 끝없는 도전으로 탐험과 시련과 좌절 끝에 역경을 극복하고 마침내 지구로 성공리에 귀환하게 되겠죠?

여기까지가 e-북 '마션'을 읽기 시작한 날 쓴 글이었고요. 나머지를 모두 읽는 데 일주일 걸렸습니다. 역시나 독자가 기대(?)했던 대로 우리의 주인공 마크는 수많은 시련에 좌절하고 위기에 부딪히지만 놀라운 과학 지식과 논리력을 바탕으로 한 적응력과 기지, 그리고 불굴의 의지(한국식 용어로 말하자면 '하면 된다'정신)로 모두 극복하고 무사히 지구로 돌아오게 됩니다.

'마션'으로 만나는 과학의 맛

인터넷 백과사전을 검색해보니 친절하게도 수많은 네티즌들이 영화 '마션'의 줄거리를 잘 정리해 올렸기에 굳이 내가 새롭게 줄거리를 쓸 필요가 없을 듯합니다. 네티즌님들 감사합니다. 내가 아직 영화를 보지 않았기 때문에 원작 소설과 구체적인 차이점을 비교해서 말할 형편은 안 되지만, 영화줄거리를 읽어보면 얼마간 차이가 보입니다. 하지만 그건 그다지 중요하지 않습니다. 왜냐면 이 이야기의 작가가 셰익스피어나 '혼불'의 작가 최명희나 '태백산맥'의 조정래 선생이 아니기 때문입니다. 존경받아 마땅한 세계적 문호들이 남긴 저작들에 들어있는 놀라운 문장 표현력, 미묘한 느낌이나 어휘와 문장의 감칠맛으로 즐기는 고전 반열의 문학작품들과 나란히 비교할 성질의 것은 아니라고 생각하기 때문입니다. 마치 역사 오랜 전통맛집에서 맛보는 깊은 맛의 음식과 맥도날드 매장의 먹을 것은 단순 비교할 수 없듯 그 작품들을 맛보는 방법도 전혀 다르기 때문입니다.

어쨌건 입맛 당기게 잘 만든 인스턴트 음식 먹는 기분으로 재밌게 읽은 이 이야기에서 놀라운 과학지식을 엿보았고, 공상의 SF이면서도 극사실적으로 그려낸 3D 영상을 보는 듯한 실감에 만족하였습니다. 사람은 언제나 앞날과 미래를 생각하여야 발전이 있다고 합니다. 이 이야기가 머지않은 장래에 우리에게도 현실이 되리라는 믿음을 굳힌 기회여서 즐거웠습니다.

SF의 매력

나는 SF이야기를 참 좋아합니다. SF(Science Fiction)는 공상과학소설이란 의미이지요. SF이야기는 때론 황당무계도 하고, 때론 일상생활의 따분함이나 인간이 가진 한계를 벗어나는 능력을 발휘하는 인간이나 기계의 활동을 보면서 쏠쏠한 재미도 얻으며, 평상시 미처 생각하지 못했던 놀라운 상상력을 통해서 얻어지는 쾌감은 스트레스를 확 풀어주는 효과도 줍니다. 게다가 그 이야기 속에 등장하는 첨단과학 기계장치들이 과학 기술의 발전과 함께 현실화된 것을 확인하는 즐거움도 SF 이야기를 읽는 재미이지요.

최근, 30년 전 개봉했던 타임머신 영화 '백 투 더 퓨처'의 새 버전이 공개되었는데, 개봉 당시 영화 속에 등장한 30년 후 세상의 모습과 오늘이 얼마나 일치하는지 세상 사람들의 관심을 끌었습니다. 운전할 때 넓은 시야를 확보해주고 전화할 수 있는 구글안경은 이미 현실이 되었죠. 자신의 신체 사이즈에 맞게 자동화된 옷과 발에 자동으로 맞춰주는 신발, 성형수술을 뛰어넘는 3D 프린팅 기관 조직, 동영상을 찍을 수 있는 디지털카메라, 기계화된 주유소, 영화 광고에 쓰인 3D 입체영상, 그리고 광고영상을 통한 광고들, 지문인식을 통한 계산과 잠금장치, 태블릿 PC, 영상통화 전화기,

개인 ATM기기, 풍경을 바꿀 수 있는 스크린 창문, 사람 인식기능이 자동화된 집, 젖은 옷과 머리를 자동으로 건조시켜주는 옷, 드론을 이용한 애완견 산책시키기, 금속과 하이테크 소재의 사이키한 레트로 퓨처룩 의상 등 영화 속 풍경들 상당수가 이제 우리에게 낯설지 않은 현실이 되었거나 머지않은 미래에 실현될 것입니다. 당연히 영화 마션에 등장하는 첨단 우주공학과 우주인들의 삶도 가까운 미래에 현실이 될 것입니다.

이 이야기의 감상 팁(Tip)입니다.
화성에 낙오된 주인공이 자신의 뛰어난 재능과 과학적 지식을 바탕으로 끝끝내 살아나 지구로 무사귀환 하겠지요? 한편 지구에 있는 나사의 과학자들은 그를 구출해 내기 위해서 들어가는 천문학적 비용에도 불구하고 주인공을 살리려고 동분서주하고, 미국 정부는 적극 개입할 것입니다.
이런 스토리 구조에서 다른 많은 영화에서 본 것 같은 익숙함을 느낍니다. 그렇습니다. '라이언 일병 구하기', '블랙호크 다운' 등 여러 편의 헐리웃 영화에서도 본 것 같은 익숙함입니다. 세계 최강의 나라 '미국 최고!'라는 메시지가 그 속에 든 것은 아닌지 유의하면서 영화를 감상해 보는 것도 좋겠습니다.

메타포의 향연,
'네루다의 우편배달부'

영화 '일 포스티노'

이 소설을 아시나요? 읽어보았나요? 아님 '일 포스티노'라는 영화를 본 적 있으시나요? 칠레의 노벨문학상 수상 작가이자 유명한 시인 '파블로 네루다'가 등장하는 것만으로도 이 소설은 흥미롭습니다. 칠레 사람인 글쓴이 '안토니오 스카르메타'는 위대한 시인에게 존경을 표하고 또, 칠레의 민주주의를 염원하면서 이 소설을 썼다고 합니다. 그리고 이 소설을 원전으로 하여 만든 영화가 '일 포스티노'입니다. 학교도서관에서 빌려온 '네루다의 우편배달부'를 이틀 만에 읽었습니다.

남미나 이탈리아, 스페인 문화에서 공통적으로 느껴지는 분위기, 즉 낭만적이고 낙천적이면서도 한편으로는 좀 게을러 보이는 여유로움이 이 소설에서도 느껴집니다. 특히 워커홀릭으로 유명한 우리나라 사람들에게 그쪽 사람들의 여유는 부러움의 대상이기도 하고 힐링 자체이기도 합니다. 많은 사람들이 제주 올레길을 걷는 데 만족하지 못하고 스페인의 '산티아고 길'로 걸어가는 것도 같은 차원에서 해석이 가능할 것입니다.

유명한 실존인물과 구체적인 지경이 등장하기 때문에 받는 사실적 느낌에다가 우편배달부 마리오라는 허구의 인물을 가미하여 재밌게 쓴 이 소설을 읽노라면 익살과 해학을 만나는 재미도 함께 맛볼 수 있습니다. 다시 읽어보아도 이 작품에서 참혹했던 군사독재 암흑시절을 거친 우리의 경험과 겹치는 나라 칠레의 정치적 상황도 느껴지고, 요즘 흔하게 맛볼 수 있어서 친근한 칠레와인과 같이 인간의 선량함에 대한 믿음도 가질 수 있어서 좋습니다. 마치, 영화 '인생은 아름다워'에 등장하는 주인공 유태인 귀도와 그 아들 조슈아를 만난 듯한 유쾌함이 있습니다.

칠레의 유명한 민중시인 파블로 네루다는 1970년 대통령 선거에서 공산당 대통령 후보로 지명되었으나 단일 후보로 아옌데를 추대하고 사퇴합니다. 그리고 그의 바람대로 공산주의자 아옌데가 대통령으로 당선됩니다. 전 세계적으로 선거에 의한 사회주의 국가의 등장은 처음이었습니다. 아옌데의 대통령 당선은 당시 우리나라에도 영향을 미칩니다. 6·25전쟁 휴전 감시국으로 주한 유엔사령부 일원이던 칠레군 대표는 판문점에서 철수합니다. 아옌데의 등장과 사회주의 체제 성립에 따른 사회질서의 변화에 그 나라 기득권층과 군부가 반발하게 되고 미국정부는 칠레가 공산화될 것을 우려한다는 명분으로 1973년 피노체트 장군을 배후에서 조종하여 군사 쿠데타가 일어나는 것을 돕습니다. 아옌데 정권이 사회주의적 개혁정책을 도입하여 칠레의 상황이 크게 달라지면 남미에 대한 미국의 지배력과 영향력이 줄어들 것을 우려한 것이 가장 큰 배경이라고 할 수 있습니다.

아옌데 정권은 결국 피노체트 장군의 군사쿠데타에 전복되고, 대통령은 관저에서 끝까지 대항하다가 사망합니다. 이 사건은 합법적으로 수립된 사회주의 정부를 군부가 무력으로 전복시킨 세계적인 사건입니다. 그리고 이런 칠레의 불행한 정치적 격변기가 이 소설의 시대적 배경입니다.

시와 메타포

저명한 국민시인 파블로 네루다에게 전달되는 모든 우편물을 배달하는 일은 주인공인 우편배달부 마리오의 몫입니다. 어부의 아들로 태어난 그는 태생이 게으르고 많이 배우지 못하여 어수룩한 젊은이이지만 위대한 시인에게 매일 우편물을 배달하는 일에 아주 만족해합니다. 그러다가 위대한 시인에게서 직접 사인을 받은 기념품을 갖기 위한 욕심 때문에 그의 시집을 사서 들고 다니다가 어느새 다 읽어버리고 마는 평범하고 해학적인 캐릭터입니다.

유명 시인과 순박한 시골 청년인 두 사람의 안 어울릴 것 같은 접촉은 점점 밀접한 인간관계를 형성하게 되고, 어느새 마리오는 시인에게서 중요한 시적 표현 방법을 배우게 됩니다. 한 사물을 다른 사물과 비교, 비유하면서 언어적으로 표현하는 방법인 은유(隱喩) 즉, 메타포를 이해하게 됩니다.

"뭐라고요?"

"메타포라고!"

"그게 뭐죠?"

시인은 마리오의 어깨에 한 손을 얹었다.

"대충 설명하자면 한 사물을 다른 사물과 비교하면서 말하는 방법이지."

"예를 하나만 들어주세요."

네루다는 시계를 바라보며 한숨지었다.

"좋아. 하늘이 울고 있다고 말하면 무슨 뜻일까?"

"참 쉽군요. 비가 온다는 거잖아요."

"옳거니. 그게 메타포야."

점차 시를 읽으면서 그는 시인의 운율을 이해하게 되고, 시를 낭송하면서 자신이 마치 배가 되어 그 운율 속에서 넘실거리는 듯한 느낌을 받게 됩니다. 그즈음 마리오는 과부인 카페 여주인의 딸 베아트리체에게 사랑에 빠지면서 시인으로서 감성이 가득한 인간이 되어 갑니다. 그리고 시 낭송의 운율과 감성으로 사랑을 고백하게 되고, 베아트리체의 마음을 사로잡게 됩니다.

네루다가 자신의 시를 도용했다고 말하자 마리오는 이렇게 말하기도 합니다.

"시는 쓰는 사람의 것이 아니라 읽는 사람의 것이에요."

베아트리체의 엄마는 문학과 거리가 먼 카페 주인이지만 일상에서 그녀의 삶은 그 자체가 메타포라고 할 수 있을 만큼 건강합니다. 변변한 직업을 가지지 못한 마리오를 못마땅해 합니다. 딸 가진 엄마라면 당연한 것이지요. 그래서 마리오는 네루다에게 부탁해 자신이 대시인과 어울리는 괜찮은 사람임을 증명하고 싶어 하고, 마리오를 위해 대시인은 기꺼이 응원사격을 하려고 카페에 동행하는데, 위대한 시인 네루다도 과부의 메타포 공격에는 곤경을 치릅니다.

"네루다 씨. 마리오가 메타포로 제 딸을 용광로보다 더 후끈 달아오르게 했다니까요!"

"지금은 겨울입니다. 부인."

"불쌍한 베아트리체는 그 우체부 때문에 완전히 맛이 가고 있단 말입니다. 가진 것이라곤 알량한 무좀균뿐인 작자 때문에 말입니다. 발은 병균으로 득실거리는 주제에 주둥아리만 살아서 나불대죠. 주둥아리도 그냥 주둥아리가 아니라 칡넝쿨처럼 얽혀있죠. 가장 심각한 것은 뻔뻔스럽게도 제 딸을 꼬드기는 데 쓰는 메타포들이 당신 책에서 베낀 거라는 것입니다."

"그럴 리가요!"

마리오는 온 세상이 메타포라는 것을 시인에게 배우면서 세상을 바라보는 안목이 트입니다. 따분한 일상의 평범한 나날도 바라보는 시선에 따라 날마다 다르게 인식할 수 있다는 것을 알게 됩니다. 평범하고 무식한 시골뜨기 어부의 아들 마리오가 이제 시인이 되었고 시인의 눈으로 사물을 바라보게 된 것입니다. 마리오도 시를 쓰는 사람이 됩니다.

마리오가 네루다와 교류하고 사랑을 얻는 데 성공하고, 시인의 감성을 획득하는 전반부는 유쾌하고 낭만적인 이야기입니다. 그러나 대통령 선거와 쿠데타로 이어지는 후반부에 들어서면서는 두 사람의 일상적인 교류와 깊어가는 우정에 감동하고 흐뭇하기도 하지만, 세상이 불운한 정치 상황에 휩싸이면서 상황이 나빠지기 시작합니다. 군사통치 시기에 들어가면서 네루다는 군인들에게 연금되며 자유를 빼앗깁니다. 마리오는 감시하는 군인들의 눈을 피해서 몰래 우편물을 전달하기도 하지만 칠레 등 남미 군사정권이 벌인 '더러운 전쟁'시기인 이때 어느 날 마침내, 승용차를 타고 온 남자들에게 '잠시 경찰서에 출두하라'는 전갈을 듣고 따라 나간 뒤 다시는 집에 돌아오지 못하고 맙니다. 이 이야기의 결말은 글쓴이가 말한 '유쾌하게 시작해서 침울하게 끝나는 이야기'가 되고 맙니다.

한 해를 돌아보며

12월 들어서면서 꿀꿀하고 우울한 날씨가 이어집니다. 첫눈이 내리려나요? 갑자기 마음이 다급해집니다.

한 해가 저물어갑니다. 금년을 뒤돌아보면 우울한 일이 더 많았던 것 같아서 또 우울해집니다. 시인은 아니라도 메타포(은유)를 아는 사람들과 함께 사는 아름다운 세상을 꿈꾸어봅니다.

어쨌든 그래도 다들 평안하고 무탈하시지요? 올 한 해 연초에 결심했던 약속들은 얼마만큼 지켜졌나요? 금연 금주의 약속, 배우자인 내 짝과 옆자리 동료에게 더 사랑을 베풀어 주리라던 약속, 학생들에게 행복바이러스를 풍풍 떠서 감염시켜 주리라던 다짐, 낯모르는 사람과 노숙자들, 난민들에게 기부하리라던 약속, 병자들에게 떡 나누어 주리라던 약속, 연소득 가운데 5%는 기부하겠다는 약속. 실천은 좀 되셨나요?

시리아에서는 내전 이후 30만 명의 애꿎은 사람들이 희생되었다고 하고, 국내에도 시리아 난민 200여 명이 입국했다고 하던데 난민이 입국하면 우선 수용되는 곳이 가까운 곳에 있죠. 내년 1월쯤에는 그 시리아난민 대상 의료봉사 갈 기회가 있을 듯합니다.

지내놓고 보면 흐뭇한 보람보다는 아쉬움이 더 많은 것이 인생 아니겠습니까? 어쨌든 한 해를 또 잘 보낼 수 있게 되어서 고맙다는 부채의식을 가지기만 해도 세상은 더 좋아지지 않을까요?

사전,
행복한 지식의 보물창고

'행복하다'는 말뜻

'행복하다'는 형용사를 좋아하시지요? 국어사전에서는 '사람이 삶에서 기쁨과 만족감을 느껴 흐뭇하다'고 풀이합니다. 행복하다는 건 '자신이 원하는 대로, 감당할 수 있는 대로 감정을 느끼는 상태가 되는 것'을 말합니다.

주변을 둘러보니 온통 행복이 가득하네요. '국민행복시대', '행복한 식탁', '행복한 나라', '행복주택', 영화 '행복', '행복한 사전', 가수 한대수의 '행복의 나라로', 슈퍼주니어의 '행복', 레드벨벳의 '행복(Happiness)'.

시인 유치환의 시 '행복'에는 다음과 같은 아름다운 구절이 있고, 기성세대 많은 사람들이 연애편지를 쓸 때 즐겨 인용하곤 했습니다.

'사랑하는 것은
사랑을 받느니보다 행복하나니라.

오늘도 나는 너에게 편지를 쓰나니
그리운 이여,

설령 이것이 이 세상 마지막 인사가 될지라도
사랑하였으므로 나는 진정 행복하였네라.'

행복배움학교는 교육혁신으로 봉사하고자 하는 우리 학교의 또 다른 이름이고, 어떤 행복은 국가 어젠다이고, 상품명이고 또 어떤 것은 아파트 상품 이름이기도 합니다. 최근 본 영화 제목에 '행복한 사전(辭典)'이 있습니다. 생물도 아닌 사전이 행복할 수 있을까요? 행복과잉이라는 말로 이 모든 행복을 간추려 보고 싶습니다. 뒤집어 생각해 보면 이 모든 행복이 사람들의 행복에 대한 결핍과 갈구가 반영된 현상이 아닐까요? 그래서 '아아, 행복하고 싶은 사람들의 간절한 소망이 행복 단어 사용 과잉으로 나타난 것이었구나.'라고 혼자서 멋대로 진단해 봅니다.

영화 '행복한 사전'

'행복한 사전(辭典)'(The Great Passage, 舟を編む)이란 영화를 보았습니다. 이 영화는 이시이 유야 감독, 마츠다 류헤이, 미야자키 아오이 주연의 일본 느낌이 많이 나는 2014년 개봉된 영화입니다. 빠르게 변하는 세상 속에서도 느리지만 흔들리지 않고 변함없는 고목 같은 한 남자의 행복한 사전 만들기 이야기인데, 일본 서점대상 1위 소설이 영화화된 것이라고 합니다.
줄거리는 다음과 같습니다.

1995년, 존재감이 별로 없는 겐부출판사에서도 존재감 없는 '사전편집부'에 자리가 생기고 일이 적성에 맞지 않던 니시오카가 영업부에서 내성적인 성격 때문에 잘 적응하지 못하던 '마지메'를 직원으로 스카우트해 온다. 대학원에서 언어학을 전공한 마지메는 새 사전 만들기 프로젝트 '대도해(大渡海)'사전 편찬 작업에 매력을 느끼고, 사전편집부에 합류하여 단어 수집을 하면서 사람들과 언어로 소통하는 즐거움을 차차 배워나간다.

주인공은 십 년 동안 살고 있는 하숙집에서 어느 날 여주인의 손녀인 요리사 '카구야'를 우연히 만나면서 첫눈에 사랑에 빠진다. 회사의 동료들은 그에게 찾아온 사랑의 결실이 맺기를 바라고 그를 도와주느라 '사랑'항목의 정리작업도 맡기고, 마침내 주인공은 카구야에게 서툴지만 진심을 다한 구애를 하고 서로 좋아하는 마음을 고백하면서 연인이 된다.

15년이 흘러갔다. 주임이 되고, 청년에서 중년으로 주인공의 얼굴도 변했지만 긴 세월을 한결같이 단어 하나하나를 모으고 정리한 작업 끝에 마침내 단어풀이는 완성되었고 사전 '대도해(大渡海)'의 출간이 코앞인데, 어느 날, 실수로 누락된 단어가 발견된다. 자신의 책임이라고 자책하는 주인공을 보면서 편집부원들은 자연스럽게 비상팀을 꾸리고 단체합숙을 하면서 여러 날에 걸친 보완작업 끝에 마침내 임무를 모두 마친다.

드디어 출간기념회가 열리고, 때마침 세상을 뜬 대선배이자 스승인 마츠모토 편집주간에게 사전이 헌정된다.

새내기들이 입학하면 학교는 아연 활기를 띱니다. 졸업과 종업이 가까워지면서 다소 헐거워졌던 학생들의 생활태도에도 긴장감이 깃들고, 제법 놀았던 학생 가운데도 이미지를 개선하려는 변화의 움직임이 잡히게 마련입니다. 무엇보다도 반듯한 교복차림의 새내기들이 있어서 학교가 새로워졌음을 피부로 느끼게 됩니다.

신학년도가 가까워지면 학교장인 나도 새내기들 만날 생각에 심장이 두근거립니다. 어딘지 몸에 자연스럽지 않은 깨끗한 새 교복을 입어선지 좀 어리숙해 보이는 남녀학생들을 새롭게 만나는 것은 생각보다 훨씬 재미있고 근사한 일입니다. 막 싹이 터 오른 콩나물 같아서 물만 주면 이내 한 뼘은 자라버릴 것 같은 신선함과 가능성이 그들에게 있기 때문입니다.

매년 입학식이 끝나면 이어서 신입생의 빠른 학교생활 적응을 돕기 위한 적응주간을 계획하여 일주일간 운영합니다. 입학식 날에는 가장 낮은 자세로 학생을 돌보고 섬기겠다는 약속으로 세족의식을 거행하고, 이어서 학급별로 한 시간씩 교장실로 초대하여 학교소개 겸 학생 자신이 각각 지닌 장점을 찾아주어 자존감을 높이는 교육을 합니다. 그리고 내 국어교사 본능으로 새내기들의 언어능력 정도를 측정해 보고 싶은 호기심과 유혹에 빠집니다. 나는 국어교사 시절 언제나 신학년도 처음 만난 학생들에게 으레 어휘력 테스트를 실시해왔습니다. 장차 수업을 잘 이끌어가기 위해 학생들의 학업 가능 수준과 배경지식을 가늠해 보는 방법입니다.

영화 '행복한 사전'에서는 영업에 무능한 사원 마지메의 능력을 테스트하느라 '오른쪽'이란 단어를 풀이해 보라고 시키는 장면이 초반부에 나옵니다. 마지메는 '서쪽을 향할 때 북쪽에 해당하는 쪽'이란 답을 내놓습니다. 우리 국어사전에서는 그 낱말을 어떻게 풀이하고 있을까요? 네이버 국어사전에서 '오른쪽'을 찾아보았습니다. 우리 국어사전은 '북쪽을 향했을 때 동쪽과 같은 쪽'이라는 설명이 나옵니다. 일본사람이나 한국 사람이나 이런 것에 생각이 거의 같구나 하고 저절로 감탄사가 튀어나왔습니다.

어휘력 테스트

　　　　　　　　　신입생들 어휘력 테스트는 아주 평범하고 우리에게 친근한 두 낱말에 학생들이 얼마나 사전적 풀이를 잘 하는지 물어보는 것입니다. 사람들 모두에게 친근하고 익숙한 단어가 무얼까요? 바로 '밥'과 '똥'을 사전적으로 풀이해 보라는 것입니다. 올해도 처음 만난 1학년 학생들에게 이 질문을 던졌습니다. 기상천외한 답이 나왔습니다.

- 살면서 꼭 필요한 것이다. ← 꼭 필요한 것은 의식주 모두에 다 있다.
- 사람이 살기 위해 먹는 것이다. ← 먹는 것은 떡, 과자, 음료, 과일, 고기 등 아주 많다.
- 우리에게 힘을 나게 해 주고 체력을 보충해 주는 먹을 것이다. ← 힘나게 하는 것은 음식뿐 아니라 칭찬도 있고, 체력 보충을 위한 식품도 밥 말고 무지 많다.
- 벼로 된 쌀이란 식물을 일정한 조리법으로 해 완성된 탄수화물 덩어리이다. ← 보리밥, 콩밥, 잡곡밥 등 쌀로만 짓지 않고, 탄수화물뿐 아니라 비타민, 무기질 등 영양소가 많다.
- 쌀로 만든 음식이다. ← 보리, 밀, 콩, 잡곡 등 밥의 재료는 무궁무진하다.
- 우리가 영양과 허기를 보충하기 위해 먹는 것이다. ← 밥 말고도 영양과 허기 채워주는 음식은 너무 많다.
- 사람의 배를 채워주는 것이다. ← 고기, 피자, 과일, 과자, 음료 등 배를 채울 수 있는 음식은 셀 수 없을 만큼 많다.
- 사람이 살아가는 데 꼭 필요한 주식이다. ← 한국, 일본 등 아시아 사람들에게만 밥이 주식일 뿐이다.

형식과 알맹이를 제대로 갖춘 답은 없었습니다. 그럼 똥은 어떻게 설명했을까요?

- 뱃속으로 들어간 이물질이 장에서 뭉쳐 밖으로 내보내는 배설물이다.
- 영양소를 걸러내고 항문으로 나오는 덩어리이다.
- 사람이나 동물이 먹은 음식을 장기기관을 통해 이물질로 배출해 낸 것이다.
- 먹은 음식을 소화시킨 노폐물이다.
- 우리가 먹고 난 후 소화된 찌꺼기를 배출한 것이다.
- 우리가 먹은 밥에서 영양만 흡수하고 남은 찌꺼기를 똥구멍으로 내 보낸 것이다.

학생들이 진술할 대상어를 아주 구체적이고 일상생활과 관련된 친근한 단어로 골랐습니다. 그럼에도 불구하고 그들의 진술은 태반이 전반적으로 개념이 명확하지 않고 설명도 많이 부족합니다. 국어사전에 진술된 '밥'의 설명은 [쌀이나 보리 따위의 곡식을 씻어 솥 따위에 안친 후, 물을 붓고 낟알이 풀어지지 않을 만큼 끓여서 익힌 음식]이고 '똥'은 [사람이나 동물이 먹은 음식물을 소화하고 난 뒤 항문을 통해 몸 밖으로 내보내는 찌꺼기]입니다. 학생들이 충분히 잘 대답할 수 있을 단어에 대한 답변이 위와 같은 수준인데, 추상적이고 형이상학적인 것을 묻는다면 응답이 곤란하여 측정 자체가 불가능하지 않을까요?

개념 익히기의 필수 도구, 사전

설명해야 할 단어의 형식과 본질을 아우

르는 개념 이해 지도와 함께 그것을 이치와 논리에 맞는 문장으로 잘 담아내도록 국어교육과 각 교과의 기초 개념 지도가 절실하다는 생각을 해 봅니다. 물론, 활발한 독서교육과 함께 말입니다. 개념을 올바로 익히는 가장 중요한 도구가 바로 사전입니다. 사전은 세상 모든 지식을 담고 있는 보물창고랍니다.

"사전은 단어의 의미를 싣는 것이고, 말의 의미를 알고 싶다는 것은 누군가의 생각이나 감정을 정확히 알고 싶다는 것, 그리고 그것은 다른 사람과 이어지고 싶다는 소망이라네."

영화 '행복한 사전'에서 어느 등장인물이 하는 말입니다. 자신의 생각이나 감정을 정확히 표현하고, 그것을 통해 다른 사람과 잘 이어지기 위해서 어휘 개념의 바른 이해와 함께 풍부한 단어를 사용할 수 있어야 한다는 것은 명백합니다. 많은 단어를 잘 알고 또 일상생활에서 정확하게 사용할 수 있다면 그 사람은 높은 문화수준을 향유할 수 있을 것입니다. 사람과 동물이 구분되는 점이 바로 생각할 줄 안다는 사실인데, 삶을 만족할 수 있는 필요충분조건이 바로 높은 문화수준을 누리는 것입니다.

우리 학생들이 '밥'과 '똥'의 개념뿐만 아니라 추상적인 낱말의 뜻도 정확히 진술할 수 있도록 행복한 지식의 보물창고, 사전을 잘 활용하는 방법을 열심히 가르쳐야겠다고 다짐해 봅니다.
사전이 없는 학교, 사전 없는 학생이 있는 가정을 생각할 수 있을까요?

정보화 시대, 사전이 사라졌다

20세기를 지나 21세기로 넘어오면서 전통적인 산업사회에서 정보화 사회로 지구촌 세상이 급격하게 바뀌고 있다는 사실에 이의를 제기할 사람은 없겠지요? 이천 년대로 넘어오던 시점을 밀레니엄 세기라고 하여 한동안 온 세상이 떠들썩했습니다만, 오히려 그때 세상 사람들에게는 새로 다가오는 시대에 대한 기대나 설렘 다신 밀레니엄 버그니 세상의 종말이니 하여 닥쳐온 미래에 대한 막연한 두려움이 컸던 것도 사실이었고, 종말이 온다느니 같은 언사로 사람들의 불안감을 부추기거나 이용하여 사익을 추구하는 세력이나 장사꾼들도 많았습니다. 학자들은 인류역사를 살펴보면 어느 때나 세기말에 공통적으로 나타난 현상이라고 설명하기도 했지만 다행히 밀레니엄 버그는 나타나지 않았고, 2002 한일월드컵의 열기와 붉은 악마의 기세 덕택에 21세기는 자연스럽게 열렸고, 정보화 사회에 안착하는 계기가 되기도 했습니다.

그 시기에 우리 정부는 정보화와 창업을 장려하였고, 덕택에 구로디지털단지에서는 디지털기업을 일으킨 반짝 부자들이 등장하여 부러움을 사기도 했으며, 우리나라가 세계에서 정보화 속도, 인터넷 속도, 무선전화 보급률 등에서 세계 제일이라는 영광의 자리를 차지하게 되었습니다. 게다가 2007년 아이폰의 등장과 함께 눈부시게 발전한 스마트폰의 보급이 정보화시대를 앞당기면서 우리의 일상생활은 혁명적으로 변화하였으며, 어느새 인공지능, IOT, 유비쿼터스, 컨버전스, 4차 산업혁명, 소프트웨어 중심사회 같은 단어가 우리 귀에 익숙해지고, 이 흐름을 가장 잘 탄 삼성은 어느새 세계를 선도하는 IT기업이 되었습니다.

이런 세상의 변화 속에서 인류의 문화가 집대성된 지식의 보물창고인 종이사전은 모조리 온라인에 흡수되었고 지식 세계에도 지각변동이 일어납니다. 이천 년대의 시작과 함께 온 십여 년 짧은 기간에 종이사전은 존재 가치가 거의 사라졌고, 버려지고 완전히 잊혔습니다. 이제 종이사전은 도서관에서나 소수의 사람들이나 찾는 존재가 되어버렸고 사전을 포함한 세상의 모든 지식과 정보는 웹과 사이버 세계 속에 자리 잡았습니다.

그 짧은 시기에 종전의 종이사전들이 예외 없이 CD롬에 담긴 형태로 변신하더니, 이내 샤프전자사전으로 대표되는 전자사전 전용기에 담긴 형태로 변신합니다. 하지만 그것도 오래 못 갑니다. 불과 몇 년 지나지 않아서 다시 인터넷 웹사전으로 갈아탑니다. 인터넷만 연결되면 모든 사전을 화면으로 접하게 된 것이 불과 몇 년 전입니다. 그리고 이제는 세계인 모두가 한 대씩 들고 다니는 스마트폰 속에 담긴 기본 앱으로 변신하여 누구나 언제나 어디서나 그냥 꺼내 보는 필수품이 되었습니다.

이제 종이사전은 우리 주변에서 쉽게 보기 어려운 존재입니다. 가정에서도, 학생들의 책가방에도, 선생님들의 책상 위에서도 찾아보기 어렵습니다. 과거 학교마다 가정가다 학생의 가방마다 필수품이던 종이사전이 이제는 스마트폰을 든 모든 사람에게 디지털 앱사전으로 변신하여 세상 누구나의 손에 들려 있는 존재가 되었습니다.

국어공부와 사전

사전이 없는 지식을 생각할 수 있을까요? 우리말로 담아낼 수 있는 낱말, 즉 국어사전에 등록되어 있는 우리말 어휘는 얼마나 될까요? 1999년 국립국어원이 펴낸 표준국어대사전에는

509,076개의 어휘가 수록되었는데, 2008년부터 인터넷 누리집에서 온라인으로 제공하고 있는 표준국어대사전에는 511,160개의 어휘가 수록되어 있다고 합니다. (2014년 통계) 수록 낱말 숫자가 늘어난 것을 보면 알 수 있듯 낱말도 생명체처럼 끊임없이 탄생하고 또 소멸한다는 사실을 다들 알고 계시죠?

국어학자 이희승이 엮은 국어대사전이 내 학창시절 최고의 권위와 카리스마를 가진 국어사전이었습니다. 1956년 5월부터 편찬 작업을 시작하여 1961년에 발매되었는데, 1990년대 초 32판까지 인쇄를 거듭했을 만큼 당대 최고의 베스트셀러였습니다. 내가 대학생 시절, 그리고 교사 시절에 어느 학교나 도서관에 가도 비치되어 있던 필수도서였고, 이 사전을 뒤적거리면서 정확한 어휘개념과 지식의 수준을 높일 수 있었습니다. 양주동 국어사전도 그 시절 쌍벽을 이룬 경쟁자였고, 이후 나온 신기철 신용철 국어사전이 뒤를 이었습니다. 내가 초임교사 시절에 갓 등장했던 신씨 형제의 두 권짜리 국어사전은 이희승 사전이 노후화된 빈틈을 치고 나왔기에 신선했고, 글꼴이나 판형도 진일보한 형태여서 주목을 받았습니다. 초짜국어교사였던 내게 꼭 필요한 사전이라서 제법 나가는 값에도 불구하고 두 눈 질끈 감고 질러서 학생교육에 아주 잘 활용하였는데 1988년에 맞춤법이 바뀌면서 천덕꾸러기가 되는 바람에 처박아두었다가 폐지로 내버린 기억만이 남았습니다.

국어를 공부하다보면 역사상 유명한 사건과 사전을 만나게 됩니다. 바로 일제강점기 우리말을 지키기 위해 큰 희생을 치렀던 조선어학회 사건과 '조선말큰사전'편찬사업입니다. 해방되고 1950년에 '큰사전'으로 이름을 바꾼 이 사전은 1947년 제1권이 간행되었고 1957년에 전6권이 완간되는 등 탄압과 오랜 시련을 이겨낸 위대한 사전입니다.

이 사전의 편찬 작업은 1929년 10월 31일에 108명이 조선어사전편찬회를 조직하면서 시작되었고 권덕규 외 32명의 사업추진준비위원과 신명균, 이극로, 이중화, 최현배 등 한글학자들이 참가합니다. 1936년 조선어학회로 계승되고, 1942년 가을에 어휘카드 대부분의 초벌풀이가 끝나고 일부 조판이 진행되던 중 일제의 방해로 조선어학회 사건이 일어나 한글학자 여러 사람이 옥고를 겪고 옥사하는 참변을 겪으면서 중단되고 원고까지 분실되어 좌절하게 됩니다. 하지만 해방 후 다시 원고를 찾고, 정리하여 1947년에 첫째 권을 '조선말큰사전'으로 출판, 둘째 권은 1949년에, 셋째 권은 1950년에 각각 간행되며, 1957년에 6권 전체가 한글학회의 '큰사전' 이름으로 완성되어 이후 우리 어문생활의 기초가 된 역사적인 사전입니다.

나는 사실 국어사전과 일찍 맺은 인연 덕택에 훗날 국어교사가 된 것이 아닐까 생각합니다. 외딴 섬마을 조부모 댁에서 초등학생 시절을 보냈는데, 전기도 텔레비전도 없던 시절이라 해 지면 딱히 할 일이 없어서 또래 몇몇이 친구네 방에 모여 호롱불 아래 사회과부도를 뒤적이면서 낯선 나라 도시 이름 알아맞히기, 국어사전 낯선 낱말 빨리 찾기 놀이를 심심파적으로 하곤 했는데, 누가 가르쳐준 것도 아닌데 그 놀이가 자연스레 우리의 어휘력을 늘리는 현명한 모둠 학습활동이었던 셈이었고, 그 덕분에 월말고사마다 좋은 성적을 올려서 받은 상장을 벽에 붙여놓곤 으쓱해 하고, 또 학교 대표로 학력경시대회에도 나갔습니다. 평생 국어교사로 살 수 있게 해준 참 고마운 사전이었습니다.

사전과 함께한 어린 시절

초등학생 시절, 밤마다 별로 할 일이 없어 모인 또래 네댓 명이서 국어사전 가지고 단어 찾기 놀이를 즐겨했는데, 사전과 만난 내 첫 경험이 바로 그것이었습니다. 그리고 중고등학생 시절에 선친께서 사주신 국어사전을 뒤적거리며 숙제를 하곤 했는데, 학생 시절이나 교사가 된 이후에도 국어공부의 상당 부분은 교과서에 새로 나왔거나 어려운 단어를 조사하고 뜻을 찾아서 노트에 정리하는 것이었고, 그래서 국어사전은 국어공부의 필수 전제였습니다. 그 시절 중고등학생들의 필수품인 민중서관 콘사이스 영한사전과 인연도 말하지 않을 수 없습니다. 어떤 유명한 인재가 콘사이스 영한사전을 통째로 외우는 경지에 당도한 데는 수많은 암기와 노력 끝에 최종적으로 그 두꺼운 사전의 내용물을 염소처럼 한 장 한 장 뜯어서 씹어 먹어 버렸기 때문이라는 전설적인 이야기도 그 시절에 심심치 않게 들었습니다.

그렇게 열심히 손에 침 튀겨가면서 국어사전, 영한사전 뒤적거리느라 책등은 닳아지고 하얗던 책머리 앞다구리는 새까맣게 때 타고 보니 어느새 고등학교를 졸업하게 되었습니다. 대학생 시절, 닥치는 대로 책을 읽었던 작가지망생으로 국문과 공부를 하면서 이희승 국어사전은 어휘와 문장의 바른 용례를 수없이 가르쳐 주면서 바른 국어사용법 멘토 역할을 충실히 했습니다. 물론 한자사전인 옥편까지 포함 국어사전, 영한사전은 당시 집집마다 꼭 갖춘 사전 3종 세트였지요.

한편, 그 시절에 잘 사는 집의 상징은 백과사전이었습니다. 백과사전이라야 계몽사, 태극출판사의 3~6권짜리로 구성된 학습백과사전밖에 없던 실정이었는데 1980년대에 제대로 된 백과사전이 등장했습니다. 동아출판사에서 '동아원색세계대벽과사전'31권짜리가 발행되었다는 소식은 센세이션 그 자체였습니다. 자국어로 발간된 백과사전을 가진 국가가 지구상에 손꼽을 정도라는데, 이 사전 덕택에 비로소 우리나라가 문화 선진국 문턱을 밟게 되었다는 다소 호들갑스런 신문기사를 읽었던 기억이 지금도 생생합니다. 특히 당시 국내 출판사 1위였던 그 회사 사주가 백과사전 편찬에 수백억 대의 거금을 투자했다가 부도났다는 소식도 연이어 들려왔고, 결국 모 재벌회사에 사전 판권 전부와 출판사를 넘겼다는 기사를 보면서 재벌급 출판사를 부도낸 백과사전의 엄청난 무게를 새삼스레 느낄 수 있었습니다.

실제로 세계적인 백과사전이라면 미국, 영국, 독일, 프랑스, 일본 등 선진국의 것이 대부분이듯 제작과 편찬에 막대한 자금과 시간이 필요하기 때문에 당시 동아백과사전의 등장에 온 나라가 흥분했던 것도 충분히 이해가 되었습니다.

백과사전의 역사

백과사전(百科事典, encyclopaedia, encyclopedia)
은 학문, 기술, 예술 등 자연과 인간의 모든 활동에 관한 다방면의 지식을 수집하여 체계적으로 정리한 책입니다. 백과사전의 영어 표기 'encyclopedia'의 어원은 그리스어 'egkuklios'와 'paideia'의 합성이며, 온갖 종류의 지식을 가르쳐 기른다는 뜻으로 백과사전의 목적이 '교육'이라는 뜻을 담고 있습니다.

1728년 영국에서 발간된 체임버스 백과사전 '사이클로피디아(Cyclopaedia)',

알파벳 순서로 된 2권짜리 이 책이 현대적 백과사전의 시작이라고 합니다. 비슷한 시기 프랑스에서는 '백과전서 L'Encyclopédie'가 출간됩니다. 18세기 프랑스의 백과사전인 '백과전서'는 철학자이자 번역가인 디드로와 수학자 달랑베르 등 계몽주의 학자들이 1772년에 28권과 보유편, 색인을 포함 35권으로 출판합니다. '라루스 백과사전(Grand Larousse Encyclopedique)'은 현대 프랑스의 대표 백과사전입니다.

독일의 대표 백과사전은 브로크하우스 백과사전(Brockhaus Enzyklopädie)입니다.

세계에서 가장 유명한 것이 '브리태니커 백과사전(Encyclopædia Britannica)' 입니다. 1771년에 영국에서 처음 3권으로 만들어졌고 지금까지 발행되는 세계의 백과사전 가운데 역사가 가장 오래되었습니다. 영국제 백과사전으로 출발했지만, 이후 본사가 미국으로 건너갔으며 세계 여러 백과사전 가운데 독보적인 백과사전의 다명사입니다만 디지털시대의 진전에 따라 2012년 종이책 출판이 244년 만에 중단되었고 지금은 온라인으로만 서비스되고 있습니다. (브리태니커 백과사전 온라인 https://www.britannica.com/) 영어사전 하면 떠오르는 존재는 영국의 '옥스포드 사전'이지만, 역시 온라인으로 제공되는 것과 마찬가지 운명입니다. (옥스퍼드 영어사전 온라인 http://www.oed.com/) 하지만 역설적이게도 세계인들은 오늘날 언제 어디서나 이 유명한 사전을 온라인에서 만날 수 있는 행운을 누리고 있습니다.

일본의 백과사전은 1988년 쇼가쿠칸(小學館)에서 전25권으로 간행한 '대일본대백과전서(日本大百科全書)' 등 여러 종류가 있습니다.

고대부터 중국에는 서양을 압도할 만한 백과사전류가 방대한 양으로 저술되었습니다만 나중에 중국의 백과사전류 고전만을 따로 다뤄볼 생각입니다. 현대 중국에는 1980년부터 발행된 '중국대백과전서'가 있고, 타이완에는 1981년에 중화학술원이 편찬한 전20권의 '중화백과전서'가 있습니다.

우리나라의 백과사전

우리 조상들이 남긴 백과사전류 저작물도 꽤 되는데, 조선 후기 실학자들의 것이 많습니다. 그 중 이수광의 '지봉유설'(1614)이 유명하고 권문해의 '대동운부군옥', 이덕무의 '청장관전서', 이규경의 '오주연문장전산고' 등이 자주 거론됩니다. 정약용의 '아언각비(雅言覺非)'(1819)는 지금의 국어사전 원형이라고 할 수 있습니다. 그밖에 이익의 '성호사설', 유희의 '물명고', 유형원의 '반계수록'도 다양한 지식을 모아놓은 백과사전류라 할 수 있습니다.

대대로 우리 조상들은 기록을 중시했습니다. 태종임금이 사냥을 나갔다가 실수를 했는데, 왕의 언행 기록을 위해서 따라간 사관에게 임금이 그 사실을 기록하지 말 것을 명했다고 합니다. 하지만 사관은 임금이 기록하지 말라고 명했다는 사실까지도 그대로 역사에 기록하여서 후대에 전합니다. 절대권력을 가진 왕이지만 자신의 역사기록을 절대로 볼 수 없다는 역사 기록의 원칙이 엄정하게 세워졌기 때문에 가능한 일이었지만, 참 자랑스러운 역사기록입니다.

세계 어느 나라에서도 찾아볼 수 없는 장기간 이어진 기록으로서 조선왕조실록은 유네스코 세계문화유산에 등재된 세계적 기록물입니다. 또 조상들이 후손에게 물려준 소중한 자산이자 역사서이며, 조선왕조의 백과사전입니다. 모두 1,893권 888책으로 이루어졌고, 이 속에 조선왕조 470여 년의 역사가 담겼으며, 국보 제151호입니다. 이 보물은 조선시대 정치, 경제,

문화, 사회와 관련된 모든 것이 그스란히 담겨있는 백과사전입니다.

우리 조상들은 이처럼 엄청난 문화유산을 남겼고, 현대에 후손들은 방대한 이 기록을 디지털화하는 업적을 만들어냈습니다. 이제 누구나 온라인에서 조선왕조실록을 쉽게 검색할 수 있습니다. 아래 링크 주소를 찾아가시면 됩니다.

(조선왕조실록 온라인 http://sillok.history.go.kr/main/main.do)

지식의 창고 백과사전

나는 1970년에 미국에서 발행된 영어판 백과사전 한 질을 갖고 있습니다. 발행된 지 50년 가까이 지났으니 헌책방 행은커녕, 폐지로 처분해야 할 정도로 낡았을 것 같지만 사실은 제일 아끼는 보물이고 지금도 열람하는 데 아무런 불편이 없을 만큼 상태도 매우 좋습니다. 미국 브리태니커회사에서 발행한 캄튼 백과사전(Compton's Encyclopedia) 26권 세트가 그것인데, 처남이 젊을 때 거금 주고 산 이 사전을 십여 년 전에 거저 얻어왔습니다.

미국 초등학교 고학년부터 중고등학생들을 독자로 하여 만든 학습용이지만 가정에서도 어렵지 않게 활용할 수 있는 수준의 쉬운 영어문장으로 진술된 교양도서입니다. 현재 이 백과사전에는 5,200개 정도의 주요항목이 25권 전체에 걸쳐 알파벳순으로 실려 있으며, 제26권은 색인입니다. 1922년에 8권으로 처음 출간되었다고 하는데, 1970년판인 내 소장본을 출판할 당시 미국 경제는 호황이었고, 그 덕택인지 종이의 질이 좋아서 당시 부자나라 미국의 위상이 반영되었다고 생각됩니다. 이 책은 중산층이 날로 증가하던 미국이 가장 행복했던 시기에 미국인의 시선으로 세상을 바라보는 편찬자의 생각을 읽을 수 있는 소중한 자료입니다. 'KOREA' 항목을 펼쳐 보면, 6·25전쟁의 기록과 구불구불한 신작로 길, 납작한 초가집이 당시 대한민국의 이미지 거의 전부로 실려 있는 반면, 미국과 미국인의 생활 관련 항목은 영화 '백 투 더 퓨처'에서 볼 수 있는 당시 미국인의 생활상과 여유가 그대로 반영되어서 극적으로 대비됩니다. 이 사전은 아직도 새 책 같은 느낌으로 50년 된 낡은 정보를 가득 담고 있어서 묵은 정보를 오늘날과 비교 확인하는 데 유용한 지식의 창고인 셈입니다.

심심할 때면 소장하고 있는 백과사전, 국어사전, 국어국문학사전, 음악사전, 민속학사전 등 사전류의 책들을 펼쳐들고 궁금한 항목들을 열람하곤 하는데, 사전류에 담긴 온갖 지식들이 '세월이 지나면서 역사가 되는구나.'라는 생각을 합니다. 혹시 여러분 가정에 낡은 백과사전이 있다면 버리지 마세요. 잘 보관해 두시고 가끔 꺼내 무작위로 펼쳐 보기 바랍니다. 어쩌면 낡고 오래된 지식들이 역사책처럼 여러분에게 큰 깨우침을 줄지도 모릅니다. 실제로 6·25전쟁 때 미처 피난가지 못하고 다락방에 숨어 석 달을 보낸 어떤 사람이 무료한 시간을 죽이느라 곁에 있던 백과사전을 수백 번 통독하였는데, 덕택에 전쟁 끝나고 세상에 나가보니 자신이 인근에서 가장 유식해져 있더라는 이야기가 사실이라는 것도 알게 될 것입니다.

2부

삶과 미래,
혁신교육

무언가를 간절히 원하면
온 우주가 도와준다고?

미신적 사고

　　　　　　　　재작년부터 많이 궁금했습니다. 정말 간절히 원하면 온 우주가 도와줄까? 그래서 어떤 기자도 이 궁금증을 해결하려 진지하게 노력했는지 다음과 같은 기사글로 나를 포함한 독자들의 궁금증을 풀어주는 수고를 마다지 않았기에 간추려서 소개해 보겠습니다.

애인한테는 신발을 사 주거나 닭 날개를 먹이거나 에어컨을 혼수로 하면 안 된다는 믿음 속에 사람들은 산다. 바람날까봐. 운동선수들의 징크스는 유별나다. 또 유명인사의 애장품을 간직하면 그 사람과 유대감이 생긴다는 착각, 심지어 '똥'을 '덩' 혹은 '볼 일', 오줌을 '쉬'라고 표현하는 금기어까지도 모두 미신적 사고의 결과물이다.

'끌어당김의 법칙'도 미신이다. 우주의 물질은 비슷한 것들끼리 서로를 끌어들인다는 것, 한계 없는 정신을 통해 물질을 통제할 수 있다는 것, 생각은 곧 현실이 된다는 것이다.

이 법칙에 따르면 모든 소원은 간절히 바라면 이루어진다. 시스템을 탓할 필요도, 물리적 노력도 필요 없다. 긍정적 결과를 상상하는 것만으로 충분하다. 날씬해진 모습만 상상하면 식사량을 줄이지 않아도 그렇게 될 것이며, 주차공간이 생기는 모습을 상상하면 자리가 날 것이다. 전직 대통령이 낙도 어린이들을 초청한 어린이날 행사에서 했다는 "정말 간절히 원하면 전 우주가 나서서 다 같이 도와준다." "꿈은 이루어진다." "마음을 집중해 화살을 쏘면 바위도 뚫을 수 있다"는 말과 "하면 된다." "불가능은 없다."는 조국근대화 시절의 구호들도 사실은 우리가 지금껏 믿어온 끌어당김의 미신적 사고다.

학자의 이론에 바탕을 둔 기자의 날카로운 분석이 매섭습니다. 결론은 유수한 이공계 대학을 수석 졸업한 전직 대통령의 언행이 미신이거나 미신적 사고라는 것입니다. 미신(迷信)이란 마음이 끌려서 잘못 믿거나 아무런 과학적 근거도 없는 것을 맹신하고 일반적이고 건전한 상식으로 판단할 때 비합리적 비과학적이어서 사회에 해롭다고 생각되는 것을 믿거나 행동하는 태도를 말합니다.

미신 가운데 터부(taboo)라는 금기(禁忌)도 있습니다. 과학적 근거는 없지만 꺼림칙한 것, 부정 탄 것으로 마음에 꺼려서 싫어하거나 신앙 차원에서 금지하는 것들로 민담이나 풍습, 종교에 많습니다. 유태교에서는 굽이 갈라지지 않거나 새김질을 하지 않는 동물을 먹지 않고 이슬람교에서 돼지고기는 절대금지하는 금기이며 술과 마약, 개, 고양이 등 동물, 자연사했거나 잔인하게 도살된 고기도 철저하게 금지됩니다. 힌두교에서 소를 먹지 않는다는 것은 잘 알려진 사실입니다.

사람이 되려면 마늘과 쑥만 먹고 백일 동안 햇빛을 보지 말라는 단군신화도 금기이며 임산부는 오리 고기 먹지 않고, 이사하거나 집 사는 날을 정할 때 액이 없는 날을 고르고, 산신제(山神祭) 같은 신성한 제사도 특별한 날짜를 가려 정해집니다. 결혼할 때면 궁합을 보고 혼례 날짜로 특별한 날짜를 잡으며, 음력 6월에는 결혼하지 않고, 혼례 날에 신랑은 상주를 보면 안 되고, 상주는 혼례에 참가하지 않으며, 혼례 날 신랑 신부가 눈물을 흘리면 안 된다는 믿음도 같습니다.

이런 믿음과 터부를 어떻게 지키느냐는 개인의 자유이지만 전통적으로 내려온 관습을 쉽게 거역하기 어려운 것이 현실입니다. 어쨌건 이 금기들은 사회 규범을 어기지 않으면서도 자신의 마음이 편한 쪽으로 믿음을 가지면 자신에게 이롭고 마음의 평안도 함께 거둘 수 있을 것이라고 생각합니다.

미신에 담긴 사람들의 소망

그런데 다시 생각해 보니 마음 속 혼란이 엄습합니다. '하면 된다, 불가능은 없다, 안 되면 되게 하라.' 오늘의 대한민국이 존재하게 한 산업화시대의 원동력, 오버하는 남성다움의 마초 정신으로 학교에서, 학원에서, 군대에서, 그리고 건설현장과 회사, 직장에서 여태껏 목표의 초과달성을 위해 밤낮 가리지 않고 외쳐온 저 구호들과 오늘이 끌어당김의 미신적 사고였다니 자기부정 당하는 느낌이 듭니다.

'자네가 무언가를 간절히 원할 때 온 우주는 자네의 소망이 실현되도록 도와준다네.'

브라질 출신 작가 파울로 코엘로의 '연금술사'에서 신비로운 노인이 목동 산티아고에게 일러주는 말입니다. 노인은 살렘의 왕 멜키세덱이었습니다. '연금술사'는 작가의 산티아고 순례 경험을 바탕으로 인간의 자아를 찾는 이야기입니다. 생텍쥐페리의 '어린 왕자'처럼 신비롭고 몽상적입니다. 그는 이 작품으로 세계적 작가가 되었고, '한 권의 책이 가장 많은 언어로 번역된 작가'로 기네스북에 올랐으며, 프랑스 정부의 레지옹 도뇌르 훈장을 비롯하여 국제적인 상도 많이 받았습니다. 이름이 같은 칠레의 위대한 노벨상 수상 시인 파블로 네루다처럼 코엘료는 편안함과 존경심이 저절로 솟구치는 인물입니다.

이분이 노인의 입을 빌려 하신 말씀이 전직 대통령의 인사말과 겹칩니다.

궁금증이 생겼습니다.

무언가를 간절히 원하면 온 우주가 도와준다고?

혹자는 전직 대통령이 사이비 교주에게 영향 받은 건 아닐까 수군거리기도 하고, 말 자체가 미신적 사고를 반영한다고도 하지만 세계적인 작가의 그 세계적 작품 속에 등장하는 고귀한 인물이 목동에게 가르침 주는 말이기도 하다는 사실을 세인들은 알고 있을까?

저 노인의 가르침 속에 미신˚나 끌어당김 여부에 상관없이 자신의 일에 최선을 다해서 좋은 결과 얻기를 바라는 이 땅 모든 사람들의 기원이 담겨 있다고 믿고 싶습니다.

'헬조선'에 담긴 의미

나라의 미래와 기하급수적으로 증가하는

노인인구를 책임지고 부양해 줄 젊은 세대들이 당면하고 있는 여러 과제는 젊은이들이 스스로 해결하기에 너무 벅찹니다. 또 그들의 미래가 밝지 않습니다. 일자리는 자꾸 줄어들고 취업과 성공, 그리고 신분 상승의 기회도 나날이 줄어들고 있습니다. 그래서 이 땅의 많은 젊은이들이 헬조선을 읊조립니다.

몇 년 전부터 등장한 신조어 '헬조선'은 짊어져야 할 짐이 너무 무거운 젊은 세대들의 정부와 기성세대에 대한 냉소를 넘어 원망이 들어있는 부정의 말입니다. 침체된 경기에 취업난 등 절망적인 상황으로 내몰리는 젊은이들의 현실을 반영하고 풍자하는 단어로 자리 잡았습니다. 헬조선(Hell 朝鮮)은 지옥에다 조선을 합해 마치 '지옥과 같은 우리 현실'이라는 뜻을 담고 있습니다.

날로 심해지는 빈부격차와 취업난, 주택난, 결혼난, 인구절벽에다 기하급수적으로 늘어나는 노령인구 등 한국사회가 당면한 여러 문제 때문에 살기 어렵고 현실을 고통스럽게 생각하는 사람이 점점 늘어나고 있는 것이 우리의 현실입니다. OECD 회원국들 가운데 순위 매기는 것 일부에서 부정적으로 나타나는 대한민국의 지표들 여러 가지는 이것들과 맞물리면서 인구에 회자됩니다.

'노오력'과 포기

어른들이 젊은 신세대들에게 포기하지 말라고 무턱대고 의지와 노력만 강요해서 안 되는 이유가 여기 있습니다. 깰 수 없는 유리천장에 좌절하는 젊은이들에게 '노오력'을 강조하는 것은 사회적 모순의 문제를 외면한 채 젊은이들 탓만 하는 셈이 됩니다. 더 많은 노력을 의미하는 '노오력 하는데 안 될 일이 어딨어?' 하는 식의 사고방식은 그들을 화나게 합니다.

"나 역시 다른 사람과 똑같아. 어떤 일이 실제로 일어나는 대로 세상을 보는 게 아니라 그렇게 되었으면 하고 바라는 대로 세상을 보는 거지."

모은 돈을 사기당한 목동 산티아고는 자신에게 말합니다. 바라는 대로만 바라보면 왜곡이 생기게 마련입니다.

세상 모든 일이든 성과를 거두는 데 노력이 필요한 것은 사실이나 무한 경쟁 사회에서 성공의 자리를 차지할 수 있는 사람은 한정되어 있는데, '노력하고 포기 안 하면 다 된다'는 식으로 노력의 중요성만 주장하면서 정신력 부족, 의지박약을 탓한다면 나무만 보고 숲을 보지 못하는 어리석음이 될 것입니다. 포기 안 하고 노력만 한다고 누구나 김연아, 박지성이 될 수 있나요?

'포기하는 연습 지금 포기하고 싶은가?, 포기하지 마!, 꿈! 포기하지 않으면 불가능은 없다, 포기하지 마라 한 번뿐인 인생이다, 포기하지 마라 절대로 포기하지 마라. 인내, 포기의 순간을 넘기는 것, 포기 대신 죽기 살기로, 괜찮아, 좌절하고 방황해도 포기하지 않는다면 그건 내 인생이 아니다, 우리가 포기하지 말아야 할 것은 무엇인가, 절대 포기하지 않겠다, 포기하지 말자 인생이 아름다워진다, 포기하지 마, 1%의 가능성만 있다면— 희망의 말 한마디로 세상을 가진 13명의 이야기, 꿈꾸는 자는 절망 속에서도 포기하지 않는다, 포기하지 마라.'

인터넷 서점에서 금세 확인할 수 있는 수많은 포기 금지서의 이름입니다.

이구동성으로 포기하지 말라고 권하고 응원하고 훈계하는 제목들입니다. 예외 없이 의지가 꺾였거나 좌절하거나 희망을 잃었거나 방황하는 사람들에게 용기를 주는 아름답고 좋은 이야기들입니다. 그런데 이 속에서 독자는 공통적으로 실패한 사람들의 것보다는 성공한 사람들과 만나게 됩니다. 강준만 교수는 이를 생존 편향적이라고 비판합니다. 실패 사례는 기록이 없거나 빈약한 반면, 성공 사례는 크게 알려지고 기록도 넉넉하게 있으므로 사람들은 본의 아니게 성공 사례를 일반화하는 오류에 빠질 가능성이 크다고 합니다. 옛날 왕조시대 역사서는 왕과 세도가들, 권력을 가진 승리자들의 기록일 뿐, 결코 민중의 역사가 될 수 없는 것처럼.

'포기가 무조건 어리석거나 나쁘다'는 사고방식에 갇혀 있는 건 아닌지 생각해 봅니다. '하면 된다'는 구호 때문일지 모릅니다. 하지만 이제 우리는 S전자 같은 만인이 부러워하는 초일류기업에 갓 입사한 인재가 미련 없이 사표를 던지고, 전도양양한 일류대 학생이 학업과 교육제도를 당당하게 거부선언 하는 뉴스를 보며, 해외유학파 인재가 빛나는 경력을 버리고 농사짓고, 스포트라이트 받던 미녀가수가 갑자기 제주도에서 시골 생활 한다는 소식에 환호하고, 실패를 부끄러워하지 않는 사람들을 낯설지 않게 보는 시대를 살고 있습니다.

함께하는 배려가 필요한 때

'신화는 없다-이명박(현대건설 회장), 시련은 있어도 실패는 없다-정주영(현대그룹 회장), 세계는 넓고 할일은 많다-김우중(대우그룹 회장)'

1970~80년대 산업화시대를 주름잡았던 재벌회장님들의 이야기로 당시 베스트셀러에 이름을 올렸던 자서전들입니다. 이 책들은 대한민국 대표 마초 남자들의 포기를 모르는 성공기로 '하면 된다'는 이야기의 전형입니다. 운동용품 나이키(NIKE)는 여전히 이런 이미지를 우려먹고 있습니다. 그리스 신화 속 승리의 여신인 니케(Nike)의 미국식 발음을 딴 이 브랜드는 JUST DO IT 구호 마케팅으로 세계인에게 친숙합니다.

운동은 기본적으로 경쟁이 본능이라 예외라 할 수 있지만 사람들은 그 구호나 이런 종류의 책들을 더 이상 환영하지 않으며 대신 명상과 힐링, 개인의 치유에 더 관심을 갖습니다. 고성장과 압축성장 시대가 끝나버린 지금, '하면 된다' 대신 시선의 높이를 낮추고 성공의 욕망을 포기해야 할지도 모릅니다. 요 근래 2,30대 젊은 세대들이 몰두한다는 가상화폐 투기 소동이 막혀버린 신분 상승이나 부자 되고 싶은 기회에 대한 욕망의 탈출구를 찾으려는 몸부림으로 해석된다는 학자들의 분석에 그래서 귀가 솔깃해집니다. 물질이 풍요로운 때 태어나서 축복받은 세대라고 생각했던 그들이 사실은 취업난, 결혼난, 주택난과 노인 부양 등 온갖 어려움과 책임을 가혹하게 짊어져야 할 불행한 세대라는 진단을 보면서 정신이 혼미해집니다.

그럴수록 지금은 구성원 모두가 함께하는 배려가 필요하고, 작고 연약하지만 소중한 개인을 더 생각해야 할 시대입니다. 지난 1월초에 연수차 다녀온 제주도에는 동백꽃이 한창이었습니다. 피는 꽃, 지는 꽃, 떨어진 꽃, 구겨진 꽃, 밟힌 꽃, 시든 꽃을 실컷 보았습니다. 하나같이 모두 예쁩니다. 세상에 버릴 것, 가치 없는 것은 하나도 없다는 진리를 새삼 되새기는 기회가 되었습니다. 교육도 마찬가지입니다. 세상에 귀하지 않은 학생은 단 하나도 없습니다.

'시간이 그 운행을 빨리 하면 사람들의 행렬 또한 걸음을 재촉해야 하는 법이지.'

연금술사는 중얼거렸습니다. 세대별로 사람마다 가진 시간은 길이가 다 다릅니다. 그래서 무언가를 원하는 간절함이 비록 미신처럼 어리석어보일지라도, 끌어당김의 미신적 사고방식이라고 비난받아도 좋으니 무언가를 간절히 원하면 온 우주가 도와준다는 믿음처럼 세대를 초월하여 우리 모두의 간절한 소망이 새해를 맞아 잘 실현되기를 기원해 봅니다.

그런데 정말 무언가를 간절히 원할 때 온 우주가 소망이 실현되도록 도와준다는 말은 사실일까요?

—

똥 막대기 선생
타령

—

고등학교 1학년 국어심화 수업시간이다.

"퀴즈다."

"다음 문제를 알아맞히는 학생 한 명에게 오백 원 준다."

"에이, 선생님은 맨날 오백 원이에요. 쩨쩨하게…. 울 반 담처럼 배춧잎 한 장이면 모를까 천 원짜리도 아니고 고작 오백 원이라니요?"

"야야, 그런 배부른 소리 말라우. 늬덜 진촌 1번지 길가를 오백 미터 걸어 가 봐라. 오백 원 짜리 한 개 주울 수 있나."

"알았어요. 그럼 퀴즈나 내세요. 대신 약속은 꼭 지키셔야 해요."

"산토끼의 반대말은?"

"집토끼!"

"틀렸다. 끼토산."

"에이, 나 참. 그럼 다음 문제 내세요."

"산토끼의 반대말은?"

"끼토산!"

"틀렸다. 죽은 토끼."

"에이, 뭐예요."

"산토끼의 반대말은?"

"또요? 죽은 토끼도 아니고…. 열 받네. 뭐지? 몰라요."

"집토끼."

"또, 산토끼의 반대말은?"

"모르지? 바다토끼, 판토끼, 알칼리토끼. 얘들아, 오늘 당첨자는 없다. 상금은 다음 주로 이월되니 그동안 퀴즈백과 책 많이 봐 와라. 그때까지 이오백 원 동전은 주머니에 고이 간직해 둘게."

다음 시간이다.

"오늘은 방귀시리즈다.""또 똥 막대기 선생님 전공과목이 나오는군요.""그래. 나는 똥 얘기 나오면 자다가도 벌떡 일어나는 사람이다. 근데 늬들은 어떠냐? 글구 보니 아침에 똥은 누고들 왔누, 열분덜…. 거기 장명진이? 첫 빠따루 말해 봐."

"쿠헤헷~!~!@@@"

"언넝 문제로 들 가기나 하세요."

"방귀를 한 글자로 줄이면?"

"그거야 뿡입져."

"물론 이건 워밍업이야. 두 자로 말하면?"

"그야 물론 방귀."

"준혁이가 세 자로 말해 봐."

"바앙구."

"아냐, 똥트림이다. 네 글자로는?"

"…."

"모르지? 가죽피리."

"그건 나도 알아요."

"다섯 글자로는?"

"…."

"가죽피리 뽕, 여섯 글자로는 냄새나는 소리. 일곱 글자로는? 에이, 그만 하자. 너희들 인상이 별로 안 좋구나. 그런데 인상이 안 좋은 이유는 선생님 이야기가 냄새나는 이야기라서가 아니라 아침에 똥 안 누고 와서 속이 불편하기 때문이지? 그렇게 내가 항상 강조하는 말이 아침에 밥은 굶더라도 똥은 꼭 누고 오랬지? 어디 조사해 보자. 오늘 아침에 똥 누고 온 사람 손 들어봐라. 삼분지 일밖에 안 되네. 나머지 녀석들은 아랫배에 거시기가 묵직하겠구나. 우리 고등학생들은 참 문제야. 특히 여학생들은 더 심각하고…. 얘기 나온 김에 또 한바탕 사설을 늘어놔야겠다. 우리 인생이 사는 목적이 뭐겠노? 거기 노래 잘하는 원흠이. 원흠이는 노래 참 잘하니까 가수 되는 게 목표이겠고, 각자가 성공하고 성취해서 사회에 쓸모 있는 사람이 되어 시집장가 잘 간 뒤 행복하게 사는 거겠지. 하지만 그 모든 것의 바닥에 있는 것이 건강! 건강의 첫걸음은 음식 잘 먹는 것! 그리고 마지막 걸음은 잘 먹은 음식 소화시켜서 자연으로 돌려보내는 것! 이 중요한 자원의 순환 가운데 인간이 있단 말쓸이야. 늬들 가운데 먹는 게 기쁘지 않은 사람 손들어 봐라. 없지? 그럼 똥 눌 때 기쁘지 않은 사람 손들어 봐라. 어, 손드는 사람이 왜 이리 많아? 변비라고? 그럼 그렇지. 여들아, 변비는 건강 제일의 적, 미용 제일의 적, 얼굴에 여드름 뽀드락지 많이 난 사람, 공부 제일의 적! 여러분이 공부 못하는 것은 머리가 나빠서가 아니라 화장실 버릇이 나빠서지. 지금부터 내 얘기 잘 듣고 변비를 극복하여 월드컵 십육강, 아니 팔강에 올라가자." "아니, 선생님, 변비하고 월드컵하고 무슨 상관이에요." "어, 너희들 내 말을 그렇게 못 알아듣니? 건강, 미용, 공부에 제일의 적이니 그 적을 물리치기만 하면 대한민국 만만세다."

"선생님, 그럼 똥 막대기 이야기나 해 주세요."

"그래, 내가 작년에 우리 학교에 부임해 왔을 때 여러분의 선량한 인상이 얼마나 인상적이었는지 아니? 그 좋은 인상 때문에 너희를 더 많이 공부시키고 싶은 욕심이 뭉게구름처럼 무럭무럭 피어올랐지. 그래서 중학교 2학년 성국이 녀석에게 사랑의 지시봉 한 개를 주문했었고, 바로 다음날 듬직한 물건을 가져왔더라고, 그 막대기를 막 휘저으면서 수업을 시작했었단다. 부임해 와보니 우리 학교에 인상적인 것이 한두 가지가 아니었어. 새로 부임한 선생님이 우리 학교에서 깊은 인상을 받을 수 있는 것을 너희가 하나씩만 들어보렴. 착하고 예의바른 학생들, 사방을 둘러싼 녹색의 나무와 산그늘, 솜사탕만큼이나 짙은 안개, 쿡 찌르면 파란 물이 뚝뚝 떨어질 것 같은 하늘, 그리고 화장실 대변기, 소변기에 더께더께 앉아있던 똥딱지. 그래 맞아. 그게 너무나 인상적이었어. 3월 어느 날 2보 지각생 다섯 명을 데리고 화장실에 갔었지, 청소하러. 대소변기를 수세미로 문질렀어. 하지만 누런 더께들은 꿈쩍도 안하데. 그래서 홈스타를 흠씬 뿌리고 철솔로 닦았더니 조금만 지워지더라고. 궁리궁리 하다가 최후수단으로 염산수를 구해서 닦았더니 효과가 만점이더라. 단, 염산은 독극물이니 특별히 주의해야 돼. 학생은 접근하지 못하게 한 다음, 고무장갑 끼고 내가 직접 문질러서 닦았지. 내 생각하기에 여학생 대변기에 굳어진 더께는 오 년 정도 묵은 것이고, 남학생 더께는 칠 년은 되겠더라. 염산으로도 잘 안 닦였거든. 그래서 더께에 염산을 뿌리고 사랑의지시봉으로 박박 문질렀더니 어렵게 닦이더라구. 전체 화장실 청소하느라고 갖다 쓴 염산이 두 병이다. 한**선생님께 여쭤봐라. 내 거짓말 하나. 그분이 증인이시다. 하여간 그 때 우리 2학년 담임 반 학생들 여러 명이 고생 깨나 했지. 그리고 그날 눈부신 몫을 한 똥 묻은 막대기가 내 분신이 되어서 지난 해 일 년 동안 수고 많이 했어. 중학교 1학년 교실에서 국어수업 시간은 공포의 시간이 아니었나! 내가 똥 막대기만 추켜들면 교실이 쥐죽은 듯 고요해져. 행여 똥 막대기가 자기 손바닥이나 얼굴로 향할까 봐서. 그런데 너희들 내 똥 막대기 어디 간 줄 아나? 금년에 새 학교로 전근가시는 선생님이 선물로 달라고 졸라대서 그냥 드려 버렸다."

"선생님, 수업 언제 해요?"

"얌마, 지금 수업이 문제냐? 이보다 중요한 공부가 어디에 있다고, 지금 이 시간 한 시간이 여러분의 운명과 대한민국의 월드컵 8강을 결정짓는 순간이란 말이다. 에구구 그러고 보니 시간이 거진 다 가버렸네. 어쨌건 항상 아침 잘 챙겨먹고, 아침마다 똥은 꼭꼭꼭! 누고 학교에 와라."

"그런데 선생님은 똥이 그렇게 좋아요?"

"아니 그걸 말이라고 하니? 똥 안 누는 사람 있니? 일찍이 박지원 선생은 한문소설 예덕선생전(穢德先生傳)에서 똥 푸는 사람을 선생으로 대우해서 불렀고, 수백 년 역사상 유명한 고승대덕(高僧大德)들 치고, 고승대덕이란 높은 도를 깨우친 스님들을 말하지. '똥 친 막대기 타령'을 안 한 분이 없지. 오죽하면 내 홈페이지 주제가 '똥과 친하자'겠니. 내 홈피 주제는 내가 엽기 선생이 아니라 인간이나 동물의 생명을 유지하는 가장 중요한 요소이자 자연 순환의 중요한 고리인 똥을 제대로 알자는 뜻이란다. 고귀한 재자가인이 먹는 산해진미인들 땅에서 나오지 않은 게 없고, 땅에서 자란 것 치고 똥거름 받침 없이는 자랄 수 없는 것이니 세상에 똥보다 소중한 게 어디 있니? 그러면서도 자기를 한없이 낮추고, 겸손하고, 자기를 드러내지 않으면서도 가장 아름답고 소중한 민들레꽃으로 피어나는 강아지 똥 이야기 모두 잘 알지? 뭐? 아직 강아지 똥을 안 읽은 녀석이 있다고? 에라이 똥 같은 녀석아! 오늘 집에 가면 내 홈피에 꼭 들어와서 방명록에 똥 싸 놓고 가라. 거기 강아지 똥 링크되어 있다. 주소는 학교 홈으로 들어오면 연결된다.

너희들 앞으로 살날이 얼마나 남았니? 너무 많이 남아서 끝이 안 보이지? 나는 보이는데…. 부럽다 부러워. 하지만 새털처럼 많은 여러분 앞날이 항상 찬란하게 빛나는 날만 있는 것은 아니란다. 가다 보면 소낙비도 만나고, 똥도 밟게 되고, 천둥번개 치는 벌판에서 어디로 가야할 지 알 수 없는 나날도 있을 거야. 자, 우리 모두 약속하자. 세상에서 가장 볼품없던 강아지 똥이 세상에서 가장 아름다운 민들레꽃으로 다시 피어나듯 남이 날 알아주지 않는다고 토라지지 말고, 길이 끊어졌다고 좌절하지 말고, 하늘이나 남을 원망하지 말고, 한없이 내 몸을 낮추면서 세상을 살자고…. 나를 낮추면 높아지고, 높이려고 하면 낮아지는 게 세상의 이치란다.

내가 너희들에게 언제 화내는 것 본 적 있니? 짜증내는 것 본 적 있니? 나는 앞으로도 계속 똥을 스승 삼아 인생을 탐구할 예정이다.

결론이다. 나는 똥 막대기 선생이다. 에구, 종 나네. 오늘 수업 끝.”

—

문턱 없는 세상을
꿈꾸다

—

이오덕, 권정생,
그리고 하이타니 겐지로

　　　　　　　　　부평구 북구도서관에 갔습니다. 평생 해온 일이 학생들 가르치는 것이고, 잘 가르치기 위해서는 또 배우고 공부해야만 하는 일이라서 풀방구리에 생쥐 드나들 듯 습관적으로 도서관 나들이를 갑니다. 그동안 북구도서관에서 많은 정보를 얻어왔습니다. 오랜만의 나들이였는데, 마침 맘에 쏙 드는 전시가 있었습니다. 8월에 시작하여 9월 13일까지 하는 전시인데 간 날이 마감 전날이었습니다.

이름 하여 '이오덕, 권정생과 하이타니 겐지로의 삶과 책들'展(전)이고, 부제목은 '아이처럼 살다'입니다. 까딱 이틀만 늦었더라도 볼 수 없었을 전시회라서 가슴 쓸어내리며 낡은 원고지, 퇴색한 책자, 그리고 편지지묶음 등 그분들의 유품과 육필들, 그리고 행적이 담긴 낡은 사진기록들을 살펴보았습니다. 곳곳에 전시된 아주 오래되어 갈색으로 퇴색해 버린 여러 원고 종이류와 간행본 자료들, 그이들이 남겨둔 낡고 굵은 뿔테안경에서 땀내와 사람 내, 그리고 따스한 사람의 정이 느껴졌습니다. 사람들이 이오덕은 잘 몰라도 '우리글 바로쓰기, 우리 문장 바로쓰기' 책자에 남겨둔 생생한 호흡은 많이들 느낍니다. 살아있는 글, 반듯한 우리식 글쓰기 운동에 선생이 헌신하였다는 사실을 평소 글쓰기를 지도하거나 바른 글쓰기 운동에 관심 있는 사람들은 제법 압니다.

또, 권정생은 잘 몰라도 그의 '강아지 똥'과 '몽실언니'는 다들 아실 겁니다. 중학교 국어교과서에 실린 '강아지 똥'은 유치원생부터 초딩 중딩 청소년들이 두루 좋아하고 온 국민이 기억하는 국민동화지요. 세상에서 가장 더럽고 가치도 없어서 길에서라도 마주치면 피하고 싶어 하는 소위 '개똥', '개똥도 약에 쓰려면 없다'는 속담에도 개똥의 값어치 매김이 들어있죠. 개똥이 주인공이라는 사실에 그 이야기를 처음 만나는 사람들은 당혹해 합니다. 하지만, 그 가치 없고 더러운 개똥이 세상에서 가장 아름다운 꽃을 피우는 원동력이라는 사실에 감탄합니다.

일본인 하이타니 겐지로에 대해서는 별로 아는 게 없습니다. 그의 대표작 '나는 선생님이 좋아요'는 읽은 적 있는데 그가 꽤 유명하고 한국에도 그의 독자가 무척 많다는 사실 때문에 이번 전시회를 계기로 그의 작품 몇 편을 더 살펴보게 되어서 다행입니다. '나는 선생님이 좋아요'는 1974년 일본 어린이문학자협회 신인상을 수상했고, 1978년에 국제 안데르센상 특별 우수 작품으로 선정되었답니다. 주인공 학생과 선생님의 따뜻한 교감이 독자에게 감동을 주는 베스트셀러입니다. 쓰레기 처리장이 있는 지역의 소외된 계층의 아이들, 쓸데없는 동정심은 오히려 아이들에게 벽을 느끼게 만들고 마음의 상처를 줍니다. 이야기에서 사람들과 어울리지 못하는 데쓰조라는 아이와 젊은 교사 고다니 선생님이 서서히 서로 마음을 열어가고, 데쓰조는 선생님의 사랑에 힘입어 소중한 존재로 성장해 갑니다. 길들여지지 않고 거친 아이들의 세계가 생생하고, 각박하고 소외된 현실에서도 천진난만함으로 희망이라는 메시지를 주며 인간에 대한 신뢰가 들어있는 우리에게 잘 알려진 작품입니다. 예전에 스승의 날이 되면 텔레비전에서 단골로 방영해 주던 '언제나 마음은 태양'이란 오래된 영화의 줄거리가 이 책과 매우 닮았다는 생각이 듭니다. 런던의 빈민가에서 자라 거칠기 짝이 없고 다른 교사들이 포기한 문제아들을 아프리카 출신 흑인 교사 새커리 선생님이 끝까지 포기하지 않고 학생들과 교감하면서 성숙해가는 과정을 잘 그려서 감동을 주는, 매년 스승의 날 단골인 이 영화가 하이타니 겐지로의 대표작과 함께 떠오릅니다.

시인의 마음으로 하루하루 살다

세 분 작가 중 이오덕과 권정생은 두 사람이 살았던 지역적으로도 가깝고 오래 교류한 사이라서 가치관과 세계관에서도 서로 통한다는 인연이 있습니다만, 하이타니 겐지로까지 함께 묶인 데에는 공통분모가 있기 때문일 것입니다. 사실 세 분 작가 가운데 열혈독자 숫자가 가장 적을 것으로 생각되는 이오덕 선생님을 제일 좋아하고 존경합니다. 그리고 그분의 삶의 궤적은 나의 교직생활에도 적잖은 영향을 끼쳤습니다. 그분의 글과 주장에서 많은 것을 배웠기 대문입니다. 그래서 '나는 이오덕 선생님이 좋아요.' 그리고 그분을 존경합니다.

세 분에 대한 전시 주최자 측의 소개 글을 인용해 봅니다.

'온 삶을 아이처럼 살다간 사람들이 있습니다. 아이들과 함께 놀고, 아이들과 시를 쓰고, 그래서 아이 마음으로 평생을 살아간 세 사람의 이야기를 하렵니다. 아이들이 살아갈 수 없는 세상이 되어 버린 지금, 그래도 아이 마음으로 살아가자고 말을 건넵니다.'

그리고 '온 삶을 아이들과 함께한 사람, 아이들이, 일하는 사람들이 스스로 주인으로 살아가길 바란 사람, 자기 삶은 모든 사람의 삶에 이어져야 한다는 시인의 마음으로 하루하루를 산 사람'이 이오덕이라고 평가합니다.

'남대문 문턱은 대추나무지.' 이런 속담이 있습니다.

잘 알지도 못하면서 아는 체하고 고집만 부리는 사람을 꼬집는 말입니다.

옛날 어느 시골에서 동네사람들이 모였는데 어떤 사람 하나가 한양 자랑을 합니다.

"한양에 가서 남대문 현판을 살펴보니 남녘南(남)자의 획이 날아갈 듯하더라." 자랑하더랍니다. 한양에 다녀왔든가 봅니다.

곁에 있던 다른 이가 받습니다.

"예끼 이봐. 남녘南(남)자라니…. 현판에 '숭례문'이라고 쓰여 있는데…."

그래서 둘 사이에 대판 싸움이 났는데, 목소리 큰 사람이 이긴다고 한양에 가보았는지는 모르지만 남대문은 구경도 안 한 사람이 확신에 찬 주장을 굽히지 않아서 결국 남녘南(남)자를 고집하던 이가 이겼다고 합니다.

어느 시골에서는 남대문 문턱이 '있네 없네'를 두고 사람들이 서로 다퉜는데, 결국 "우리 집 사랑방에도 문턱이 있는데 세상에 그 큰 나랏문에 문턱이 없을쏘냐? 예부터 남대문 문턱은 대추나무 문턱이라 했는데 그대가 잘

못 보았다."고 박박 우겨서 가보지 않은 사람이 이겼다고 합니다.

문턱 효과

'문턱'이란 문짝의 밑이 닿는 문지방의 윗부분이라는 사물을 지칭하는 말입니다만, 원래의 사물을 가리키기보다는 '어떤 일이 시작되거나 이루어지려는 무렵'을 비유적으로 이르는 말로 더 많이 쓰이고 있습니다. 현대건축물은 거의 문턱이 없기 때문이거든요. 사전을 찾아보니 문턱이 들어간 관용어나 속담이 무척 많습니다.

- 문턱 드나들 듯: 어떤 곳에 매우 쉽게 잘 드나들다.
- 문턱을 낮추다: 쉽고 편하게 접할 수 있게 만들다.
- 문턱을 넘어서다: 어떤 환경이나 상태에서 벗어나다.
- 문턱을 높이다: 접근하기 어렵게 만들다.
- 문턱이 높다: 들어가거나 상대하기가 어렵다.
- 문턱이 닳도록 드나들다(문지방이 닳도록 드나들다): 매우 자주 빈번하게 드나들다.
- 문턱 높은 집에 무종아리 긴 며느리 생긴다: 일이 마침 알맞게 잘되어 간다.
- 문턱 밑이 저승이라: 대문 밖이 저승이라.
- 다 가도 문턱 못 넘기: 애써 일을 하였으나 끝맺음을 못하여 보람이 없게 된다.
- 천 리 길을 찾아와서 문턱 넘어 죽는다: 오랫동안 고생하며 추진하여 오던 일이 성공을 눈앞에 놓고 덜컥 잘못되는 경우.

'문턱효과'란 말도 있는데요. 문지방을 넘어서려면 문턱 높이까지 발을 들어 올리지 않고는 문턱을 절대로 넘어설 수 없지만 일단 문턱 높이까지만 발을 들어 올리면 쉽게 문턱을 넘어설 수 있다는 뜻입니다. 즉, 문턱 높이를 넘어설 일정한 수준에 이르러서야 그 다음 단계로 넘어갈 수 있다는 뜻이기도 하고, 문턱을 넘어서기가 어렵지 일단 문턱을 넘어서고 나면 쉬워진다는 뜻이기도 합니다.

이제 우리 국민소득이 거의 3만 달러에 이르면서 잘 살게 되었습니다만, 상대적인 빈곤감과 빈부격차 문제는 갈수록 사회문제화 하고 있습니다. 젊은이들의 취업이 어렵고 최근 롯데재벌 집안싸움에서 부의 대물림 문제 심각성을 온 국민이 목격한 바 있고, 강남지역 자녀들의 스카이대학 입학생 점유율이 높아진다는 통계 결과에 실망하고, 유력자의 자녀들이 부모 후광으로 좋은 자리를 다 차지한다는 현대판 음서(蔭敍) 소식에 절망하는 사람들이 적지 않다는 사실을 확인하면서, 모두가 만족하는 세상을 만드는 데 이 문제가 장애물이 되는 문턱이 아닐까 생각해봅니다. 그리고 넘기 힘들어지는 문턱효과로 다음세대들의 앞날이 걱정됩니다. 문턱이 높은 세상은 평등하기도 다 함께 행복하기도 어렵습니다. 사람 노릇하면서 살려면 중산층이 되어야지요. 그래야 문화생활도 누리고, 경제적으로 안정되어 결혼하고 자녀 키우면서 행복감 누리는 삶을 유지할 수 있을 것이라는 게 보편적인 현대 한국인들의 판단입니다만 갈수록 평범한 사람들이 부자가 될 가능성이나 중산층이라는 문턱을 넘기가 어려워진다는 비관적인 전망을 들을 때면 가슴이 답답해집니다.

우리말의 아름다움을
지키신 분들

　　　　　이오덕과 권정생이 살았던 세상은 지금보다 다 함께 가난했지만 경제적 불평등은 적었습니다. 그들은 일제 강점기와 한국전쟁을 겪은 불행한 세대들이자 극도의 가난 때문에 극히 불행했습니다. 그런데 이분들이 생존의 기로에 설 만큼 역설적으로 극한에 가까웠던 삶의 조건에서 세상을 있는 그대로 사랑하고 아이들을 사랑하면서 순수하고 아름다운 이름을 남겼다는 점에서 닮고 싶은 최고의 가치, 문턱 없는 삶을 엿보게 됩니다.

이오덕은 일제 강점기 가난한 시골에서 소학교만 마치고 집안 농사 거들다가 실과학교를 갔는데 성적이 좋아서 군청직원으로 특채됩니다. 다시 독학으로 교사자격시험에 합격해 초등학교 교사가 됩니다. 이후 농촌에서 일하며 공부하는 아이들과 함께하면서 살아있는 자기 말로 자기 이야기를 쓰는 작가가 됩니다. 한국글쓰기교육연구회, 한국어린이문학협의회, 우리말 살리는 겨레모임 등 글쓰기 단체에 관여하면서 살아있는 입말, 바르고 쉬운 말을 하고 쓰자는 운동에 헌신합니다. 특히 외래어, 일본어에 오염된 말의 실제를 일일이 수집하여 제시하고, 우리말이 가진 순수성과 아름다움을 널리 알리면서 좋은 글을 쓰는 데 힘을 다합니다. 학교에서도 잘 가르쳐 주지 않았던 영어, 일본어식으로 오염된 단어와 어법 등을 지적하고 바로잡아 주려고 전국 곳곳으로 다닌 강연 소식과 그가 펴낸 저서들을 통해서 그의 노력이 알려지게 됩니다.

나도 이분을 그의 저서들을 통해서 만납니다. 그리고 읽어가면서 새롭게 알게 된 사실에 기뻐하고, 때로는 국어교사인 나 자신의 무지에 부끄러워하기도 하고, 무릎을 탁 치면서 새롭게 배우기도 하였습니다. 특히 일제강점기와 산업화시대를 거치면서 우리말에 배어들어 아무 의식 없이 사용하고 있는 일본어식 표현이 우리 언어생활을 아주 많이 더럽히고 있다는 사실을 많이 알게 되었습니다. 그분이 편찬한 '우리글 바로쓰기'5권 세트, '우리 문장 쓰기'책자를 구입해서 열심히 읽었습니다. 우리가 무심코 쓰고, 자연스럽게 쓰고 있는 우리말과 한자어들의 다수가 일본에서 직수입되어 아무 생각 없이 쓰고 있는 일본냄새 자욱한 말이자, 우리말을 죽이고 오염시키고 있다는 것도 알게 되었고, 그래서 일상의 글쓰기에서 선생님이 가르쳐주신 좋은 단어와 문장을 쓰도록 의식적으로 애쓰고 있습니다.

문턱 없는 열린 교장실

선생님을 직접 대면한 적은 없지만 그분의 저작들을 통해서 많은 가르침을 얻었습니다. 오직 살아있는 생활의 말이라야 바른 우리 것이라는 가르침, 오직 학생들이 주인이라는 학생 중심적 가르침과 실천을 보여주신 이오덕 선생님은 큰 스승입니다. 세종대왕이 '어리석은 백성들에게 니르고저 하는 바'를 자유롭게 표현하도록 백성 사랑하시어 한글 창제하셨듯, 주시경 선생이 한글을 사랑하셨듯, 최현배 선생이 한글 전용으로 사랑을 실천하셨듯, 선생님은 말과 글에 문턱 없는 세상을 꿈꾼 분이라고 생각합니다. 선생님의 글은 한글을 깨친 사람이라면 금방 이해되도록 쉽습니다. 쉬운 글을 읽어나가다 보면 저절로 문리가 터집니다. 책상에 앉아서 쓴 글이 아니라 일어서서 걸어가며 대화하듯 쓴 글 같아 인공적 꾸밈이 느껴지지 않습니다.

인터넷서점에서 '이오덕'을 검색해 보니 116개의 도서명이 줄을 섭니다. 남들에 비하여 특별히 장수한 어른도 아닌데 평생에 아주 많은 저작물을 남겨놓으신 것을 보면, 이분도 살아생전에 무척 부지런한 어른이었음에 틀림없습니다. 그리고 하나같이 어떤 사람이 읽어도 부담 없을 것 같은 저작물입니다만 이 땅의 모든 학생과 학부모님, 그리고 교사들이 이 어른의 책을 제발 많이 읽고 아름답고 쉬운 우리말을 자연스럽게 구사하는 데 도움 받았으면 좋겠다는 소망을 늘어놓아 봅니다.

내 방 교장실 문 앞에는 '문턱 없는 열린 교장실에 누구든지 어서 오세요'가 붙어 있습니다. 문턱 없는 삶을 추구하신 선생님을 존경하는 마음을 담은 인사말입니다.

아주 특별한
기억의 해

마지막 잎새

한 해가 저물어갑니다. 마지막 남은 달력이 허전하고 쓸쓸해 보입니다. 마지막 남은 달력 한 장을 볼 때마다 오 헨리의 단편소설 '마지막 잎새'가 생각납니다. 꺼져 가는 생명의 불꽃을 살리기 위한 무명 화가의 숭고한 예술혼을 잘 그려낸 이 작품을 굳이 설명하지 않더라도 잘 아시죠? 사람들의 인정과 애환, 그리고 시련에 맞서는 굳센 의지를 통해 우리네 인생에 대한 희망을 다루고 있다는 점에서 특히 한국 사람들에게 높은 평가를 받고 있는 이 소설은 무척 친근합니다. 생각난 김에 줄거리를 다시 한 번 떠 올려봅니다.

'뉴욕 그리니치빌리지 무명화가들이 모여 사는 '예술가촌'이 공간적 배경입니다. 수와 존시는 3층짜리 건물의 꼭대기 층에 공동 화실을 가진 화가들입니다. 그런데 존시는 폐병 환자입니다. 그는 침대에 누워 앙상한 담쟁이덩굴 줄기가 중간 정도까지 올라온 창밖 건물을 보면서 숫자를 셉니다. 그리고 살아갈 기력을 잃은 채, 차가운 가을바람에 시달리다가 이제는 다섯 개밖에 안 남은 담쟁이덩굴의 잎이 다 떨어질 때면 자기 생명도 끝날 것이라는 망상에 사로잡혀 있습니다.

살고 싶다는 마음을 스스로 갖지 않는 한 살아날 가망이 거의 없다는 의사의 말을 들은 수는 크게 슬퍼합니다. 그녀는 아래층 방에 살면서 이 두 젊은 화가를 지키는 수호자를 자처하고 있는 베어먼 노인에게 존시의 망상에 대해 알려줍니다. 노인은 자신도 언젠가 걸작을 그리는 꿈을 갖고 있지만 가능성이 없는 무명화가로서 성격이 독특해 타인의 약한 모습을 심하게 비웃는 버릇이 있는 까칠한 인물입니다. 수의 이야기를 들은 노인은 눈물을 흘리면서도 존시의 망상에 대해서는 가차 없는 경멸과 조소를 퍼붓습니다.

그날은 눈이 섞인 진눈깨비가 밤낮으로 계속 내렸습니다. 당연히 담쟁이 잎이 견뎌내지 못할 절망적 상황이었습니다. 그런데 이튿날 아침, 창문을 열자 놀랍게도 마지막 잎새가 아직도 지지 않고 벽돌로 쌓아 올린 벽에 달라붙어 있었습니다. 그리고 차가운 비와 북풍이 부는 밤이 지나도 떨어지지 않습니다. 그런데, 마지막 잎새는 사실 베어먼 노인이 벽을 캔버스 삼아 그린 최고 걸작이었습니다. 한편 차가운 비를 맞으며 사나운 바람 속에서 붓을 놀렸던 베어먼 노인은 폐렴에 걸려서 이틀 뒤에 죽습니다. 존시의 목숨 대신에.'

양초를 다 태우다보면 꺼지기 직전 일시적으로 활짝 밝아졌다가 꺼지는 모습을 볼 수 있습니다. 사람도 죽음을 앞두면 양초처럼 반응한다고 합니다. 가정의 노인이 노환으로 돌아가시던 날, 노인께서 평상시와 다르게 ㄱ

력을 차리고 자리에서 거뜬하게 일어나더니 몸맵시를 다듬고, 식사도 맛있게 한 그릇 뚝딱 비우시더라는 이야기를 우리는 주변에서 심심치 않게 듣기도 합니다만, 베어먼 노인이 바로 자신을 태워서 주위를 밝혀 주는 양초의 마지막 모습과 같습니다.

신뢰가 제일이다

　　　　　　　　1년을 마감하는 시점에서 우리 학교의 밝게 빛난 올해를 되돌아보고 주요 소식들을 되새겨 봅니다.

학년도의 시작은 바로 3월 2일 입학식 행사부터입니다. 올해 우리는 이날 특별한 출발을 했습니다. 바로 우리 학교가 인천광역시교육청 지정 행복배움학교로 첫발을 내딛는 날이었기 때문입니다. 전년도에 행복배움학교 준비교를 운영한 결과를 바탕으로 본격적인 혁신학교의 길로 들어선 날입니다. 마침 바쁜 일정에도 불구하고 만사 제치고 인천광역시교육감이 우리 학교 입학식에 참석하여 축하해 주셨습니다. 이날 새로 개교하는 학교도 있고, 교육감이 꼭 참석해 달라는 요청이 수많은 곳에서 쇄도했을 텐데도 불구하고 특별히 우리 학교의 행복배움학교 출범을 축하해주러 온 사실은 각별한 의미와 감동을 주었습니다. 신입생이나 학부모님들에게는 우리의 존재가 특별하고 각별하다는 의미를 주었을 것입니다.

교육감님은 축사에서 '명현중학교는 뭔가 특별한 것이 있다. 학교 분위기가 다르다. 존중하고 아끼고 사랑하는 느낌이 다르다. 선생님과 제자의 관계가 행복한 학교의 초석이다.'는 말씀으로 축하해 주셨습니다.

입학식에서는 세족의식으로 신입생들을 환영하고, 그들이 소중하고 귀하게 여김 받을 것이라는 약속을 합니다. 세족의식은 학교장부터 교감, 부장교사들이 신입생 반별대표들 앞에서 무릎을 꿇고 발을 닦아 주며, 소중한 사제관계를 맺겠다는 약속을 재학생, 교직원, 그리고 학부모 앞에서 서약하는 행위입니다. 이를 통해 신입생들에게는 자존감을 세워주고, 교직원들이 신입생들을 누구보다 소중하게 대하겠다는 약속을 하며, 학부모에게는 자녀가 낯선 환경에서 과연 잘 적응할지 불안감을 일거에 날려버리고 안도감과 학교에 대한 신뢰를 얻는 계기가 됩니다.

신입생들에게는 1주일간 입학적응기간 교육프로그램을 제공합니다. 제일 먼저, 학급별로 교장실로 초대하여 1시간씩 입학 환영과 자존감 향상 프로그램 수업을 학교장과 함께하며, 교감, 행정실장, 보직교사. 보건교사, 특수교사, 전문상담교사 등 전문가들이 순번제로 학교생활을 친절하게 안내하여 새롭게 바뀐 환경 때문에 불안해 할 신입생들의 빠른 적응을 돕습니다. 이런 과정을 통해서 신입생들이 행복배움학교 학생으로서 자부심과 소속감을 얻게 됩니다.

1년간 열심히 학생들이 만족할 만한 각종 교육 프로그램을 제공하는 데 최선을 다했습니다. 그리고 행복배움학교를 운영하기에 충분한 지원금을 받아서 오로지 학생들을 위해 다 썼습니다. 그 결과, 교육수요자의 만족도는 아주 많이 높아졌습니다. 그리고 우리 학교의 혁신교육활동 성과가 입소문 나면서 새학년도 신입생 지원율이 상한가를 올리고 있습니다. 내년도에는 2개 학급이 증설될 예정입니다. 근래 전국적으로 취학 인구가 급감하면서 학교급을 가리지 않고 모든 학교에서 재학생수와 학급 수 감소세가 심각한 실정인데, 우리 학교만은 예외적으로 새 아파트단지 입주 같은 인구증가 요인이 없음에도 불구하고 작년에 이어서 내년에도 학급 수가 증가하고 있는 극히 예외적인 학교가 되고 있습니다. 이는 교육수요자의 높은 만족도가 지역사회에 소문나면서 나타난 현상입니다.

소프트웨어교육의 성과

우리 학교의 가장 중요한 교육적 성취는 뭐니 뭐니 해도 소프트웨어교육의 독보적인 성과입니다. 2018학년도부터 소프트웨어교육이 초중등학교 정규교육과정에 편성됩니다. 우리 학교는 2014학년도부터 미래부 지정 소프트웨어교육 선도학교로서 이를 꾸준히 대비하여왔을 뿐만 아니라 많은 성과를 꾸준히 거둬왔습니다. 2015년 봄에 미래창조과학부 장관과 한국과학창의재단 관계자들이 우리 학교를 방문하여 수업을 참관하였으며, 수준 높은 소프트웨어교육의 성과가 KBS, YTN, EBS 등 여러 방송에 수차례 소개되었고, 관련 분야 최우수교로 선정되어 학교장과 담당교사가 2016년 1월에 영국에 연수를 다녀오는 등 소프트웨어교육에서 전국적으로 가장 앞서가는 학교로 이름을 떨쳤습니다. 덕택에 지도교사는 명강사로 소문나면서 여러 학교와 외부기관에서 강연 요청이 쇄도하고 있습니다. 특히 지난 10월 일산킨텍스에서 열린 교육부의 행복교육박람회에 참여한 우리 학교 부스에는 대통령이 직접 방문하여 학생들의 로봇 시연을 참관하는 영광과 언론의 관심을 받았을 뿐만 아니라 박람회 기간 중 가장 인기 있는 부스를 운영하는 학교라는 타이틀도 얻었습니다. 또, 11월 인천시교육청의 과학대제전에서도 정보과학 부스를 운영하여 수많은 관람객들에게 깊은 인상을 심어주었습니다.
이런 노력의 결과, 12월 21일에 서울 더케이호텔에서 열린 행복교육보고회에서 서원경 지도교사는 유공교사로 교육부장관상 수상을, 그리고 우리 학교는 기관단체 표창을 받았습니다.

올해 처음 시작된 자유학기제는 1학년 학생들에게 큰 만족과 감동을 주었습니다. 자유학기제 참여 기회가 없는 2, 3학년 학생들에게는 시기와 질투, 부러움의 대상이었지요. 활동을 마치는 시점인 12월 27일에 교내 곳곳에서 자유학기제 운영 결과 발표회가 열릴 예정입니다. 1학년 학생들을 대상으로 새롭게 시작된 자유학기제에서 학생들이 시험과 공부 부담을 던채, 자신의 재능과 특기, 그리고 감춰져 있는 끼를 찾아내는 기회를 얼마나 잘 보냈는지 확인할 수 있는 이 발표회를 기대해 봅니다.

풍성한 동아리활동과
체육활동

우리 학교의 자랑거리 가운데 뛰어난 것이 바로 동아리활동입니다. 교과 및 창의적체험활동 동아리, 봉사활동 동아리, 그리고 자유학기제 동아리까지 우리 학생들이 가장 좋아한 학교 교육활동 한가운데 풍성한 동아리활동이 있습니다. 전국 어디와 견주더라도 가장 훌륭한 교육활동이라고 내세워 손색없을 우리 학교 동아리활동은 학생들이 저마다 가진 특기와 장점을 더 잘 살려서 활동하고, 그 활동 경험이 쌓이면 장차 미래 진로 선택에 도움을 주는 교육프로그램입니다. 한 해 동안 교사 39명이 86개 동아리를 잘 조직하여 운영하고 있습니다. 먼저, 창의적 체험활동 동아리는 도서부, GM, 축구부, 또래상담부, 스크립터양성반, 십자수반, 독서치료반, 천연제품 만들기, 마태우스, 한국과학우주소년단, SM탐구부, 맛드림, 핸드볼, 미술창작, LC부(Listening

Comprehension), 유비쿼터스, 드림나비, 영화읽기, 누리단, 볼링부, 탁구부, SM창의융합부, 다큐멘터리 감상부, 보드게임, 기술DIY, 영화음악감상반, 영어독서반, 세계문화탐구반, HIH사랑나눔부, 문학여행부, 창의과학반, 생활소품만들기, 재미를찾아서, 미술사독서반, 영미영상감상부가 조직되었습니다.

자율 봉사 동아리는 책 먹는 여우, GM, Ubuntu, 수학심화탐구, 유비쿼터스, 역지사지, 마태우스, 핸드볼/피구, 학생기자단 소.나.기, mbs-방송부, 해오름 모둠북 난타, 드론스타, 밴드부, 바이올린부, 도담도담 또래상담, 반크, 한국청소년효행봉사단, 드림나비, HIH봉사단, SM창의융합부, B.Times(댄스동아리), 해밀(글로벌인재동아리), 라온(생일축하봉사단), 낙서(樂書)-책쓰기 동아리, 미술사랑봉사단, 인성복지도우미, 배움학교 도우미, 수라간, 해피해지기, 축구부 미들스타, 함께하는 우리, 소리연, 오타쿠, 만화덕후가 조직되어 활동하였습니다.

1학년 자유학기 동아리활동도 활발했습니다. 스크립터양성반, 한국사, 독서치료반, 천연제품 만들기, 방송댄스, 항공우주과학반, 맛드림, 만화창작반, 영화읽기반이 자유학기으로 활기찬 활동을 했습니다.

학생들의 외모만큼이나 개성과 취향이 다 다르듯 다른 분야보다도 동아리활동에서 유독 두각을 나타내거나 학교생활에서 가장 큰 애착을 잘 드러내는 경우가 많습니다. 그 학생들은 자유학기제 프로그램이 학교생활의 오아시스였다고 할 수 있습니다.

개학과 입학 이래 체육활동이 교내외에서, 교과시간은 물론 방과후와 휴일에도 연중 활발하게 진행되었습니다. 학교장컵 타기 축구, 핸드볼, 변형핸드볼, 피구대회를 학급별 대항전, 동아리대항전으로 개최하여 건강한 심신을 단련하도록 활발한 체육활동을 장려하여 애교심과 원만한 인간관계를 쌓는 데 도움 주었습니다. 실제로 건강한 체육활동이 활성화 되면서 학교폭력이 현저히 줄어드는 성과를 얻었으며, 피구동아리는 인천시장배, 남동구청장배 우승, 최우수선수상 등을 휩쓸었고 스포츠클럽대회 핸드볼 중학교부에서 준우승 하였습니다.

체육활동 가운데 가장 의미 있는 것은 기량이 뛰어난 선수들만의 체육활동이 아니라 모든 학생들이 차별 없이 함께 즐길 수 있다는 것입니다. 페어플레이를 중요한 가치로 가르치고, 체육대회는 모든 학생들이 협동하고 즐기는 놀이 형식으로 진행했습니다. 체육활동은 심신의 건강한 성장을 도모하는 가장 중요한 교육활동일 뿐만 아니라 남을 배려하고 학교를 사랑하고, 삶의 목표를 설정하는 데 큰 도움을 줍니다. 앞으로도 활발한 체육활동을 통해 단 한 명도 소외되지 않는 행복배움학교를 만들도록 하겠습니다.

학교 환경을
개선하기 위한 노력들

개교 이래 학교와 지역사회가 오랫동안 갈망해 온 숙원사업을 이루었습니다. 다목적강당과 급식소 신축사업이 바로 그것입니다. 지난달에 교육부 특별교부금으로 25억 5천만 원 사업비를 배정 받았고, 지자체 부담금을 합쳐서 32억 원 공사비를 확보했으며 설계과정을 거쳐 내년 5월 착공, 12월 완공을 예정하고 있습니다. 개교 이래 강당이 없어서 당해왔던 불편함을 내년 말까지는 완전 해소하게 되었고,

입학, 졸업식, 학교축제와 체육대회, 그리고 여름과 겨울철 혹한혹서기에 안락한 체육수업이 가능하며, 지하에 위치하여 안 좋은 학생식당 환경을 벗어나게 되었습니다. 또 내년에는 화장실을 전면 개수합니다. 개교 당시 만들어진 우리 학교 화장실은 요즘 신세대들에게 낯선 화변기 때문에 사용자 불만이 많았습니다만 내년 여름방학이면 불만이 일거에 해소될 것입니다.

학교와 지역사회의 오랜 소망이 행복배움학교가 출범한 해에 성취되었다는 사실 하나만으로도 더 이상 바랄게 없을 만큼 행복합니다. 사실, 이 밖에도 올해 계양구청의 지원금으로 도서관 시설을 개선하고 컴퓨터실 교육용 컴퓨터를 전부 확충했으며 사물함, 책걸상, 교탁 교체, 방송실 현대화 사업, 운동장 평탄작업 등 헤아릴 수 없을 만큼 많은 교구를 확보하고 시설을 정비하여 학생들에게 쾌적한 환경을 제공하였습니다.

이런 노력들이 소문나고 인정받아서 상도 많이 받았습니다. 지난 11월말에는 교육부에서 '공교육정상화 모델학교'로 선정해 주었고, 교육부 홍보팀에서 내교하여 교육활동을 하루 종일 촬영해 가기도 했습니다. 정보부장 선생님은 교육활동 유공교원으로 선정되어 12월 21일에 교육부장관상을 수상하고, 우리 학교는 우수학교로 기관단체표창을 수상합니다. 학교운영위원장님은 활동 공적을 인정받아 12월 15일에 인천시교육감의 표창장을 받았습니다.

행복의 선순환 구조

우리의 성공 비결은 행복의 선순환 구조를 잘 만든 덕택이라고 생각합니다. 행복의 선순환 구조는 학생, 학부모,

교사 등 교육 3주체들이 서로 신뢰를 구축하고 민주적, 인간적 관계가 만들어질 때 가능합니다. 그리고 그 행복의 선순환 동력은 사랑과 인정과 칭찬입니다. 교사의 칭찬을 아끼지 않는 지도, 긍정의식과 자존감이 높은 학생, 그리고 교사에 대한 학부모의 신뢰와 존경이라는 긍정의 바퀴가 서로 맞물려 돌아갈 때 선순환이 이루어진다고 믿습니다.

잘 되는 집안은 무엇을 해도 잘 된다고 합니다. 올 한 해도 '언제나 가장 낮은 자세로 정성을 다 하겠다'는 약속을 꼭 지키도록 노력하였습니다. 그리고 '처음처럼' 언제나 초심을 잃지 않으면서 학생과 교사들의 잠재 능력을 이끌어내는 데 최선을 다했습니다. 교사와 학생들이 소망하고 기획하는 어떤 활동 프로젝트에도 진심을 다해 지원했고 항상 오케이로 화답했습니다. 그 결과가 이런 성과로 나타났습니다. 특히, 지역사회와 학부모님들의 성원이 가장 큰 성공비결입니다. 변혁의 시대를 맞아 학교의 변화를 요구하고, 또 변화의 노력을 반기고 응원해 주신 학부모님들의 힘이 꾸준히 쌓여서 성과의 결과물이 나오는 것이지 어느 날 하늘에서 성과가 뚝 떨어지는 법은 없거든요.

행복교육을 총괄기획하고 빈틈없이 운영한 홍지영 배움연구부장, 학사일정을 유기적으로 잘 구성하고 한 치 빈틈없이 운영한 임진아 교무기획부장, 친인간적 학생 지도와 돈독하게 학교와 지역사회의 유대관계를 구축한 이현주 생활안전부장, 발군의 소프트웨어교육으로 뛰어난 능력을 보여준 서원경 정보학력부장, 학생 자치역량 강화와 동아리활동 활성화에 헌신한 안영지 행복자치부장, 체육활동 활성화로 심신이 건강한 학교를 만든 권오민 체육보건부장, 즐겁고 행복한 진로교육 활동을 기획 실천한 배명희 미래진로부장, 다문화교육과 자유학기제 성공에 헌신한 김경숙 1학년부장, 그리고 몸 사리지 않고 교육활동 지원에 노력해 준 이충율 행정실장, 모든 교직원을 포근하게 감싸주면서 꼼꼼하게 지휘한 최은혜 교감 선생님의 오케스트레이션이 구체적인 교육활동 실적으로 열매 맺고, 학교 브랜드 가치를 최고로 만들어 주었습니다. 물론 학교장의 혁신교육 이념에 동의하고 행복배움에 동참하여 교육과정을 충실하게 뒷받침 해준 모든 교사들의 드러나지 않는 헌신이 있었기 때문에 가능했습니다.

금년이 우리 학교 개교 이래 최고 영광의 해였습니다. 또, 학교장으로서도 이토록 전국적으로 유명해지고, 행복배움학교의 모범 사례가 되고, 수많은 수상 실적 덕택에 학교 브랜드 가치가 수직상승하고, 지역사회에서 선호하는 학교가 되고, 다목적강당 및 학생식당 신축과 화장실 전면 리모델링 사업 등 교육 인프라를 만족스럽게 확보한 만큼, 함께해 주신 학부모와 지역사회, 학생들과 교직원 모두에게 큰 절을 드려서 이 기쁨을 공유하고 싶습니다.

—

사람은
모두 아프다

—

소설가 최인호의 타계

　　　　　　　20세기 후반에 이름을 떨쳤던 유명한 소설가 최인호 씨의 암 투병 소식을 언론에서 큰 관심을 갖고 알리더니 얼마 지나지 않아 타계 소식 역시 각종 미디어가 요란하게 전하던 기억이 아직도 생생합니다. 문화계에서 그분이 차지한 몫이 컸기 때문일 겁니다.

내게 그분은 여러 가지 기억으로 남아 있습니다. 이제는 온통 퇴색한 흑백사진처럼 지나가 버린 1970-80년대 산업화시기에 톡톡 튀는 감수성을 담아서 신선하고 강렬한 인상을 주었던 그의 소설 '별들의 고향'은 신문연재 때부터 장안의 화제였고, 인기 여세를 몰아 영화화 되면서 흑백필름 같은 그 시대를 원색으로 채색해 주는 역할을 했다는 평가를 받았고, 이후에도 그의 창작활동은 활발하게 계속되면서 어느새 유명작가가 되었습니다. 한동안 유행했던 단어를 빌리자면 그가 '문화권력'이 되어 있었던 것입니다.

그때 당시 그는 청년문화라는 한 사회 현상의 대표주자격으로 거론되면서 젊고 세련된 문체로 잘 담아냈다는 평가를 받는 그의 작품들을 한때 꽤 좋아했는데, 스토리나 주제의식보다는 톡톡 튀는 그의 글 솜씨에 반했기 때문이었습니다.

일찍이 고교생으로 신춘문예에 당선되어 현역작가가 되고, 일찍 문화계 유명인사가 된 그는 꾸준히 작품을 써 냈는데, 나는 그 가운데서도 어떤 책을 주목하였습니다. 당대에 유명했던 월간잡지 '샘터'에 십년 가까이 연재한 글들을 단행본으로 묶어 펴낸 '가족'시리즈가 그것입니다. 이제는 세월이 많이 지나 표지까지 누렇게 퇴색한 그 책을 나는 아직도 잘 간직하고 있습니다. 책 표지 속에서 그는 가족들과 함께 젊고 행복한 아빠로 멈춰 있습니다.

그 잡지는 평범한 보통사람들에게 일상생활 속에서 행복을 찾으라는 당부를 담은 메시지의 상징과 같은 책이었고, 그 속에서 그는 신혼생활부터 시작해서 예쁘고 젊은 아내와 함께 어린 딸 '다혜'와 아들 '도단'이의 성장과정을 일상생활 스케치 중심으로 편안하고 안전한 가정의 울타리 안에서 아웅다웅 살아가는 행복한 모습으로 잘 담아냈습니다. 글 속에서 그의 가정은 결코 깨지지 않는 철옹성처럼 단단하면서 단란해 보였습니다.

세월이 한참 지나고 잊혀져가던 그분의 근황을 몇 년 전 다시 듣게 되었습니다. 정확하게는 그가 암 투병 중이며, 투병기 성격의 새 책이 출간되었다는 소식이었습니다. 문학계에서 드물게 세속적 성공을 거둔 그분에게도 세월과 병마는 그저 스쳐지나가지 않았습니다.

이 책에서 오래 못 보던 동네 형을 만나듯 젊고 패기 넘치고 장난꾸러기 같았던 청년 최인호가 어떤 모습의 노인이 되었는지, 이제는 병든 몸으로 삶과 인생을 어떻게 바라보고 있는지 궁금하기도 하고, 한편으로 육성을 확인할 수 있겠다는 반가운 마음에 얼른 신간서적을 구입했습니다. 제목은 '최인호의 인생', 젊은 시절 '가족' 속에서 다혜와 도단이는 어린이었는데, '인생'에서 자녀들은 이미 결혼하였고, 작가는 다음 세대인 손자 '정원'이와 '윤정'이의 일상 이야기를 하면서 행복해 하지만, 육신은 이미 깊이 병들어 있었습니다.

이 책은 2008년 5월 그가 첫 수술을 받고 난 이후에 쓴 글들을 모은 것입니다. 1부는 어떤 가톨릭잡지에 연재했던 글이고, 2부는 수필 성격이었습니다. 특히 말미에 담긴 유명인사들과 맺었던 인연을 알리는 글들이 눈길을 끌었습니다. 그 유명인사들은 모두 이미 우리 곁을 떠나서 별이 된 분들이지만 전설로만 남아 있는 그 큰 어른들과 맺었던 만남과 이별의 사연에 가슴 뭉클했습니다.

최인호가 만난 사람들

제일 처음 이야기는 '울지 마 톤즈'라는 다큐 영화로 큰 감동을 주었던 고 이태석 신부와의 만남입니다. 아프리카 수단에서 봉사활동을 펼치면서 기적을 만든 인물로 유명한 신부님과 소설가 두 분이 다 육신에 병이 깊은 채 같은 병실에서 잠깐 스치듯 만났던 인연을 소개하는 줄거리가 담겨 있습니다.

두 번째로 고 김수환 추기경과 만났던 인연을 소개합니다. 독실한 가톨릭신자인 그는 추기경과 특별한 인연은 없었다고 미리 맥을 끊지만, 대여섯 번 뵌 적이 있다고 합니다. 신문사 인터뷰로, 함께 모이는 식사모임에서 두어 번, IMF 때 금모으기 활동 하면서 한 번, 그리고 신문사 주최 미술 전람회장에서 만난 적이 있다고 하는데, 옷깃만 스쳐도 인연인 인생사-

에서 이 모든 만남들은 다 나름의 의미가 있지 않았을까요? 그런데 그와 추기경의 마지막 인연도 병원에서 이루어집니다. 공교롭게 그는 추기경과 같은 병원의 같은 병동에 입원하게 되었답니다. 그래서 개인적인 병문안을 생각하지만 추기경의 심신이 극도로 쇠약해졌다는 소식에 끝내 문병을 하지 못했다는 아쉬움을 털어놓으면서 이야기를 맺습니다.

세 번째로는 유명한 수필 '무소유'의 필자이자 실제로 평생 무소유를 실천한 법정 스님과 맺은 인연을 소개합니다. 법정 스님이 아직 초보스님 시절, 식사 준비 하면서 수채에 흘린 몇 알 밥알과 시래기 등 음식 쓰레기를 제자 앞에서 모조리 주워 먹으면서 큰 가르침을 주었다는 스승의 일화는 유명합니다만 나는 법정 스님의 친조카와 고등학교를 함께 다닌 인연 덕택에 각별한 친근감을 느낍니다. 친구의 삼촌이니 내 삼촌이나 다름없기 때문입니다. 실제로 그 친구도 고교 졸업 후 곧바로 출가하여 지금은 꽤 유명한 원로스님 반열에 들어 있고 십여 년 전에 그 친구스님의 절에 들러 산사음식을 맛있게 먹었던 추억이 있습니다.

작가 최인호는 독실한 가톨릭 신자였지만 불교와도 인연을 맺고 불교소설을 쓰는 등 종교나 자기세계에만 매이지 않고 독서와 경험을 넓게 넘나들며 쌓은 내공이 대단한 작가입니다. 장편소설 '길 없는 길'이 바로 법정스님을 엄하게 가르쳤던 스승 경허 스님의 일대기를 다루면서 불교의 역사와 정신을 담아낸 이색적인 작품이자 법정 스님과 맺은 인연의 하나이며, 이 소설 출판과 관련하여 스님과 자주 만난 인연이 있다는 이야기를 합니다.

저마다 병든 사람들

　　　　　　　　　　살아생전 유명했던 이 작가가 세상을 떠

난 지 벌써 4년여가 지났습니다. 육신이 병들어 고통스럽던 이승을 떠나 이제는 고통 없는 그곳에서 편안하겠지요. 세상에 아프지 않은 사람이 누가 있을까요? 예수인들 십자가에 매달렸을 때 고통이 없었을까요? 육신 여기저기에 병마가 쳐들어와 고통스러운 사람이 있는가 하면, 타고난 장애로 힘들어 하는 사람, 마음이 병들어 힘든 사람도 있고, 가족을 비롯한 주변 사람들과 불화하거나 직장이나 학교의 동료들과 갈등을 겪으면서 힘들어하거나 그 사람의 곁을 지키면서 마음이 병들어 힘든 사람도 지천으로 널렸습니다. 세상의 온갖 권력과 금력을 다 가진 사람이라도 세상에 육체와 정신을 막론하고 아프지 않은 사람은 단 하나도 없습니다.

나도 살 만큼 살다 보니 그동안 여러 가지 질병과 아픔, 고통도 겪었습니다. 유아기 때 장티푸스, 백일해에 걸려서 어린 게 고생깨나 했다고 팔순 노모는 요즘도 가끔 내 어린 시절 이야기를 들려주십니다. 젊은 시절 찾아온 장염이 고질병이 되어 평생을 고생했고, 성인이라면 다 걸린다는 치질로 고통도 겪었으며, 가슴에 걷잡을 수 없는 통증이 반복적으로 나타나 몇 차례 응급실에 실려 갔다가 담낭염이라는 진단을 받고 복강경으로 쓸개를 떼 내는 수술도 받았습니다. 그래서 나를 알릴 일이 있을 때면 '내가 바로 쓸개 빠진 놈'이라고 소개합니다.

결혼한 지 몇 년 안 되었던 젊은 시절 어느 날, 와이프 직장에서 긴급전화가 왔습니다. 처가 쓰러졌으니 모 병원 응급실로 빨리 가보라는 전갈이었습니다. 황급히 응급실에 가 보니 환자는 멀쩡한데, 큰 병원에 가보라는 의사의 소견서를 받아들고 대학병원에 갔더니 췌장에 고장이 났다는 진단을 받았습니다. 췌장 고장이라면 6개월을 못 넘긴다는 주변의 말에 가슴이 덜컥, 하늘이 무너지는 듯 정신이 아득하였는데, 수술 받고 조직검사-

결과, 천만다행으로 환부를 떼 내기만 하면 되는 양성종양으로 최종 진단이 나와서 지옥과 천국을 오가는 경험을 하였습니다.

몇 년 전부터는 고혈압과 고지혈증 진단을 받고 평생 먹어야 한다는 성인병 약을 복용하고 있습니다. 또 모르죠, 환갑이 넘었으니 불원간에 당뇨 진단을 받지 않을까 조바심 나는 나날을 보내고 있지만, 진단이 나온들 별 이상하지도 않을 만큼 나이를 먹어 버렸습니다. 게다가 조상님 덕택에 지금껏 치아만큼은 튼튼하다는 말을 들어왔는데, 최근 충치가 연발하여 비싼 비용 치르면서 여러 개 크라운치료를 하느라 성한 이가 별로 안 남았고 몇 년 뒤에는 그마저도 하나둘 임플란트로 교체해야 하지 않을까 생각하면 불안합니다. 오래전 결혼도 안 한 동생과 사별하는 불행도 겪어 보았고, 암 투병 하시다 선친이 별세한 지는 어언 십여 년이 지났습니다. 일가친척 가운데도 암 투병하다 별세하는 분이 하나둘 늘어나니 언젠가는 내 차례도 오겠거니 생각하지만, 그래도 환갑은 넘겼으니 사는 날까지 건강하게 살다가, 그날이 오면 '이 멋진 세상 소풍 나왔다가 돌아간다'고 노래한 어떤 시인의 마음으로 맞이하려고 생각합니다.

고통을 주는 가족들

그동안 나는 어떤 공영방송에서 오래 방송했던 '달라졌어요' 프로그램을 즐겨 보았습니다. 주로 부부간, 부자간, 모녀간, 혹은 세대 간 가족 사이에서 오랜 기간 쌓인 오해와 불통 때문에 생긴 심각한 갈등이 곪아터지기 직전 단계까지 치달은 상태에서 지푸라기라도 잡고 싶은 절박한 심정으로 방송 공개를 감수하고까지 정신과 의사 상담과 심리, 연극, 놀이, 미술치료 전문가들에게 매달려서 받게 되는 마지막 처방전이 이 프로그램이었습니다.

세상에서 가장 가까운 사이기에 서로 너무나 잘 안다고 생각하는 부부와 가족이지만 사소한 오해에서 비롯되어 의사소통이 막히고, 또, 오랜 기간 부당한 권위나 권력관계 때문에 인간관계가 단절되면서 일어난 불행한 사례들을 지켜보면서 참 많은 생각을 했습니다.

가정의 불행은 당연히 부부에게서 시작됩니다. 남녀 성별 차에 따라 확연히 다르게 세상을 바라보는 세계관의 차이에다 부부가 각자 다른 가족의 경제적, 사회적, 가족적 배경이나 부모나 보호자의 양육 태도 차이 때문에 성장과정이 천차만별인 청춘남녀들이 일시적으로, 또는 단기간에 서로 사랑해서 만나지만 막상 너무나 다른 가치관과 인생관은 가정에 아름다운 하모니를 만들어 내기보다는 오히려 심각한 갈등을 만들어 내기 쉽습니다. 게다가 결혼이 당사자 둘만의 문제가 아닌 가족과 사회가 결합하는 제도의 문제라서 쉽게 풀기 어렵고, 사랑하지 않는 부부 사이에서 태어난 자녀들에게 천형이 되어버린 불행은 의외로 우리 주변에 지천으로 널려있습니다.

수많은 상담사례와 해결과정을 흥미롭게 지켜보면서 스토리는 모두 다르지만 공통점이 있다는 것을 알게 되었습니다. 세상 모든 사람들은 아프다는 사실입니다. 육신의 질병은 말할 것도 없지만, 모든 사람들이 성장기에 행복하지 않으면 아파서 고통 받게 되고 상처 입고, 또 상처는 트라우마가 되어 성인이 된 다음에도 행복하게 하지 못하는 중요한 걸림돌이 됩니다. 모든 출연자들은 공통적으로 자존감이 매우 낮았고, 사랑하는 방법을 몰랐습니다. 아픔의 한가운데 꽁꽁 감춰진 낮은 자존감이 성인이 된 다음에는 가정의 불행으로 연결되었습니다. 하지만 해답은 간단합니다.

나와 부모와 가족, 동료와 학생들, 학부모를 귀하게 여기면 됩니다.

인기직업이 된 교사

4차 산업혁명의 물결이 거칠게 일어나고 있는 요즘, 젊은이들이 학교에서 배우고 있는 지식이 장차 직업을 가지는 데 어떤 도움이 될지 아무도 확신하지 못하는 것이 요즘 학교의 고민입니다. 머지않아 도래할 미래 세계에 대한 전망에 확신이 없기 때문입니다. 그럼에도 불구하고 교직은 요즘 최고 인기직업이 되었습니다. 장래의 직업 안정성이나 발전가능성에서 만점짜리 직업은 없습니다만, 취업이 하늘에 별 따기인 요즘, 공무원으로 신분을 보장받을 수 있다는 점 하나만 봐도 매력을 느낄 만합니다. 임용시험을 거쳐 채용되는 교사는 대개 10대1 정도의 경쟁률을 뚫고 임용됩니다. 양질의 일자리가 갈수록 줄어드는 시대에 교사 선발 임용시험은 사법고시 수준으로 인기가 높고 좁은 관문을 뚫은 신규교사는 선망의 대상입니다. 교사 자격증을 얻기 위해서는 사범대학 졸업이나 일반대학 교직과정 이수를 거치고 반드시 교생실습을 마쳐야 하며, 다시 임용시험이라는 엄격한 과정을 거쳐야 얻을 수 있는 어려운 직업이 교직입니다. 실제로 최근 교사 임용시험 합격자 분석 자료를 보면, 중등학교 최상위권 출신이 다수라 합니다.

하지만 어려운 관문을 통과하여 교사가 되더라도 학교 현장이 녹록치 않은 것이 현실입니다. 갈수록 사람들의 세대차, 생각의 차이는 급격하게 벌어집니다. 세상의 변화가 갈수록 빨라지기 때문입니다. 그래서일까요? 한 세대를 과거에는 30년으로 셈했지만, 요즘 학생들을 대하다보면 세대차가 3년 정도로 과거보다 10배는 단축된 거 같다는 생각이 들 지경입니다. 그래서 교사들은 학생 생활지도를 더욱 어려워합니다. 교사가 과거처럼 존경받기는 불가능합니다. 노인들이 존경받기 어려운 현실은 현대가 권위를 상실한 시대이기 때문입니다. 과거 장로나 스승, 노인들에게는 오래 살면서 획득한 권위가 있었습니다. 하지만 국민일반의 학력수준은 수직상승했고, 스마트폰으로 대변되는 세상의 온갖 지식이 온라인에 넘치는 시대에 과거의 권위는 설 자리를 잃어버렸습니다. 교사도 권위를 잃어버린 것은 노인들과 같습니다.

그래서일까요? 올해 선생님들이 많이 아픕니다. 어떤 분은 손목이 저리더니 손가락 몇 개에 마비증상이 온다고 일상생활의 불편함과 함께 고통을 호소합니다. 어떤 분은 가슴에 통증을 느끼기 시작했다고 하더니 심장혈관 치료가 필요하다고 병원에 입원했습니다. 어떤 분은 어지럼증이 심해졌다고 하더니 일주일간 절대안정이 필요하다는 진단서를 제출하고 병가에 들어갔습니다. 목소리가 갈라지더니 목이 잠긴다고 약을 드시는 분도 있고, 임신초기 절대안정이 필요하여 병가를 낸 분도 있습니다.

교사의 공백이 주는 타격

예전에 가뭄이 들면 임금이 베옷을 입고 기우제를 드리고 자신의 덕이 부족한 탓이라고 자책하면서 거친 음식을 먹고 언행을 삼가면서 하늘의 뜻을 기다렸다고 합니다만, 학교장으로서 선생님들의 투병 소식은 걱정되는 일입니다. 한 학기를 마칠 즈음에는 정기고사는 물론 수행평가 등 학생 활동 실적을 계량화하고, 마감도 해야 하고, 예정했던 교과 진도와 학습지도를 정리하는 등 마쳐야 할 일이 많은데, 이 시기 교사의 공백은 치명적이기 때문입니다. 게다가 학년말이라서 학업에 싫증 난 학생들을 특별히 잘 챙겨주는 것도 교사의 몫입니다.

만약 학교에 방학이 없다면 어떻게 될까요? 한 주간 열심히 일 한 성인들이 주말을 쉬면서 휴식하고, 다음 주를 대비하는 것과 똑같습니다. 방학 때 학생은 물론 교사도 휴식과 재충전이 필요하고, 한 학기를 마감하면서 학생에 대한 교과 성취 평가 마무리를 해야 하고, 문장으로 진술되는 학생마다의 성장 모습을 입력해야 하며, 다음 학기 학생 지도를 위한 계획 수립과 준비가 진행되어야 합니다.

싯다르타 부처님이 세상에 태어나서 좌우 일곱 걸음을 걸으면서 '천상천하 유아독존(天上天下唯我獨尊)'을 외쳤다고 합니다. 세상에서 가장 귀한 것이 사람입니다. 그 가운데서도 자존감이 강한 사람이 세상에서 가장 귀한 사람입니다. 올 여름방학에 학생들이 가정에서 예외 없이 귀한 존재로 대접 받으면서 가족과 함께 자존감 강한 자녀로 거듭나기를 진심으로 기대합니다. 그리고 귀한 우리 학생들을 잘 지도해 주신 귀한 선생님들도 모두 건강한 모습으로 2학기에 뵙기를 기대합니다.

—

필하모닉을
꿈꾸다

—

플루트 연주자

왕년의 명수필가 겸 영문학자 피천득의 수필 '플루트 연주자'는 교과서에도 실렸던 글인데 내용을 간추리면 다음과 같습니다.

'오케스트라의 지휘자는 찬란한 존재이지만 모두가 지휘를 할 수는 없다. 단원 각자의 맡은 바 기능이 전체 효과에 종합적으로 기여된다는 것은 특별하다. 독주가 없더라도 남의 파트가 연주되는 동안 기다리는 것도 소리 없는 연주다.
나는 어떤 존경받는 지휘자 밑에서 이름 없는 플루트 연주자가 되고 싶다.'

교향악을 연주하는 집단을 오케스트라라고 하죠? 최소 몇 십 명에서 일백 몇 십 명 단원으로 구성되는 오케스트라, 교향악단의 규모나 위엄을 보면 기가 질립니다. 지휘자는 말할 것도 없거니와 각 악기 파트별로 번쩍이는 가지각색 악기를 든 연주자 한 명 한 명이 그 자리에 설 수 있기까지 얼마나 많은 시간과 노력, 비용과 부모형제의 희생과 헌신이 있었을까를 생각하면 자못 경건한 느낌이 들고, 또 그 사람들을 일백여 명씩이나 모을 수 있는 능력의 교향악단이라면 새삼 말해서 무엇하리오. 그래서 나는 세상에 존재하는 수많은 오케스트라 단원들을 존경합니다. 특히 백발이 성성한 연주 단원이 열정적으로 활을 당기고, 트럼펫 힘차게 부는 모습을 보면 저절로 고개가 숙여집니다.

인천시립교향악단, KBS교향악단도 있지만, '오케스트라'하면 대개는 카라얀의 '베를린 필하모니 교향악단'이 떠오를 것입니다. 예전에 지휘봉을 들고 잠시 눈을 감고 있는 그의 흑백사진은 웬만한 음악다방이나 학교 음악실 어디에 가나 당연히 걸려있던 카리스마 그 자체였고, 그때가 바로 그의 시대였습니다. 헤르베르트 폰 카라얀(Herbert von Karajan)은 오스트리아 출신으로 현대에 가장 유명한 지휘자 가운데 한 명이자 음반 녹음을 세계에서 가장 많이 한 지휘자로 유명한데, 베를린 필하모니를 1955년부터 35년간이나 지휘했습니다.

베를린 필하모니는 2002년까지 Berliner Philharmonisches Orchester로 불렸고, 이후 Berliner Philharmoniker로 불리는 독일 대표 악단일 뿐 아니라 전세계 클래식 교향악단 중 제일이라는 데 이의를 제기할 사람이 없을 것입니다. 실제로 이 악단을 지휘한 역대 지휘자 이름을 보면 그 무게감을 단번에 느낄 수 있습니다. 한스 폰 뵐로, 아르투르 니키슈, 빌헬름 푸르트벵글러, 세르주 첼리비다케, 헤르베르트 폰 카라얀(1955-1989), 클라우디오 아바도(1989-2002), 사이먼 래틀(2002-)이 그 주인공들입니다.

대부분의 교향악단 이름에 들어있는 '필하모닉(philharmonic)'이란 무슨 뜻일까요? 사전을 보면 '음악 애호의, 음악협회의, 음악협회, (대문자의 경우, 명칭으로 쓰이는) 교향악단, 악단의' 의미이고, 음악용어로는 '교향곡을 연주하는 큰 규모의 연주가 집단'이라고 풀이합니다. 결국 필하모닉은 '음악 애호– 음악을 좋아한다'는 뜻입니다.

필하모닉 오케스트라(Philharmonic Orchestra)도 마찬가지로 해석이 가능합니다. 유럽에서는 19세기부터 음악 애호가들이 주축이 되거나 주요 직위를 맡아 '필하모닉협회(philharmonic society)'가 조직되었고, 산하에 관현악단으로 창단된 악단들을 일컫게 되면서부터 이 용어가 사용되어 오늘에 이르고 있다고 생각하면 됩니다.

지휘자에 따라 다른 연주

나는 실내악 감상을 무척 좋아합니다. 장르 불문하고 클래식 음악을 다 좋아하지만 교향곡의 전설인 베토벤의 교향곡이라도 좋아하는 곡만 듣습니다. 그러나 예외적으로 브람스와 말러의 교향곡은 하나도 빼지 않고 귀가 뚫어져라 듣고 또 듣는 필하모니 마니아 '말러리아'고 '말러리안'입니다. 말라리아처럼 말러에게 감염되면 헤어나지 못하는 운명이 말러리아입니다.

구스타프 말러의 교향곡 3번은 전곡 연주에 1시간 46분 정도 걸립니다. 천 명이 출연한다고 천인교향곡으로 유명한 교향곡 8번도 1시간 30분 정도 걸립니다. 똑같은 악보를 연주함에도 불구하고 지휘자가 누구냐에 따라 연주시간에 10분 이상 차이 나기도 하는데, 이는 텍스트와 기호로 기록된 악보를 지휘자가 어떻게 해석하고 단원들에게 어떤 연주를 주문하느냐에 따라 달리 나타나는 결과라고 합니다. 하지만 신기하게도 듣는 사람의 귀에는 시간차가 나는 두 연주 사이에서 큰 차이를 느끼지는 못합니다. 만약 지휘자가 누구냐 여부에 상관없이 똑같은 연주시간이 나온다면 그건 예술이 아니라 공산품일 것입니다.

거의 쉬지 않고 두 시간 가까이 오케스트라를 지휘하려면 엄청난 체력이 필요하겠지요? 음색과 연주 파트가 다 다르고, 나름대로 권위와 일가견을 가진 백여 명 개성 강한 연주자들에게 지휘자가 곡을 해석하고 주문하여 연주하게 하려면 단단한 체력과 함께 자신만의 곡 해석력과 단원들을 주도할 수 있는 능력과 카리스마가 있어야 합니다. 그래서인지 지휘자는 독재자로도 불립니다.

'비엔나 필하모닉 오케스트라'로 '말러'의 '천인교향곡'을 지휘하는 '레오나드 번스타인'의 신들린 듯한 1시간 25분짜리 지휘 영상을 보노라면 세상의 온갖 사랑과 고통과 번민, 아픔과 기쁨, 자랑스러움과 환희의 느낌을 그의 얼굴에서 읽어 낼 수 있습니다. 자신의 해석을 담은 연주를 주문하고, 처음부터 끝까지 천 명의 연주자, 합창단원과 함께 지휘해 가는 모습에서 인간의 경지를 벗어난 차원의 숭고한 기쁨과 행복을 읽습니다.

이 영상에서 젊은 시절의 Judith Blegen(소프라노), Hermann Prey(바리톤) 등 낯익은 성악가들의 얼굴을 보는 기쁨은 덤입니다. 또 브라스밴드 9명이 실내에서 가장 높은 발코니 위에 따로 선 채 새끼 지휘자의 별도 지휘에 맞춰 연주하는 1부의 끝 장면, 2부 파우스트 주제의 피날레 부분은 다른 곡 연주에서는 결코 볼 수 없는 힘차고 경악스럽고 충격적 인상으로 즐겁게 해 주는 또 다른 덤입니다.

모두가 함께
어우러지는 것의 소중함

　　　　　　　피천득 선생의 수필 '플루트 연주자' 이야기로 돌아옵니다. 이 글에서 그는 자신의 음악 애호와 따뜻한 인간애, 자상함, 그리고 조화와 욕심 없는 삶의 태도를 잘 밝힙니다. 존재감이 좀 없더라도 플루트 연주자로서 자신의 역할을 충실히 수행하여 오케스트라의 조화에 기여하고 싶다는 소망을 콘트라베이스와 바순, 팀파니 등 중심이 아닌 변방 악기들의 역할과 함께 말하고 있습니다.

전체의 조화를 위해서 구성원 각자의 역할이 중요하다는 말을 하고 있지만, 맡은 역할의 중요성 여부에 상관없이 모두가 함께 어우러지는 것의 소중함과 함께 세상에 아름답지 않은 것은 하나도 없다는 미적 가치에 대한 통찰을 말하고 있는 것은 아닐까 생각해 봅니다.

사실 직업에 귀천이 없다는 말을 교실에서 우리는 귀가 뚫어지도록 들으면서 자라지만, 막상 현실로 돌아오면 화이트칼라와 블루칼라, 정규직과 비정규직, 대기업과 중소기업직의 구별과 차별에다가 엎친 데 덮친 격으로 이제는 취업 일자리 찾기마저 극히 어렵다는 차가운 현실에 부닥치면서 충격을 받고, 현상 탈출에 전전긍긍 목매게 되는 것이 요즘의 현실입니다.

문제는 4차 산업혁명의 진전과 함께 발전하는 디지털 인공지능과 자동화 추세가 갈수록 진전되면서 양질의 일자리 취업난과 빈익빈부익부 현상이 심화될 수밖에 없는 현대 사회구조의 개선에 대한 전망이 극히 비관적이라는 것입니다.

또 이런 것들을 개인의 문제로 볼 것인가, 아님 사회 구조적인 모순문제로 접근할 것인가 하는 고민에 빠지게 됩니다. 전자는 '하면 된다.'로 대표되는 1970년대식 개인의 노력과 칠전팔기 정신, 오바마의 'Yes, We can!' 구호를 따르자는 상황에 부딪히게 됩니다. 하지만 저 논리는 문제의 원인과 진단, 대책 모두를 개인에게 책임 지웁니다. 후자의 경우는 사회의 구조적 모순을 해소하는 데 관심을 가져야 해결될 수 있지만, 개인이나 소수의 사람들만으로는 접근할 수 없는 어려운 문제입니다. 그렇지만 해결이 어렵다고 모두가 손 놓고 있으면 어떤 것도 얻을 수 없습니다. 그래서 우리에게는 대의민주주의가 있고, 선거가 있습니다. 우리가 선거에 기대하는 것도 선출직공무원들이 후자의 문제를 해소해 줄 수 있을 것이라고 믿기 때문이고, 실제로 이런 제도가 우리 사회를 건강하게 유지시켜 주는 존재 이유일 것입니다.

불행한 학생은
불행한 사회를 만든다

우리가 가르치는 중학생들에게 딱 맞아 눈길 간 글을 요 며칠 전에 읽었는데 소개합니다.

'불행한 학생은 불행한 사회를 만들 뿐이다.'
http://www.huffingtonpost.kr/joonkoo-lee/story_b_16200598.html?utm_hp_ref=korea
OECD가 15세 학생들의 만족도를 조사했더니 한국은 10점 만점에 6.36을 기록해 OECD 회원국 중 꼴찌에서 둘째였다고 합니다. 이는 OECD 회원국 평균점수 7.31을 크게 밑도는 수치이고, 연세대 사회발전연구소 조사 결과도 우리나라 청소년들의 주관적 행복지수가 OECD 22개국 중 꼴찌였다고 합니다.

어린 세대 교육의 가장 중요한 목적은 그들이 인간다운 삶을 누릴 수 있는 능력을 배양해 주고, 행복한 삶을 꾸려갈 수 있는 능력을 키워 주고, 이와 동시에 함께 모여 사는 공동체 일원으로서 갖춰야 할 기본적 자질을 가르쳐 주는 것입니다. 남을 배려하고 어려운 이웃을 돕는 자세가 몸에 밴 사람이 많을수록 더 좋은 사회가 될 수 있으니까요.

학생들의 얼굴에 다시 웃음을 찾아주는 데서부터 시작해야 합니다. 미래의 삶에서 행복은 고사하고 당장 지금의 삶이 불행하다고 느끼게 만드는 교육이 무엇에 쓸모가 있겠습니까? 어린 학생들은 비명을 지르고 있는데 본 척도 하지 않고 4차 산업혁명 따위나 부르짖는 것은 부질없습니다.

불행한 청소년이 성장하면 불행한 성인이 될 것이고, 그런 사람들로 가득 찬 사회는 불행한 사회일 수밖에 없습니다. 불행한 사회를 만드는 교육은 아무 쓸모가 없을 뿐 아니라 불행한 일입니다. 무엇보다 불필요한 공부의 부담을 덜어내야 합니다. 그 시간에 소설 읽고 공 차게 만드는 게 훨씬 낫지 않습니까? 역설적이게도 창의성은 게으르게 놓아 둔 두뇌에서 더욱 활발하게 작동하는 법입니다.

전적으로 공감합니다. 인간은 태생적으로 존귀하고 행복할 권리가 있습니다. 하물며 미래의 주인공인 학생들의 행복이 걸린 문제라면 새삼 말해 무엇하리요. 기성세대는 청소년의 행복을 보장해야 할 책임이 있고, 교사라면 행복교육 실천에 무거운 책임감을 느껴야 합니다.

'공동체'라는 용어가 있습니다. 협동조합도 비슷한 개념입니다만 유럽공동체, 원시공동체, 경제공동체, 지역공동체, 생활공동체, 농촌공동체 등 운명이나 생활, 목적 등을 같이하는 두 사람 이상의 조직체이고 혈연, 지연,

우정 등과 같이 인간에게 본래 갖추어져 있는 본질 의사에 따라 이루어진 유기적 통일체로서의 사회가 바로 그것입니다. 그 속에서는 구성원 모두가 유기적 관계를 맺게 됩니다.

아름다운
교육공동체를 만들기 위하여

학교는 다음 세대들의 교육과 우리 사회 공동체의 미래를 위해서 모인 교육공동체입니다. 그래서 공동체 구성원들이 함께 모여 필하모닉의 아름다운 소리를 만들어 내는 건강한 조직이라야 합니다.

우리 학교도 당연히 아름다운 유기적 교육공동체를 지향하고 있습니다. 아름다운 교육공동체에서 모두가 함께 행복해야 하고, 한 사람이 아프면 함께 아파합니다. 해마다 4월 16일이 오면 함께 아프고, 노란 리본을 매다는 이유입니다. 그래서 우리는 학교 구성원 3주체가 함께 행복하도록 허용적 학교생활과 학습 환경, 그리고 더 나은 근무조건을 만들려고 노력하고 있습니다.

무엇보다 우선적으로 교사가 행복해야 합니다. 행복한 교사가 퍼뜨리는 바이러스가 학생들에게 전파되면 학부모는 저절로 행복해집니다. 학생들이 점심 급식에 만족해야 합니다. 식당에서 학생들은 십대들이 좋아하는 뮤직비디오를 보면서 식사합니다. 밥 먹는 데 어떤 불편이나 제약도 없도록 보살핍니다. 문턱 없는 열린 교장실에는 학생들이 자연스럽게 들락거립니다. 체육시간을 완벽하게 보장하고 스포츠수업과 동아리활동을 적극 지원합니다. 각종 동아리활동과 영재학급 운영, 도서관 활용과 독서 진흥에 특별한 관심을 갖고 돌보고 있습니다. 행복배움학교 2년차를 맞아 민주적 가치가 전반적으로 잘 작등하는 학교 운영이 당연한 시스템을 만들고, 그 가치와 여러 장치가 자연스럽고, 자랑스러운 학교가 되기를 기원하고 있습니다. 학교장은 교사들의 경륜과 경험을 존중하고 존경합니다. 또 교사들이 학생들을 진정으로 귀하게 여기고, 경청하고, 공감하는 분위기를 함께 만들기를 기원합니다. 진로교육과 소프트웨어 교육 연구학교 운영을 잘 하여 이미 진행되고 있는 4차 산업혁명의 세계적 흐름 속에서 앞서나가고 미래를 대비하도록 열심히 지도하고 있습니다.

지엽말단적인 일이나 학생의 행동과 태도를 타율적으로 얽어매는 지도방식을 과감히 버리고 교육의 본질에만 최선을 다하자고 강조합니다. 교육의 본질은 학생에게 배움이 일어나는 것을 말합니다. 교과 성적만 높이라는 이야기는 결코 하지 않습니다. 학생에게 강요된 공부가 아니라 미래의 진로를 즐겁게 설계하는 공부라면 기쁜 마음으로 스스로 잘 할 것이라고 믿기 때문입니다. 사실 미래에는 학교 성적이 큰 문제가 안 됩니다. 미래는 성적이 아니라 개성과 창의력, 상상력이 풍부하면서도 따뜻한 마음씨를 가진 사람을 필요로 하기 때문입니다.

오케스트라에 지휘자와 악장, 제1바이올린부터 현악기, 금관악기, 목관악기, 타악기 연주자들이 각자 자신의 몫을 다 하여 공명하듯, 나는 교장, 교감, 부장교사, 교사, 행정실, 급식실, 그리고 사서를 포함한 우리 학교 구성원 모두가 함께 어울려 공명이 잘 울려 퍼지는 멋진 오케스트라처럼 필하모닉하고 싶습니다.

학교에서
잘 먹고 잘 사는 법

학교가 하는 일

　　　　　　　'잘 먹고 잘 사는 법'이란 책을 보면 단순히 먹는 게 아니라 잘 먹는 게 중요한 시대라고 말합니다. 글쓴이는 누구나 잘 먹고 잘 살려고 하지만 현대인이 영양과잉과 탐욕으로 건강을 해치고 자연을 파괴하는 아이러니와 편리함과 혀의 미각만 충족시키는 방향으로 흘러가는 잘못된 음식문화에 대해 비판하고, 잘못된 식사는 반드시 당뇨병, 아토피, 변비 등 질병을 불러온다고 경고합니다.

그러면 학교에서 잘 먹고 잘 사는 법도 있겠지요?

학교가 하는 일은 무엇일까요? 너무나 단순하고 명확하여 생각해 본 적 없다고요?

교과목과 수업시간수로 정해진 교육과정을 모두 이수하고 졸업해 나가는 것이 전부이던 과거의 학교가 이제는 달라졌습니다. 어른들이 다녔던 예전의 학교가 아닙니다. 초등학교에는 돌봄교실이 도입되면서 보육의 기능이 더해졌고, 모든 학교가 학생들에게 급식을 제공하게 되면서 영양교사는 급식업무와 함께 영양교육과 건강까지 책임지게 되었으며, 보건교사는 성교육 실시와 학생, 교직원의 건강관리까지 책임지고 있습니다. 전문상담교사와 복지사가 배치되면서 사회복지 기능이 더해졌고 학생들의 정신 건강까지 진단하고 돌보고 있습니다. 그리고 진로진학상담교사가 배치되면서 학생들의 진로 탐색과 직업에 대한 이해의 기능이 추가되거나 강화되었습니다. 지킴이선생님을 운영하게 되면서 외부인 침입으로부터 학생들을 더 안전하게 보호할 수 있게 되었습니다.

과거에 학생들이 수업하고 있는 중에 외부인이 침입하거나 자녀가 억울한 일을 당했다고 학부모가 수업 중인 교실에 막무가내로 쳐들어가서 교사와 학생에게 행패를 부린 사실이 언론에 알려진 일도 있었지요. 내가 실제로 당했던 사건이기도 합니다. 자신의 자녀와 다툰 녀석을 부모가 직접 응징하겠다고 수업 중인 교실에 무단 침입하여 교사의 제지에도 불구하고 학생에게 달려들면서 다짜고짜 폭력을 행사한 어처구니없는 해프닝을 몇 년 전 겪었습니다.

요새는 학생이 학교에 등교하고 수업 시작 시각이 되면 지킴이 선생님이 교문을 잠그고 출입자를 통제하며, CCTV를 설치하여 외부인 침입을 효과적으로 감시하고 있습니다.

실제로 내가 둘러보았던 영국이나 일본의 초중등학교들은 예외 없이 철망으로 학교 울타리를 둘러쳤으며, 감시카메라와 함께 보안요원이 출입자들을 통제하면서 학교 구성원을 철옹성처럼 지키고 있었습니다. 우리 학교들도 불원간 감싼 철망 울타리와 감시카메라와 보안요원이 교문을 지키게 되지 않을까 예상해 봅니다.

학교에 바라는 것들

학생들과 학부모의 가장 큰 관심사는 무엇일까요? 당연히 자녀가 공부 잘 해서 전교 1등 하는 것이라고 생각하시죠? 실제로 학부모에게 최고의 기쁨은 자녀가 1등 성적표를 가져오는 것이라는 데 이의 제기할 사람은 별로 없을 것입니다. 하지만 그것이 최우선, 최고의 것일 수는 없습니다. 공부 잘 하는 최우등생이 반드시 행복한 것은 아니고, 더더군다나 공부 못하는 학생이 불행한 것도 아닙니다. 예전, 어떤 광고의 '꼴찌라도 좋다, 건강하게만 자라다오.'와 같이 자녀의 건강이 최우선입니다. 자녀가 잘 먹고, 친구들과 사이좋게 지내면서 학교에서 행복한 것보다 더 좋은 부모님의 바람은 없을 것입니다. 게다가 학교에 가면 존경하는 선생님이 계시고, 또 그래서 좋아하는 과목이 있고, 실제로 학생들은 교사에게 호감을 가지면 그 과목도 좋아하는 경향이 있고, 반대의 경우에는 그 과목을 포기해 버리기도 합니다. 그래서 그 과목만큼은 누구보다 좋아하는 공부가 있고, 좋은 친구가 있어서 학교에 가는 것이 즐겁다면 학생들에게 그보다 행복한 일은 없을 것입니다. 십대들의 특징 가운데 하나가 패거리문화입니다. 좋아하는 친구들 몇몇이 패를 지어 어울리고 많은 시간을 함께 보내는 것이 학창시절 성장기 청소년들의 일반적 특성입니다.

우리는 학생에게 위생적이고 건강하고 좋은 급식 제공하는 것을 최우선의 가치로 둡니다. 둘째가 건강한 신체를 가꾸는 체육활동 장려입니다. 셋째는 왕성한 독서활동입니다. 넷째는 학생 개개인에게 맞춤형 진로교육을 제공하는 것입니다. 이런 교육의 기저를 튼튼하게 마련한 위에 미래형 학력을 쌓아올리도록 교사의 수업방법 개선을 적극 지원하면서 학생에게는 개개인의 맞춤형 동아리활동을 적극 장려합니다. 이것이 바로 인천형 혁신학교인 행복배움 우리 학교의 교육 이념입니다. 좋은 급식을 제공하려고 끊임없이 노력하고 모든 학생들이 참여하는 건강한 체육활동을 적극 장려하면서 실제로 학생들의 만족도가 나날이 높아가고 있습니다. 체육 동아리는 우리 학교에서 첫손에 꼽을 수 있는 자랑거리입니다. 축구, 핸드볼, 피구, 줄넘기 동아리활동은 특히 학생들이 열광적으로 참여하는 체육활동이고, 핸드볼 동아리는 금년도 학교스포츠클럽 대회에서 준우승을 하였습니다. 이 추세라면 내년도에는 이들 스포츠클럽 동아리활동이 반드시 큰 성과를 거둘 것이라고 전망해 봅니다.

건강한 신체 가꾸기와 급식은 한 몸이라고 할 수 있습니다. 우리 학교의 교육이념 가운데 첫째인 건강한 학교급식에 대한 내 관심은 각별합니다. 학교급식이 시작된 1998년도부터 건강 급식에 대한 관심과 애정이 남달랐다고 자랑합니다. 학교식당이 없어서 어쩔 수 없이 교실 배식을 하는 학교에서는 학급 단위로 당번학생들이 배식을 하게 됩니다만 담임교사 시절 학급 학생들이 배식하고 밥 먹는 것을 개학 첫날부터 하루도 빠지지 않고 지켜보고, 밥 배식만큼은 직접 해 주고 싶어서 날마다 밥주걱을 직접 잡았습니다. 식판에 담아주는 밥의 양은 학생들의 급식 만족도를 측정할 수 있는 바로미터입니다. 밥의 양에 만족하지 못하면 급식 전체에 나쁜 평가를 받게 되기 때문입니다.

밥 잘 먹는다는 것

학생들이 학교생활 하면서 제일 기대하는 것이 무어냐고 물어보면, 열에 아홉은 맛있고 행복한 점심밥 먹는 시간과 신나는 체육수업, 그리고 체육 관련 활동이라고 대답할 것입니다. 나른한 봄날 오후 수업시간에는 식곤증 때문에 조는 학생들이 속출하지만, 점심시간 시작 직전과 체육시간에 조는 학생들은 결단코 한 명도 없습니다.

한국 사람들 중 성인이나 청소년이나 모두 밥 먹는 데 걸리는 시간이 짧으면 5분, 길어야 15분을 넘기지 않는다지요? 실제로 상급학년 남학생들의 밥 먹는 시간이 가장 짧고, 하급학년 남학생들이 그 다음입니다. 여학생들은 밥 먹는 시간이 한참 더 걸립니다. 남학생들은 밥 먹는 것 자체에 몰두하는 경향이 강하고, 점심밥 먹고 남은 자투리시간에 자율적으로 활동하는 개인별 동아리 모임에 참석하거나 운동장에서 공놀이 할 생각 때문이기도 합니다.

여학생들의 밥 먹는 태도와 소요시간은 남학생들과 많이 다릅니다. 여학생들은 밥 먹는 자체보다는 함께 밥 먹는 주변 친구들과 좌석을 공유하고자 하는 태도가 분명하고, 대화를 중요하게 섞어가면서 식사하는 성향을 보입니다. 그래서 남학생보다 5분에서 10분 정도 시간이 더 걸립니다.

우리 학교 급식 시간은 오후 12시 30분부터 60분간입니다. 고학년부터 저학년 순으로 배식을 합니다. 오후 1시 10분경이면 거의 배식이 끝나고 1시 20분경이면 밥 먹기도 거의 끝나갑니다. 가끔 학생들이 유별나게 좋아하는 음식이 나온 날은 배식시간이 10여 분 정도 길어지기도 합니다. 그런데 작년에 비하여 올해에는 전체적으로 5분 정도 급식시간이 길어졌습니다. 급식 품질을 더 높이려는 급식가족들의 노력 덕택에 급식 만족도가 크게 높아졌고, 특히 올해부터 시작한 음악방송 동영상 상영이 시작되면서 나타난 현상입니다. 연초에 영상모니터 두 대를 식당에 설치하였고, 점심시간에 식당 예절이나 학교 홍보 UCC 동영상 등을 상영하거나 요즘 학생들이 좋아하는 아이돌그룹의 음악 동영상을 상영하고 있습니다.

옹기종기 모여서 즐겁게 점심밥 먹는 학생들의 모습에서 '밥 먹는 시간이 행복하구나!' 제 자식 입에 먹을 것 들어가는 것 바라보는 부모의 심정으로 바라보며 흐뭇해합니다. 그리고 이 시간이 행복한 학생들을 방해하지 않도록 학교식당에서는 어떤 경우라도 재촉하거나 야단치는 일이 없습니다. 늦게 오는 학생일수록 더 천천히 먹도록 격려해 줍니다. 그래서 밥 잘 먹는 문화를 이들이 만들어가고 즐기기를 진심으로 기원합니다. 우리나라 사람들 밥을 너무 빨리 먹죠?

점심식사 후 잔반 비우기도 중요한 교육입니다. 잔반 버릴 때 철제 식판을 망치질 하듯 내려쳐 비우는 학생들이 꽤 있습니다. 식판을 내려치면 소음이 대단하기 때문에 근처에서 밥 먹는 이들에게 심리적 불편함을 주고, 또 철제 식판은 가장자리가 우그러듭니다. 수저를 이용하여 잔반을 한군데 모으고 식판을 적절히 기울인다면 아무 소리 안 나게 비울 수 있지만 거기까지는 생각을 하지 않는 듯합니다. 반면에 일부 학생들은 식판을 기울이고, 수저를 이용해서 깔끔하게 잘 비웁니다. 이런 이들을 보면 가정에서 교육이 잘 되었구나 생각이 듭니다.

식판을 요란하게 함부로 비우는 학생들은 가르쳐야 합니다. "그렇게 내리치면 식판이 아프단다." 말하고 식판을 아껴달라고 부탁합니다. 이때도 방금 밥 먹고 포만감에 기분 좋은 학생들에게 불쾌한 지시나 지적이 소화에 지장 있을 것이라고 생각하기 때문에 말할 때 명령이 아닌 부탁형으로 조심합니다.

잔반을 비우고 식판을 내려놓을 때도 지도가 필요합니다. 자기가 잘 먹은 식판이지만 음식 찌꺼기 남은 식판을 징그러운 벌레 대하듯 집어던지는 아이들이 많습니다, 또 잔반이 여전히 수북이 남았는데 다 비우지 않고 수거함에 집어던지듯 놓고 가기도 합니다. 그런 학생에게는 정중하게 다시 해 달라고 요청하고 반드시 고맙다고 말해 줍니다. 서양에 가면 너무나 쉽게 만날 수 있는 땡큐와 익스큐즈미 문화를 우리도 적극 생활화해야 합니다. 교육은 지속적인 가르침과 인격적인 상호관계에서 성과가 만들어집니다.

—

행복한 사람이
행복하다

—

행복에 대한 생각

　　　　　　　　　너무나 당연한 말을 하려고 합니다. 행복한 사람이 행복하다고. 지금 당신은 행복합니까? 얼마나?

먼저, 행복이 무엇인지 정체를 알아볼까요? '행복(幸福, happiness)'이란 '복된 좋은 운수, 또는 생활에서 충분한 만족과 기쁨을 느끼어 흐뭇한 상태'라고 국어사전은 풀이합니다. 비슷한 말로는 행운, 흡족, 복, 만족이 있고, 반대말은 불행, 불우 같은 단어가 있습니다. 영어사전에서는 세상에 사는 모든 사람이나 동물, 존재 모두가 욕구와 욕망이 충족되어 만족하거나 즐거움을 느끼는 상태, 불안감을 느끼지 않고 안심해 하거나 또는 희망을 그리는 상태에서 기분 좋은 심리적 상태나 이성적 경지를 의미한다고 풀이하고 있습니다. 물론, 그 상태는 상당히 주관적입니다.

고대 그리스의 철학자 '통 속의 디오게네스'를 통해서 행복을 생각해 봅시다. 그는 소크라테스의 제자인 안티스테네스의 제자로서 물질적 꾸밈을 배제하고 최소한의 생활필수품만으로 사는 자연상태야말로 인간에게 최고의 행복이라고 주장했습니다. 그는 옷도 걸치지 않고, 신발도 신지 않으며, 자족(自足) 생활을 하였는데, 그 덕택에 '개'라는 별명을 얻었고, 그를 따르는 학파를 현대철학에서는 '개"견(犬)유학파'라고 이름 지었답니다. 그는 사람 하나 겨우 들어앉을만한 나무통을 집 삼아 살았고, 그것을 굴리고 다녔다고 하는 이른바 '거지 철학자'입니다.

그에게는 세상 사람들이 모두 아는 유명한 에피소드가 있죠. 하루는 마케도니아의 알렉산더 대왕이 디오게네스를 찾아옵니다. 디오게네스의 나무통 앞에 선 알렉산더는 거지 철학자의 초라한 행색을 보고 말합니다. "뭐 도와줄 게 없느냐?" 잠시 생각에 잠겼던 디오게네스가 입을 엽니다. "대왕이시여, 가리고 있는 햇빛을 위해 비켜 주십시오."알렉산더는 그 자리를 떠나면서 말합니다. "내가 만일 알렉산더가 아니라면, 디오게네스가 되고 싶다." 알렉산더의 영웅다움도 보이지만 디오게네스가 더 돋보이는 에피소드입니다.

행복론의 역사

인류는 오랜 옛날부터 행복을 찾는 데 많은 관심을 가져왔습니다. 그리고 행복의 정체를 찾아서 많은 사람들이 연구해왔고, 행복하기 위해서는 어떠한 삶을 살아야 하는지 방법론을 많이 남겼습니다. 인생론(人生論), 행복론(幸福論) 등의 이름으로 전하는 것들이 그것이며, 아리스토텔레스, 카네기, 칸트, 플라톤, 발자크, 스토아학파, 톨스토이, 달라이라마, 쇼펜하우어, 알랭 같은 동서양 위인들이 남긴 저서 제목들도 모두 행복론입니다.

티베트 출신 유명한 종교지도자르 노벨상 수상자인 달라이라다의 행복론은 명상과 예화, 불교와 심리학의 만남을 통하여 우리가 매일 겪다시피 하는 우울, 걱정, 분노, 질투, 기분 나쁜 감정을 어떻게 다스릴지 인간관계, 건강, 가정, 직업 등을 이야기하면서 어떻게 삶을 살아야 하는지 쉽게 설명해 줍니다.

카네기의 행복론은 수많은 편지와 실제 경험을 통해 사람들의 걱정과 스트레스에 대해 쉬운 답을 주는 유명한 베스트셀러죠. 수많은 사람들과 인터뷰한 경험을 바탕으로 사람들의 걱정과 스트레스의 실체, 그리고 극복 방법을 담아냈는데, 무슨 대단한 내용이 담겼는지 살펴볼까요.

- 하루하루를 충실히 살아라
- 걱정을 분석하고 해결하는 방법
- 업무상의 고민을 반으로 줄이는 방법
- 항상 바쁘게 움직여라
- 딱정벌레에게 지지 말라
- 평균율의 법칙을 따르라
- 불가피한 일은 받아들여라

어때요? 거창한 제목에 비하여 너무나 단순하고 쉬운 내용이라서 가방끈 짧은 우리 할머니라도 하실 만한 말씀인 것 같습니다.

도스토예프스키와 함께 19세기 러시아 문학을 대표하는 대문호이자 세계적인 소설가 톨스토이의 인생론(인생독본, 행복론)도 유명한 스테디셀러입니다. '살아갈 날들을 위한 공부'라는 제목으로 최근 발간된 그의 인생론을 읽으면서 마음 다스리는 데 도움을 받았습니다. 역시나 이 책에도 행복, 사랑, 삶, 죽음, 말, 행복, 진리, 거짓, 영혼, 믿음, 노동, 고통, 학문, 분노, 오만, 신 등이 담겼습니다. 이 단어들이 결국 세상 모든 인간에게 공통적으로 가장 중요하고 공통된 관심사 주제가 아닌가 읽으면서 확인할 수 있습니다.

행복은 심리적인 만족도이고 나라마다 인종마다 다 다르기 때문에 단순 비교할 수 없습니다. 하지만 공통요소를 간추려 뽑은 척도를 가지면 그 정도를 잴 수는 있습니다. 그럼 행복을 재는 여러 가지 척도를 소개하겠습니다. 재미있는 것은 적용하는 척도마다 가치나 기준이 다 다르기 때문에 A척도로 재면 세계 상위권에 속하는 나라 사람들이라도 B라는 다른 척도를 갖다 대면 세계 최하위권이 될 수도 있다는 사실입니다.

여러 가지 행복지수들

국민총행복지수 GNH(Gross National Happiness)는 히말라야의 작은 나라 부탄에서 1970년대에 만들어낸 행복 개념인데, 2007년 4월, OECD는 국민총행복을 목적에 따라 평균행복(Average Happiness), 행복수명(Happy Life Years), 행복불평등(Inequality of Happiness), 불평등조정행복(Inequality-Adjusted Happiness) 등 4개의 세부 행복지수로 구분하고 각 국가의 GNH 정도를 측정하였다고 합니다.

지구촌행복지수 HPI(Happy Planet Index)는 영국의 신경제재단이 2006년 7월에 도입한 지수로 사람들의 행복과 참살이 지수를 말하는데, 삶의 행복지표, 환경오염지표, 기대지수 등을 반영한 것입니다. 2006년 세계 178개 국 중 행복지수가 가장 높은 국가는 바누아투, 콜롬비아, 코스타리카, 도 미니카, 파나마입니다. 2009년에는 코스타리카가 1위, 자메이카, 과테말 라, 베트남이 상위에 올랐고 탄자니아, 보츠와나, 짐바브웨 등은 하위였 습니다. 2012년 151개국이 포함됐고 코스타리카가 연속 1위, 베트남, 콜 롬비아, 벨리즈, 엘살바도르가 상위국, 반대는 보츠와나, 차드, 카타르였 습니다.

유엔 '2013세계행복보고서'에 따르면 전 세계 156개 국가를 상대로 국민의 행복도를 조사한 결과, 한국은 10점 만점에 총 6.267점으로 전체 41위를 기록했고 세계 평균 5.158점을 앞질렀습니다. 갤럽 세계 여론조사와 유엔 인권지수 자료 등을 토대로 국가별 행복지수를 산출했는데, 가장 행복한 국가는 1위 덴마크(7.693점)였고, 노르웨이, 스위스, 네덜란드, 스웨덴 등 북유럽권 국가들이 뒤를 이었습니다. 반면 가장 불행한 나라 순위는 르완 다, 부룬디, 중앙아프리카공화국, 베냉, 토고 등 모두 아프리카 국가들입 니다.

전 세계 국내총생산(GDP) 1위인 미국은 상위권인 17위에 올랐지만, 캐나 다, 호주, 아랍에미리트, 멕시크 등에도 뒤졌고, 영국, 독일, 일본, 러시 아, 중국 등은 순위 편차가 커서 경제력과 행복도는 별 상관없는 것으로 생각됩니다. 대만은 42위, 일본은 43위였습니다.

또 2014년 세계 웰빙지수에 따르면 한국인 삶의 질이 117위라고 합니다.

하지만 이런저런 순위에 너무 일희일비할 필요는 없습니다. 그리스가 유럽 연합의 낙오자가 되어 국가 운명이 풍전등화라고 합니다. 돈이 없어서 유 럽연합이 빌려주는 거액의 빚으로 하루하루 연명하고 있는 경제 중환자

상태입니다. 마치 우리나라가 1997년에 IMF금융위기 때 큰 곤욕을 치렀던 상황과 같은데 그럼에도 불구하고 아테네 중심가는 사람들로 넘치고 있다고 합니다.

우리나라 삶의 질이 최하위권이라고 하지만, 대한민국 경제지표와 국부가 세계 12위권의 경제대국이라는 사실은 변함이 없습니다. 우리 모두 각자 자신의 삶에 최선을 다하는 게 중요하겠지요.

행복한 사람들의 7가지 습관

미국의 어느 사이트가 눈에 띕니다. 행복 추구재단인데요. 그들이 정리해 둔 '행복한 사람들의 7가지 습관'을 알아 보겠습니다. http://www.pursuit-of-happiness.org/

첫째, Relationships 남들과 좋은 관계를 유지하고 친구가 많다.

둘째, Caring 배려하고 연민의 감정을 지녔다.

셋째, Exercise 운동을 열심히 하고 건강한 신체를 갖췄다.

넷째, Flow 몰두할 수 있는 좋아하는 일이나 취미생활이 있다.

다섯째, Spiritual Engagement and Meaning 종교적 심성과 신앙을 가졌다.

여섯째, Strengths and Virtues 도덕적 가치기준과 정신력이 강하다.

일곱째, Positive Mindset, Optimism, Mindfulness and Gratitude 긍정적 적 극적 사고방식을 가졌다.

여러분은 위 7가지 습관 중 몇 개를 갖춘 사람인가요? 그리고 지금 행복 한가요?

사람의 행복 찾는 방법과 태도는 그 사람의 인생관과 밀접한 관련이 있습니다. 한 방으로 일확천금을 좇는 타짜 같은 사람이 있는가 하면 디오게네스처럼 물질에 구속되는 것이 질색인 사람도 있고, 유한양행 창업주처럼 일가를 이룬 다음에는 모든 재산을 사회에 되돌려 주고 표표히 떠나가는 사람도 있습니다. 일확천금을 노리는 타짜들은 대개 불행한 결말을 맺습니다. 디오게네스 같은 사람은 미련 없이 생을 마감하게 됩니다. 세상을 떠나갈 때 뒤도 돌아보지 않고 저세상으로 가겠지요. 아낌없이 재산을 환원한 사람은 역사에 기록으로 남아 두고두고 후세사람들에게 존경을 받습니다.

사람에게는 태어날 때부터 갖고 있는 본능적 욕망이 있습니다. 식욕과 성욕, 그리고 재물욕, 명예욕이죠. 식욕은 살아남고자 하는, 성욕은 종족보존을 위한 생물학적 본능이그 재물욕, 명예욕은 소유하고자 하는 욕망이지요. 재물욕, 명예욕도 그 자체는 본능이지만, 인간이 만물의 영장이자 사회적 존재라는 점에서 그것들이 부정적으로 남게 되면 굴욕이 되지만 자기 자신과 세상에 도움을 주는 긍정적 방향으로 쓰인다면 감동과 가치로 남게 됩니다.

부와 행복은 비례할까?

부자가 천국에 갈 확률은 낙타가 바늘구멍을 뚫고 갈 가능성보다 낮다든가 아흔아홉 가진 자가 한 개 가진 자의 몫을 탐낸다는 말은 바로 재물욕, 소유욕이 가진 탐욕적 본성을 가리킨다고 할 수 있습니다. 세상 사람들이 탐내는 이름, '富者(부자)'는 부유한 사람, 곧 재산이 많은 사람을 가리킵니다. 흔히 부자를 백만장자(百萬長者,

millionaire), 또는 억만장자(億萬長者, billionaire)라고도 하는데, 순자산이 미국 달러로 환산하여 백만 단위의 통화를 초과하는 사람이 백만장자, 십억 달러를 초과하는 사람을 가리켜서 억만장자라고 합니다. 미국 잡지 포브스(Forbes)(http://www.forbes.com)에 따르면 2013년 세계 억만장자는 1,426명으로 집계되었는데 미국이 442명으로 가장 많고, 아시아·태평양 지역 386명, 유럽 366명이라고 알리고 있습니다. 세계 부자 순위를 보면, 빌 게이츠, 카를로스 슬림, 아만치오 오르테가, 워렌 버핏 순이고, 우리나라는 이건희(삼성), 정몽구(현대자동차), 이재용(삼성), 정의선(현대자동차), 서경배(태평양), 최태원(SK) 순입니다. 작년부터 코미디에도 등장하는 중동 갑부 이름 아랍에미리트의 부자 만수르는 재산이 1,000조 원이라고 합니다. 압도적인 세계1위지만 우리가 실감을 느끼기는 거의 불가능한 금액입니다. 그런데 석유부자는 위 부자 순위에 포함시키지 않는다고 하니 우리가 모르는 중동국가나 아시아의 작은 나라 브루나이 왕과 같은 부자들의 돈은 도대체 얼마나 될까요?

세상에 많은 부자들은 얼마나 행복할까요? 재산과 행복이 일치하지 않는다는 것은 상식이지요. 로또 당첨된 벼락부자들치고 뒤끝이 행복한 사람 하나 없다는 사례를 군이 들지 않더라도 부자들이 칭찬받거나 존경받는 경우가 많지 않은 현실에서 빌 게이츠나 워렌 버핏이 자신의 엄청난 재산을 가난한 자들에게 아낌없이 기부하고 있다는 소식을 들을 때, 우리에게도 유한양행 창업자나 경주 최부자 같은 행복한 백만장자가 있었다는 사실을 상기하면서 위안 받고, 부자 가운데도 천국 갈 사람이 있구나 생각하게 됩니다.

돈은 얼마나 많은가가 문제가 아니라 어떻게 쓰느냐가 중요하다는 말을 들게 됩니다만 그 말에 공감합니다. 아무리 많은 돈도 잘못 쓰면 불명예스럽지만 잘 쓴 사람은 역사에 남거든요. 경주 최부자집이 대표적인 경우일 겁니다. 최부자의 돈은 일제강점기 독립운동과 빈민구제, 그리고 장학사업에 지출되어 지금은 모두 사라졌지만 역사에는 그 집의 아름다운 돈이 영원히 기록되어 있기 때문입니다.

스스로 해결하며 찾는 행복

학교에는 많은 사람들이 있습니다. 사람마다 얼굴이 다 다르듯 교직원은 직책이 다르고, 맡고 있는 임무가 다 다르고, 학생들은 가족 구성과 같은 가정환경과 양육 배경이 다 달라서 학교는 그야말로 아름다운 다양성을 지닌 조직이라고 할 수 있겠습니다. 당연히 개개인의 경제적인 사정도 다르겠지요. 그래서 오늘날 학생들의 다양성을 고려하여 학교의 기능도 단순하게 학생 가르치는 과거의 학교 기능에 머무르는 게 아니고, 학부모 교육, 교직원 교육에도 책임이 커지고, 학생, 학부모의 영양과 급식, 신체 및 정신 건강관리, 복지, 심리 상담과 치료, 진로 설계, 교육 정보 제공 임무가 새롭게 부과되었으며 초등학교에는 보육 기능이 강화되어 영아 보육 기능까지도 교육의 범위에 들어오고 있습니다. 사회 변화가 학교에게도 변하기를 요구한 결과이며, 앞으로도 학교는 끊임없이 달라질 것입니다. 학생교육 방식도 과거의 강의식 주입식 교육이 아니라 자기주도 학습, 과제 프로젝트 학습, 모둠협동학습, 동아리활동 중심의 형태로 변화하였고, 평가 방법도 집단 내 비교방식인 상대평가에서 학생 자신의 변화 정도를 측정하는 절대평가 방식으로 변했습니다. 교사 주도가 아니라 학생들이 함께 지혜를 모으고 결론을 만들어내는 방식으로 스스로 문제를 해결해 가도록 교육하고 있으며, 함께 모여서 과제를 해결하고 수행평가를 하다보면 리더십과 상호 배려와 존중하는 태도가 길러지고, 학력이 낮은 학생이라도 공부에 흥미를 느껴 한 명도 낙오하지 않는 행복한 교육이 이루어지는 효과를 기대하고 있습니다. 이런 과정을 통해서 얻어지는 행복감이라는 긍정적 효과가 미래 학력으로 연결된다고 믿기 때문에 지금 현재의 성취 정도에 일희일비하지 않고 장기적 비전을 가지고 학생들이 자신의 미래를 개척하도록 교육하고 있습니다.

학교의 교육복지 책임

이렇게 달라진 오늘날 학교의 기능 변화 가운데 중요한 것이 복지 영역의 학교 내 진입입니다. 많은 학교에 교육복지사가 배치되었고, 교육청에서는 해마다 상당한 액수의 교육복지사업비를 배부해 줍니다. 날이 갈수록 빈부격차가 커지고, 전통적인 가정 형태를 벗어난 이혼 가정, 편부모, 조손가정 등이 증가하고 있는 사회 현실에서 특히 약자나 소외자, 디아스포라를 적극 도와 의무교육 과정에 낙오자가 생기지 않도록 사회통합과 안정, 그리고 사회 정의 실현 차원에서 아주 중요하게 고려하고 교육복지에 관심 가져야 합니다.

2017년에 처음으로 교육복지 사업비 550만 원을 지원받았고, 올해 2018년에 정식으로 교육복지사가 배치되고 사업비도 크게 증액되었습니다. 교육복지 수급대상자는 물론, 모든 학생들을 대상으로 적절한 교육복지사업을 전개하여 인성교육과 복지사각지대 해소에 큰 도움 받게 되었습니다. 그런데 이 사업 시행 시 각별히 유의해야 할 점이 있습니다. 수혜자가 또 다른 낙인감을 받지 않도록 하는 꼼꼼한 배려가 그것입니다. 사람은 천부

인권을 가지고 태어나며, 누구나 행복할 권리가 있습니다. 따라서 어떤 이유로도 차별을 받으면 안 되며, 오히려 그렇기 때문에 사회적 약자는 여러 가지 방법으로 도움 받을 권리가 있습니다.

학부모조직인 학부모회 어머니들이 이 사업 가운데 하나를 책임 맡았습니다. 지난주 이틀간 어머니들의 아름다운 봉사활동이 있었습니다. 각 학년에서 담임선생님들이 추천한 성실한 학생 11명을 위한 행복 반찬 나눔 행사가 그것입니다. '식사하셨어요?'라는 방송프로그램에서, 감사해 하거나 아름다운 사연을 지닌 사람들이 함께 모여 의미 깊고 감동 있는 식사를 함께 나누는 것을 볼 수 있었습니다만 우리 학교의 봉사활동이 바로 학부모와 학생들이 음식으로 세상에서 가장 아름다운 감동을 함께 나누는 사업입니다.

학부모회 어머니들은 이 행사어서 주부9단 솜씨를 뽐 낼 준비를 일찍부터 하고 계셨는데요. 식자재는 학교예산으로 준비하였고, 맛있는 반찬을 만드는 일은 어머니들이 맡아서 교육기부로 봉사활동을 하신 것이지요. 14일에 어머니 대표 두 분이 일부러 품을 내서 시장을 샅샅이 살펴서 최고 품질 식자재를 구매하였고, 15일 아침 일찍부터 열두 분의 어머니들이 가사실에서 맛있는 음식을 준비했습니다. 비용은 모두 112만 원이 들었습니다. 오로지 재료비와 그릇 구입비입니다. 여름철 위생을 고려하여 청결도를 유지하고, 오전 내내 땀 흘려 준비한 음식으로 결연 맺은 가정에 어머니들의 따뜻한 마음씨가 잘 전달되도록 담당자인 교육복지사선생님이 학부모대표들과 함께 결연가정이 공개되지 않도록 배려하여 해당 가정에 잘 전달하였습니다.

복지는 빈부격차를 해소하는 데 도움을 주고, 갈등을 조정하여 사회통합에 기여하는 순기능이 있습니다. 그래서 복지사업이 우리 학교의 여러 가지 교육활동과 결합하여 꽃피우고, 그 경험 덕택에 모든 학생들이 불쌍한 사람을 보면 눈물 흘릴 줄 알고, 가난한 사람을 위해 지갑을 열 줄 아는 사람으로 자랄 수 있기를 기대합니다.

행복한 사람이 행복합니다. 행복을 알고, 행복감을 느껴 본 사람, 특히 성장기에 행복했던 사람이 커서도 행복하고 장차 행복한 가정을 가질 수 있습니다. 세상 살아가면서 시시때때로 부닥치게 될 시련이 누구 앞엔들 없겠습니까만 최소한 우리 학교에 재학 중에는 모든 구성원이 행복하도록 학교장으로서 최선을 다하겠습니다. 이런 노력들이 행복배움혁신학교를 지향하는 우리의 행복교육이며, 특히 여러 학부모 어머니들과 함께할 수 있어서 정말 감사합니다.

삶이란
무엇인가

삶의 반대편에는 무엇이?

꽤 썰렁한 아재개그 하나 들려드립니다.

'삶이란 무엇인가?'

'삶은 달걀이다.'

'생명체가 태어나서 죽기에 이르는 동안 하나의 개체가 행하거나 겪는 의미 있는 일들의 전체'가 삶입니다. '살다'에서 파생된 명사가 '삶'입니다. 사람의 삶은 '인생'이라고 하죠. 하나뿐이고 한번뿐인 인생은 누구에게나 소중합니다. 그래서 누구나 행복한 삶을 원하고 추구합니다. 소중한 삶을 잘 살기 위한 눈물겨운 노력이 필요한 이유입니다.

삶의 반대편에는 죽음이 있습니다.

꽤 오래전 어느 신문에 실렸던 사진과 해설기사가 오랫동안 기억 속에 남아 지워지지 않습니다. 사진 아래 붙어 있던 해설기사는 아래와 같습니다.

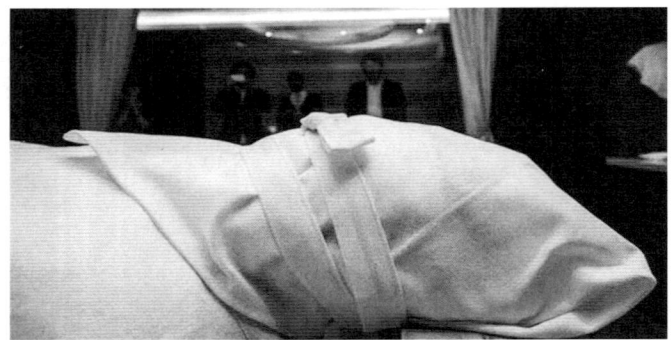

여전히 '죽음'은 산 자들에게는 두려움의 대상이다. 목숨 얻어 존재하는 모든 것들은 소멸하게 되어 있다. 우리는 태어나면서 죽음이라는 문을 향해 달리고 있지만 늘 죽음의 존재에 대해 잊고 있거나 침묵해 왔다. 삶과 죽음은 하나다. 다른 문이 아니라 같은 공간에 존재한다. 준비되지 않은 타인의 죽음은 늘 우리를 고통스럽게 만든다. 죽음에 대해 침통함이나 거대한 슬픔에 앞서 필요한 것은 죽음에 대한 깊은 성찰인지도 모른다. 2015년 4월 29일자 한겨레신문의 장례풍경사진에 실린 글입니다.

뜬금없이 죽음입니까? 생명 있는 존재라면 누구나 제일 무서워하는 말, 하지만 누구든 절대로 피할 수 없는 것, '죽음이란 무엇인가?' 묻는다면 당신은 이렇게 말하겠죠. '죽음이란 살아있는 존재의 목숨이 끊어지는 상태, 심장이 멈추고, 혈액순환이 정지된 상태'라고. 목숨이 끊어져서 죽음을 맞은 생물의 몸은 사체(死體), 사람의 경우는 시체(屍體) 또는 시신(屍身)이라고 합니다. 예전에는 심장의 정지와 함께 일어나는 호흡, 안구 운동 등 여러 가지 생명 활동의 정지가 죽음의 특징으로 여겨져 왔으나 의학이 발전하면서 죽음의 구체적인 생물학적 정의를 내리는 일은 상당히 어려워지고 있으며, 죽음의 정의는 의학적, 생물학적, 종교적, 윤리적 다양한 기준에 따라다 다르거나 차이가 있고 그야말로 여러 가지로 이루어집니다.

'죽음이란 무엇인가?'를 묻고 말하는 사람들이 많아졌습니다. 세상 모든 살아있는 사람들이 가장 두려워하는 말이자 입에 올려 꺼내기도 주저하게 하는 섬뜩한 이 단어, 하지만 누구나 예외 없이 맞이할 운명을 갖고 있는이 의문이 세계적 명강의로 소문나고 전 세계가 주목하고 있는 미국 예일대학교의 인기강좌 이름이자, 베스트셀러가 된 책의 이름입니다. 철학교수셸리 케이건(Shelly Kagan)이 책을 썼고 우리말 번역 책도 발간되었습니다.
이 책은 그가 1995년부터 예일대에서 진행해온 교양철학 정규강좌 'DEATH'를 새롭게 구성한 것으로, '죽음'의 본질과 '삶'의 의미 그리고 '생명'의 존엄성을 고찰하는 내용을 담고 있습니다. 심리적 믿음과 종교적 해석을 떠나서 오직 논리와 이성으로 죽음의 본질과 삶의 의미를 짚어본다는 점에서 대학 수준의 철학공부로 일반인도 읽어볼 만한 아주 좋은 제재임에 틀림없습니다.
몇 년 전 베스트셀러가 되었고 많은 사람들에게 낯익은 '정의란 무엇인가'란 책으로 유명한 마이클 샌델(Michael Sandel) 교수와 함께 미국을 대표하는 현대 철학자로 불리는 셸리 교수는 이 무겁고 무서운 주제를 토크쇼 사회자처럼 유머감각과 입담으로 재미있게 풀어간다고 합니다. 우리나라에도 입담 좋고 팬이 많은 토크쇼 진행자 김제동이 있습니다만, 어렵고까다로운 철학용어를 거의 사용하지 않기 때문에 '대중철학 강의의 새로운 지평을 열었다'고 호평 받는다고 합니다. 이분은 강의할 때 으레 책상

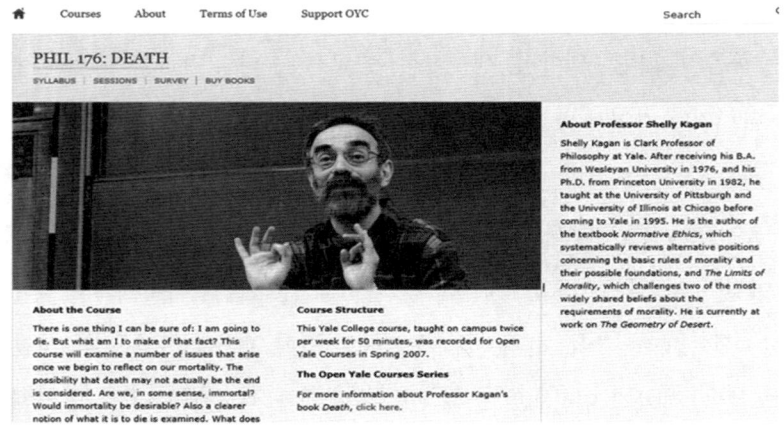

위에 올라간다고 해서 '책상 교수님'이라는 애칭으로도 불린다고 하는 것을 보니 근엄한 학자라기보다는 간편한 티셔츠 차림으로 우리에게 익숙한 MS의 빌 게이츠처럼 인상 좋은 털북숭이 동네 삼촌 같은 이미지를 지니지 않았나 생각합니다.

예일대학의 대표강의, 죽음

그의 '죽음' 강의는 예일대학교 지식공유 프로젝트인 '열린 예일강좌(Open Yale Courses, OYC)'의 대표 강의이며 미국, 영국, 유럽은 물론 중국과 러시아에도 소개돼 큰 인기를 끌었다고 합니다. http://oyc.yale.edu/philosophy/phil-176

'죽음'을 말하기 때문에 강의 제목은 비창(悲愴)하지만 결국은 '삶'에 대한 이야기입니다. 죽음이 없는 삶은 세상에 없으며, 삶이 없는 죽음 또한 존재하지 않습니다. 그래서 삶은 죽음이 있기 때문에 비로소 완성되는 인간

의 가장 위대한 목적지이며, 죽음의 본질을 이해하면 가치 있는 삶을 살
수 있다고 그는 결론 내립니다.

세상에 많은 죽음이라는 슬픈 소식을 우리는 매일매일 보고 듣고 살아갑
니다. 일찍이 나치독일의 홀로코스트와 일제강점기 청산리전투에서 대패
한 일본군이 보복으로 당시 만주에 이주해 살던 우리 동포 수만 명을 무
자비하게 학살한 역사가 불과 백여 년 안팎의 일이지만 풍요로운 세계화
시대인 요즘, 매일 수많은 교통사고, 안전사고, 테러사건 등으로 인하여
소중한 생명들이 아깝게 지는 도습을 보면서 우리는 안타까워합니다. 불
과 4년 전 세월호 비극으로 채 피지도 못하고 떨어진 소중한 생명들의 안
타까운 사고를 우리는 속수무책으로 지켜보았고, 남겨진 유가족들의 슬
픔을 앞으로도 아주 오래까지 온 국민이 함께 공유할 수밖에 없는 상황이
너무 안타깝습니다. 세계적으로도 가까운 몇 년 사이에 인도네시아, 일본,
네팔, 중국, 이탈리아에서 일어난 큰 지진으로 인한 어마어마한 인명피해
를 목격하였습니다. 세계 각국에서 일어나는 크고 작은 여객선 침몰사고
는 수많은 목숨들을 한숨에 삼켜버리기도 하고, 지중해에서는 전쟁 난민
들이 자유를 찾아 무작정 보트에 탔다가 떼죽음 당하는 사건이 지금도 일
어나고 있으며, 세 살배기 시리아 난민 아기 쿠르디의 죽음에 전 세계가
충격을 받기도 했습니다. 또 작년에는 중동에서 국내로 날아온 메르스 바
이러스에 허망하게 가족을 잃는 어처구니없는 수많은 슬픔도 실시간으로
지켜보아야 했습니다. 사람은 아니지만 요즘 AI(bird flu, avian influenza)조
류독감이 유행이라고 전국에서 일천만 마리의 가금류를 살처분하고 있다
고 합니다. 전염병 때문에 엄청난 생명이 떼죽음 당하는 비극을 지켜보아

야 하는 것이 우리의 현실입니다.

옛날 인도에서 왕자로 태어난 싯다르타는 풍요롭고 안락한 궁궐 안에서만 지내다가 어느 날 성문 밖을 나가보고 비로소 어두운 바깥세상과 고통을 알게 됩니다. 그곳에는 수많은 사람들이 굶고, 늙고, 병드는 고통 속에 놓여 있었고 왕자는 큰 충격을 받습니다. 생로병사(生老病死)의 번뇌 속에 살아가는 인간 존재에 대한 근원적인 질문을 던지게 되고 이 괴로움의 굴레에서 벗어나기 위해 오래 수련한 결과, 마침내 깨우쳐서 위대한 성인이 되었다고 합니다. 성인에게도 죽음은 가장 무서운 존재였을 것입니다.

생명존중 교육을 해야 할 이유

학교에서는 학생 대상 자살 예방과 생명존중 교육을 정기적으로 해야 합니다. 대한민국의 자살률이 OECD선진국 그룹 가운데서도 매우 높다는 것은 주지의 사실이고 자살현상이 모든 국민의 관심사이자 사회문제가 된 지도 제법 오래입니다.

내일의 주인공인 청소년들의 사망률도 높다고 하는데 10만 명 당 6.8명으로, OECD평균(6.5명)보다 약간 높습니다. 러시아가 10만 명당 19.7명이라고 하며, 뉴질랜드(15.7명), 아일랜드(12명), 핀란드(11.3명) 순이고 한국은 18위 정도인데 꾸준히 증가하는 경향이라고 하니 정부와 어른들과 학교에서는 이 문제에 각별한 관심과 주의를 가지고 청소년들을 잘 보살펴야겠습니다.

사람은 자신이 가족, 또는 주변으로부터 사회적 존중이나 인정을 받지 못하면 고립된 존재라고 느끼게 되며 지금의 비참한 상태를 앞으로도 극복할 가망이 없다고 판단될 때 최악의 선택을 할 가능성이 높아진다고 합니다. 이는 스트레스와도 깊은 관련이 있는데 사람이 사회적 존재인 만큼, 주변과 사회, 소속된 집단 안에서 적응하고 관계 맺는 과정에서 스트레스가 자연발생적으로 생기게 됩니다. 이때 주변 사람들이 어떤 역할과 격려와 공감과 배려를 해 주느냐에 따라 그 사람의 삶과 태도에 큰 영향을 주게 됩니다. 청소년기는 사회적 관계 맺기를 배우고, 관계 맺기를 새롭게 진행 중인 시기입니다. 당연히 청소년들은 남들과 관계 맺기에 서툴 수밖에 없고, 스트레스도 많을 수밖에 없습니다. 스트레스를 적절하게 극복하고 익숙해지기 위해서는 다양한 훈련과 과정이 필요합니다. 학교가 자살예방과 생명존중 교육을 실시하는 이유입니다.

청소년들에게 용기를 주고, 좋은 관계 맺기를 성사하는 데 가장 좋은 약이 바로 주변사람들의 정서적 연대감입니다. 정서적 연대감을 얻기 위해서는 주변 사람들과 함께하는 프로그램이 꼭 필요합니다. 특히 학창시절에 교사의 긍정적 역할과 지지와 도움이 절실하게 필요합니다. 학교마다 배치되어 있는 전문상담가가 위기 청소년들을 누구보다 구체적으로 돕습니다. 또래상담, 개인상담, 집단상담을 실시하여 처방을 내리고, 필요한 경우 외부기관과 연계하면서 치료해 줍니다. 우리 학교 전문상담교사는 학생들에게 매우 인기 있는 선생님입니다. 편하고 친하고 어떤 이야기도 비밀을 지키면서 잘 들어주고, 필요하다면 철저히 내담자의 편이 되어 문제와 고민을 해결해 주기 위해 노력하기 때문입니다. 우리 학교가 행복배움학교로 대외적으로 높은 평가를 받는 데 아주 중요한 역할을 하고 있는 셈입니다.

요즘 어느 학교에서나 동아리활동을 매우 적극적으로 전개하고 있습니다. 학생들이 동아리활동에 적극 참여하여 건강한 학창시절을 보내고, 협동하고 배려하고 함께 배워서 미래형 역량을 지닌 인재를 키우는 교육활동의 원동력이라는 인식의 공감대가 이루어졌기 때문입니다. 우리 학교의 경우, 교사는 44 명이지만, 금년도에 자치 동아리, 창체 동아리, 자율동아리, 자유학기제 동아리 등 영역별로 특성화된 83개의 동아리를 조직하여 운영하였고, 개설된 동아리에 취미와 특기 중심으로 여러 형태로 학생들이 적극 참여한 결과, 성과 또한 괄목상대할 만큼 수많은 수상 실적과 교육수요자의 높은 만족도로 나타났습니다.

죽음을 막는 여러 방법들

전문가들은 자살 직전까지 간 위기의 사람에게 가장 필요한 것은 보살핌이라고 말합니다. 경청과 공감과 격려만이 사람들을 다시 일어나게 하는 가장 효험 있는 약이라는 것입니다. 실제로 자살 시도자에게는 공통적으로 당시에 곁에서 위로와 지지로 지켜봐주는 사람이 없었다고 합니다.

운동을 하도록 도와주는 것도 위기에 빠진 사람을 구할 수 있는 아주 중요한 처방입니다. 운동을 하면 신체활동에 몰두하면서 우울감을 없애줄 뿐만 아니라 뇌 속에서 세로토닌 도파민 엔도르핀 같은 호르몬이 잘 나오기 때문에 신체와 정신건강에 큰 도움을 줍니다.

생체리듬을 바르게 유지하도록 도와주는 것도 심신의 건강에 아주 중요합니다. 우울증이 있는 환자일수록 어두워지면 너무 늦지 않게 잠자리에 들고, 날이 밝으면 일찍 일어나는 생활태도를 갖도록 노력해야 합니다.

추운 날이 많고 밤 시간과 겨울이 긴 나라 사람들의 자살률이 높은 것도 생체리듬과 관련 있을 것입니다.

요가나 명상, 복식호흡, 종교활동도 심신건강에 아주 좋은 처방약입니다. 사람이 스트레스를 받으면 교감신경이 활성화되면서 심장박동이 불안해지고 장운동이 느려지면서 소화불량이 생기게 됩니다. 두통도 생기고 호흡도 안 좋아집니다. 이때 요가나 명상전문가의 도움을 받거나 종교활동을 통해 정신적 안정을 갖는 것도 필요합니다.

한국 사람의 3대 거짓말

'죽음'이라는 단어를 문화인루학적 관점에서 살펴보려고 합니다.

한국 사람의 3대 거짓말이라는 우스갯소리가 있습니다.

처녀의 거짓말, "난 시집 안 가."

장사꾼의 거짓말, "이거 밑지고 파는 거야."

노인들의 거짓말, "빨리 죽어야지."

말은 그렇지만 속마음은 반대라는 것을 모르는 사람은 없을 것입니다. 그것이 삶이고, 그래서 삶은 아름답습니다.

'죽음'은 비창(悲愴−참담하도록 슬프고 서러움, 러시아 작곡가 차이콥스키(Tchaikovsky)가 작곡한 교향곡 제6번의 별명이기도 합니다.) 하지만, 죽음을 말하는 것이 결국 '삶'에 대한 이야기라는 말을 앞에서 했습니다. 사람이 세상에 태어날 때 누구든지 소중한 천부인권을 타고 태어난다는 사실, 그래서 인간으로 태어나면 그보다 소중한 존재는 세상에 없다는 사실을 모르는 사람은 없지만, 그렇기 때문에 사람의 삶처럼 소중한 것은 없습니다.

우리 주변에서는 오늘도 무수한 죽음이 있지만, 여전히 죽음이라는 말은 살아 숨 쉬는 사람들에게는 일종의 금기어입니다. 죽음의 실체는 공포이기 때문입니다.

한국 사람들은 "죽음"을 보통 '죽는다'고 말하지만 손윗사람이나 유명한 사람의 죽음은 '돌아가시다'라고 합니다. 사람의 죽음을 '죽었다'하지 않고 완곡한 어법으로 '세상을 떠나다, 밥숟가락 놓다, 저세상 가다, 숨지다, 영원히 잠들다, 영면에 들다, 눈을 감다'와 같은 말로 대신합니다. 영어에서도 died 대신 완곡하게 'passed away, passed on, expired'와 같은 표현이 쓰이는 것을 보면, 동서양 구분 없이 죽음은 공통적으로 사람들에게 두려움과 회피의 대상임에 틀림없습니다.

과거 계급제 신분사회, 봉건제 시대를 오래 거쳐 오면서 존칭어와 비칭어 사용례가 다양한 한국어에서는 죽음을 의미하는 한자어도 엄청나게 발달했습니다.

붕어(崩御)란 황제나 황후의 죽음을 높여 이르는 말이고, 훙서(薨逝)란 왕, 왕비 또는 황태자, 황태자비의 죽음을 높여서, 승하(昇遐)는 조선 왕조에서 임금의 죽음을 높여 이르는 말로 쓰였습니다.

서거(逝去)는 대통령 같은 높은 직위 사람의 죽음을 높여 이르고, 선종(善終)은 천주교에서 신자의 죽음을, 열반(涅槃)은 불교에서 부처님의 죽음을, 입적(入寂)은 승려의 죽음, 소천(召天)은 하느님의 부름을 받는다는 뜻으로 기독교 장례에 쓰입니다.

순국(殉國)은 나라를 위하여 목숨 바친 죽음을 높여서, 순교(殉敎)는 자신의 종교를 위해 목숨 바친 죽음을, 순직(殉職)은 자신의 직책을 다하다 목숨 바친 죽음을 가리킵니다.

임종(臨終)은 일반적인 사람들의 죽음을 높여서 이르는 말인데 작고(作故), 또는 별세(別世), 그리고 타계(他界)도 함께 씁니다. 인간세계를 떠나 다른 세계로 간다는 뜻입니다. 사망(死亡)이 오늘날 죽음을 뜻하는 단어로 가장 많이 쓰입니다. 전사(戰死)는 군인이 전장에서 싸우다 맞은 거룩한 죽음이죠.

죽음을 회피하려는 노력들

죽음이 누구도 피할 수 없는 것이다 보니 인류역사를 살펴보면, 진시황, 이집트 파라오, 그리고 김일성까지 권력과 돈을 움켜쥐었던 역사상 수많은 권력자 독재자들은 예외 없이 죽음을 회피하고자 노력을 해 왔습니다. 영원히 죽지 않는 생명체가 실제로 존재하는지, 또 그 비밀은 무엇인지 연구하는 사람들도 많고, 영원히 살고 싶은 욕망을 투영한 불사의 존재를 상상력으로 만들어내기도 하였습니다. 안티에이징이 이제는 의학 연구 분야를 넘어서 화장품, 식품 등으로 영역을 넓혀 가면서 조금이라도 더 젊게, 하루라도 더 오래 살고 싶은 욕망 충족을 위하여 돈 아끼지 않고 투자하는 사람들도 많습니다.

투리토프시스 누트리쿨라(Turritopsis nutricula)라는 해파리가 있는데 번식 후 나이를 거꾸로 먹는 방법으로 실제로 죽지 않는다고 하는데 원통형 몸체로 바위에 붙어사는 미성숙 단계 즉 폴립 상태로 되돌아가는 원리라고 합니다. 그러나 세상에 존재하는 생명 있는 존재의 99.99%는 생명이 유한하며 언젠가는 죽습니다.

아라비아 사막에 산다고 하는 피닉스(Phoenix), 불사조(不死鳥), 또는 불새는 오륙백 년마다 스스로 몸을 불태워 죽고 그 재 속에서 부활한다고 합니다. 바로 영원불멸의 상징입니다. 물론 피닉스는 영생 불사를 믿는 사람들의 상상력으로 만들어진 허구의 존재입니다.

기독교에서 부활은 죽은 생명이 다시 살아나는 것을 말하며 죽은 지 3일 만에 부활한 예수의 기적은 가장 중요하게 숭배하는 종교적 가치이자 소망이고 상징입니다.

영생은 불로장생과 똑같이 동서고금을 막론하고 수많은 사람들의 오랜 소망입니다.

메소포타미아의 길가메시 서사시에 불로초를 얻는 이야기가 있습니다. 길가메시(Gilgamesh)는 고대 메소포타미아 수메르 왕조 초기 우르 제1왕조의 전설적인 왕(기원전 2600년경)으로 수많은 신화나 서사시에 등장하는 영웅입니다. 길가메시는 친구의 죽음을 경험하고 나서 죽음을 두려워하게 됩니다. 그래서 영생의 비밀을 발견하기로 결심하고 모험을 나서게 되는데 마침내 저승세계에 도착하여 영원히 살 수 있는 바다 밑바닥에서 자라는 불로초를 얻습니다. 하지만 불행하게도 뱀 한 마리에게 불로초를 빼앗겨 버리면서 그의 꿈은 허사가 되어 버립니다. 영생불사는 영웅에게마저도 불가능하다는 비극적 이야기이죠.

고대 인도의 서사시 리그베다에는 마시면 죽지 않는 불사 음료 암리타를 둘러싸고 신과 악마가 싸우는 이야기가 있습니다. 암리타(Amrita)는 산스크리트어로 불사(不死)를 뜻하는 인도 신화 속 생명수입니다.

최초로 중국을 통일한 진시황이 불로불사하고자 신하 서복에게 선인(신선, 방사 또는 연단술사)을 찾아오라고 명령합니다. 서복은 진시황에게 동쪽에 봉래산 방장산, 영주산이라는 신선이 사는 산이 있는데. 거기에 가서 불로초를 구해 오겠다고 60척의 배, 5천 명의 일행, 3천 명의 동남동녀를 데리고 가지만 영원히 소식이 끊기고 맙니다. 이야기 속 그가 불로초를 구하러 간 곳이 우리나라 한라산, 또는 지리산이라고도 하며, 또는 일본으로 갔다고도 합니다.

중국은 고대부터 도교를 중심으로 연단술(연금술)이 발달했습니다. 천하를 얻은 영웅 진시황도 궁궐에서 연단을 제조하여 불로장생을 꿈꿨습니다. 이들 연단술사들은 금이나 은처럼 영원히 부식되지 않는 물질을 인체가 흡수하면 불로장생할 수 있다고 여겼습니다. 그래서 이런 물질이 인체에 흡수가 잘 되도록 성질을 변형시키고 먹기 쉽도록 둥근 환 형태로 만들어 불로장생을 소망하던 권력자에게 바쳤습니다. 그러나 아이러니하게도 이런 결과물은 수은 같은 중금속이 대부분이었고, 중금속에 중독된 권력자들은 자신들의 바람과는 반대로 불행하게 일찍 죽게 됩니다. 시황제도 중금속의 맹독에 중독되어 일찍 사망합니다.

한나라 무제 때는 3천 년에 한 번 익는다는 전설의 서왕모 복숭아를 훔쳐 먹고 영원히 죽지 않게 되었다는 동방삭의 전설이 있습니다. '삼천갑자 동방삭'으로 유명한 이 사람은 걸출한 외모, 익살스러운 언변과 거침없는 행동으로 유명했다고 하지만 우리에게는 3천 곱하기 60년을 장수했다는 허풍 때문에 장수(長壽)의 상징으로 불립니다.

유명한 중국의 천재 시인 이태백이나 문장가 백낙천도 불로불사약을 만들려고 노력했다고 전합니다. 우리 민족의 조상인 단군왕검은 1,908세까지 장수하였다고 하며, 구약성경을 보면 창세기 5장에 아담의 계보가 나오는

데, 게난은 910세를 살았고, 마할랄렐은 895세, 야렛은 962세, 에녹은 365세, 므두셀라는 969세, 라멕은 770세를 살았고, 노아는 500세에 자녀를 낳았다고 씌었습니다.

종교에 대해서는 아는 게 없기 때문에 저분들의 장수한 나이가 현대인의 자연 나이와는 다른 개념일 것이라고 생각하지만, 저런 장수 나이에도 고대인들의 불로장수하고 싶은 염원이 반영된 것은 아닐까 생각해 봅니다.

환생과 윤회

영생불사의 소망이 또 다른 형식으로 만들어진 것이 바로 환생과 윤회입니다. 환생(還生)은 죽은 생명체가 다시 태어나는 것으로, 불교에서는 윤회(輪廻)라는 말과 함께 잘 쓰이고 일부의 다른 종교에서도 종교적 내용을 언급할 때 함께 쓰입니다.

환생의 사례로 티벳불교인 라마교 지도자 달라이라마의 신비한 이야기가 있습니다. 모든 라마교 신자들은 달라이라마가 죽어도 영원히 환생한다는 절대적 믿음을 갖고 있습니다.

인도에서 티베트 망명정부를 꾸려 살고 있는 현재 14대 달라이라마 본명은 텐진 갸초입니다. 그는 티베트의 어느 마을에서 농민의 아들로 태어났습니다. 13대 달라이라마가 임종 직전에 자신의 환생을 예고하면서 유언한 '앞에 호수가 있는 하얀색 집'을 1935년 수색대가 발견하였고 선대 달라이라마가 아니면 도저히 대답할 수 없는 질문에 대답함으로써 환생이 증명되었습니다. 이렇게 앞대 달라이라마의 기억을 이어받은 그는 네 살 나이에 티베트 국왕에 즉위했습니다. 그는 노벨평화상과 루스벨트 자유상, 세계안보평화상 등을 받은 세계적으로 존경받는 평화운동가이자 종교지도자입니다. 브래드 피트가 주연한 영화 '티벳에서의 7년'이라는 영화에서는 그와 티베트가 당한 고난의 역사를 확실히 살펴볼 수 있습니다.

역대 달라이라마는 이런 과정을 통해서 환생으로 법통이 계승되고 있습니다. 하지만 현재까지도 환생이 과학적으로 증명되지는 않았습니다. 그래서 신비한 거지요.

힌두교와 불교에서 윤회는 인간들의 영원한 삶에 대한 기원이 반영된 가치입니다. 힌두교 교리에 인간은 우주와 세상 속에서 끊임없이 낳고 죽기를 반복하며 윤회합니다. 게다가 인간이라 하더라도 다음 생애에는 미천한 짐승으로 또는 신으로 태어나기도 합니다. 이러한 수없이 많은 윤회의 과정에서 한 인생을 살면서 쌓은 업(산스크리트어로 카르마 Karma라고 하죠.)에 의해 다음 생애가 결정됩니다. 훌륭한 삶을 살다 죽으면 다음 생애에서는 보다 고귀한 존재로 태어나고 어긋난 삶을 살면 비천한 존재인 낮은 계층이나 짐승이나 벌레로도 태어난다고 합니다. 이런 윤회에 관한 인도인의 오랜 생각을 알게 되면, 천민계층인 수드라가 별다른 불만 없이 어려운 현실에도 만족하고 사는지 조금은 이해됩니다.

고대 이집트의 미라는 파라오의 영생불사 욕망이 반영된 세계적 문화유산입니다. 황금마스크로 유명한 투탄카멘 왕은 영화나 사진 등에 자주 주인공으로 등장할 만큼 유명합니다. 고대 이집트에서는 영혼불멸사상에 따라 시신에는 혼이 깃들어 있다고 믿고 이를 보존하는 것이 고인의 내세에 중요하다고 여겼습니다. 2016년에 영국 연수 가서 들렀던 영국박물관에서 수많은 이집트 미라를 볼 수 있었는데 고대인들의 세계관, 내세관, 지배계급의 이념을 생각해 볼 수 있었습니다.

미라를 만드는 과정은 시기와 지역에 따라 매우 다양한데, 주로 장기 처리, 송진 등 약물 처리, 붕대 감기 등의 절차를 거쳐 만들어졌습니다. 이집트 파라오의 미라는 내세를 기원하며 인공적으로 만들었지만 건조한 지역이나 공기와 습기가 완전 차단된 환경에서 자연적으로 만들어진 미라도 세계 곳곳에서 제법 많이 발견됩니다. 칠레 아타카마 사막에서는 지금도 많은 자연 미라가 발굴되며 몽골의 사막지역에서도 역시 심심치 않게 발견됩니다. 심지어 우리나라 곳곳의 오래된 무덤에서도 미라가 나옵니다. 고려, 조선시대에 무덤을 만들 때 석회를 잘 발라서 공기를 차단한 덕택인데요. 덕분에 미라와 함께 발견되는 부장품인 옷이나 그릇류는 고대인들의 삶과 질병, 풍습, 문화를 연구하는 귀중한 자료가 되기도 합니다.

오래 사는 것이 축복일까?

좀비(zombi)란 부활한 시체를 일컫는 단어라는 것은 알고 있죠? 원래 좀비는 카리브해 작은 섬나라 아이티를 비롯한 여러 나라에서 믿는 부두교에서 유래합니다. 부두(voodoo)의 원명은 보둔(vodun)인데 '영혼(soul 또는 spirit)'을 뜻하는 서아프리카말로 부두교는 오늘날 전 세계에 6천만 명의 신자가 있는 규모가 제법 큰 종교입니다. 좀비는 부두교의 사제가 인간에게서 영혼을 뽑아낸 존재입니다. 그래서 사제에게 영혼을 붙잡힌 좀비는 사제의 명령에 절대 복종합니다. 우리는 많은 좀비 영화 속에서 살아있는 시체를 익숙하게 보아왔습니다. 요즘은 게임캐릭터로도 발전하여 많은 사람들에게 재미와 공포를 동시에 선물하고 있는 존재이죠.
서아프리카 지역과 부두교에 좀비라는 죽지 않는 시체가 있다면, 중국에는 꽁꽁 굳은 시체로 귀엽게 콩콩거리면서 뛰어다니는 강시가 있습니다. 강시(僵屍)란 중국의 흡혈귀 겸 좀비로서 어떤 힘에 의해서 되살아나 피해자의 기를 빼앗거나 깨물어 자신과 같은 강시로 만들어서 사람을 해치는 존재라고 합니다. 본래는 객지에서 죽어 원혼이 깃든 시체를 강시라 부르는데 장례 치르러 고향으로 보낼 때 영환술사가 부적을 붙여 움직일 수 없도록 하는 관습에서 비롯된 것입니다. 강시는 시체이므로 몸이 굳어 관절을 구부리지 못하기 때문에 영환술사의 종소리에 맞추어 뛰면서 이동한다고 합니다.

강시 전설은 명나라 중엽부터 시작되어 청나라 때 널리 퍼졌습니다. 이 때문에 청대 중국문헌이나 민간소설에는 강시 이야기가 많고, 현대에 와 홍콩에서 영화로 상업화하여 성공하였습니다. 홍콩에서 제작한 강시 영화가 20세기 후반 한동안 크게 히트했는데 이런 연유로 영화 속 강시는 대부분 청나라시대 복장을 하고 있습니다.

여러분은 좀비나 강시가 실제로 세상에 존재한다고 믿지는 않지요?

좀비와 강시가 아프리카와 아시아를 대표하는 영혼 없이 살아있는 존재의 상징이라면 유럽에는 영화로 우리에게도 익숙한 드라큘라가 있습니다. 드라큘라(Dracula)는 아일랜드의 작가 브램 스토커가 쓴 소설로, 흡혈귀인 드라큘라 백작이 주인공입니다. 드라큘라 백작은 트란실바니아의 카르파티아 산맥에 기거하는 유서 깊은 가문 출신 귀족입니다. 드라큘라는 어디까지나 소설 속에만 등장하는 상상의 인물인데 드라큘라와 흡혈귀를 동일시하는 사람이 많습니다. 드라큘라의 모델은 15세기 루마니아 트란실바니아 지방 출신의 왈라키아 공 블라드 체페슈라고 합니다. 굴론, 좀비나 강시, 흡혈귀 드라큘라도 모두 인간의 상상력이 만들어낸 허구로서 영원히 죽지 않는 불행한 존재입니다.

삶에 감사하며
어떻게 살까

삶이란 무엇인지 정리해 보려고 죽음에 대해서 생각해 보았습니다.

죽음이란 단어를 구체적으로 생각하기 시작한다면 인간은 본능적으로 두려움이나 분노의 감정에 휩싸이기 쉽습니다. 그러나 이 주제를 처음 이끌어냈던 미국의 유명한 철학교수 셸리 케이건(Shelly Kagan)이 책 'DEATH'에서 한 말을 다시 잠깐 인용해 봅니다.

'오히려 삶에 대해 감사하고, 그리 많은 시간이 주어 있지 않으니 우리 인생을 가능한 한 많은 것으로 채워 넣으라.'
'우리는 죽는다. 그래서 잘 살아야 한다. 죽음을 제대로 인식한다면 인생을 어떻게 살아야 하는지에 대한 행복한 고민을 할 수 있다.'

행복한 삶, 가치 있는 삶을 위한 전략으로 저자는 삶의 가치 또는 행복의 총량을 가로가 수명, 세로가 행복지수인 사각형에 비유합니다. 사람들은 일반적으로 사각형의 면적이 최대치인 삶을 택할 것입니다. 높은 가치가 있는 성취를 이룩한 삶을 추구한다면, 그 과정에서 개인이 세상을 떠난 후에도 계속해서 남아 있을 무언가를 성취한다면 더욱 가치 있는 삶이 될 것입니다. 생명에 대한 본능과 의지는 미물이건 고등동물이건, 하물며 사람에게는 공통적으로 세상에서 가장 아름다운 본능입니다. 자신의 삶이 쓸모없다고 스스로 목숨을 끊는 이름 없는 곤충이나 잡초는 세상에 존재하지 않습니다. 앞날이 창창한 사람들일수록 세상에 태어난 사실 자체가 얼마나 큰 행운이고 축복이었는지, 하늘은 얼마나 푸르고 아름다운지, 나를 사랑해 주는 사람은 또 얼마나 많은지 다시 한 번 생각해 보아야 합니다.

다시래기와 씻김굿

삶이 무엇인지 또 다른 생각을 전라남도 진도를 소개하며 시작합니다. 진도는 우리나라에서 제주도와 거제도 다음으로 큰 섬입니다. 이 섬에 가면 육지와 많이 다른 문화적 느낌을 받게 됩니다. 그곳의 대표 자랑거리는 진돗개와 민요 진도아리랑입니다만 고려시대 삼별초군이 끝까지 대몽항쟁을 벌인 비장한 역사가 있고, 전라남도 해남군 화원반도와 사이에 있는 해협 울돌목에서는 이순신 장군의 명량대첩이 벌어졌습니다. 또, 한국문인화의 큰 산인 추사 김정희의 제자였던 소치 허련과 그의 자녀 등 한국화의 큰 맥을 이은 인물들이 살았던 운림산방이 있고, 해마다 바다가 갈라져 모세의 기적이 일어나는 회동 앞바다가 있습니다. 또, 그곳 국립 남도국악원에서는 매주 금요일에 전통공연이 이루어지는 풍류의 고장입니다.

무엇보다도 진도는 전통 민속문화의 보물창고입니다. 서남해가 교차하는 한반도 끝 외딴 곳이라는 지리적 특성상 항상 외부 문물의 유입이 늦었고, 세상의 변화 영향도 비교적 늦게 받을 수밖에 없었던 지정학적 특징 덕택에 독특한 전통문화가 잘 보전된 곳으로 평가받습니다. 진도군청 홈페이지를 들여다보면 이 지역을 '대한민국 민속문화예술특구'라고 자칭하고 있는 데서 자신이 품고 있는 전통문화에 대한 자부심을 읽을 수 있습니다.

진도 이야기를 하는 이유는 이곳에 '다시래기'와 '씻김굿'이라는 걸출한 공연문화예술이 있기 때문입니다. '죽음의 공간에서 펼쳐지는 희극적 놀이'라고 평가받는 다시래기는 이 지역의 아주 독특한 장례 공연문화입니다. 진도에서는 장례의식 때 독특한 공연이 행해져 왔는데 극적 줄거리를 갖추고 춤과 노래, 재담과 놀이공연이 함께 어우러져 한판의 완벽한 예술공연을 연출한다고 학자들에게 아주 높은 평가를 받아왔습니다. '다시래기'란 '다시 태어난다'는 의미로 죽음이 끝이 아니라 다시 새로운 삶으로 이어진다고 풀이합니다. 그래서 상갓집이 슬프기만 한 것은 아니고, 특히 망자가 호상인 경우, 잔칫집 분위기와 흡사합니다. 입관이 가까워 올수록 왁자지껄하고, 노름판이 벌어지고 노랫소리가 들리기도 합니다.

세상에는 종교별, 지역별, 나라별, 민족별로 참 다양한 장례의식과 문화가 있지만 이 다시래기와 씻김굿처럼 극적 구성력과 높은 예술성을 겸비한 문화는 전 세계 어디를 봐도 찾기 힘들다고 학자들이 극찬하고 있습니다. 더군다나 그 장례의식 속에는 졸지에 가족을 잃고 상을 당하여 상심하고 있을 상주와 그 가족들을 웃기고 위로해 주고 함께하기 위한 장치로 희극적인 놀이문화가 포함되어 있어서 이 공연이 단순한 장례의식이라기보다 상주와 가족들의 정신적 충격까지도 어루만져 주는 고귀한 예술로 평가받습니다.

다시래기는 꽹과리, 장구, 북, 징의 사물 반주에 맞춰 노래와 춤, 재담으로 엮어가는 '가상제 놀이'와 '거사 사당놀이', 상여소리와 민요 등으로 이루어집니다.

공연은 맨 처음 이승에서 이별의 아쉬움과 인생무상을 노래하는 상여소리가 불리는 것으로 시작됩니다. 이어서 본 놀이인 '가상제 놀이'로 들어가는데, 놀이가 시작되면 상주에게서 다시래기 공연을 허락받는 절차가 있고 거사 사당놀이의 거사와 사당, 중의 배역을 매우 코믹한 재담을 곁들여 뽑는 과정이 있습니다. 배역이 선정되면 장님역인 거사는 지팡이를 짚고 봉사춤을 한바탕 멋들어지게 추며, 봉사 마누라 역할인 사당은 곱사춤을 추고, 중은 염불소리와 허튼춤을 추면서 상제와 상두꾼들을 웃긴 다음, 거사 사당놀이로 들어갑니다.

거사 사당놀이가 시작되면 거사가 건넛마을 이생원 집에 경문하러 간 사이 사당과 중이 놀아납니다. 이어서 사당이 애기를 낳는 대목으로 이어집니다. 거사와 사당이 보릿대춤을 한바탕 춘 다음, 다시래기 노래와 자장가, 개 타령, 중 타령 등이 함께 틀리어집니다.

이처럼 다시래기는 여러 가지 춤과 노래, 재담과 극적 놀이가 한데 어우러지는 종합예술 형식으로 진행되기 때문에 슬픔을 안고 상가 집에 모인 문상객들을 재미와 신명의 마당으로 끌어내는 마술과 같은 효과가 있습니다. 게다가 사당이 애기를 낳는 과정을 통해서 죽음이 끝이 아니라 새로운 생명의 탄생으로 이어짐을 상징적으로 보여줍니다. 이는 죽음을 삶의 새로운 시작이라고 긍정적으로 인식하는 윤회적 인생관이 반영된 것이라고 평가할 수 있습니다.

우리의 삶이 계속된다는 점에서 진도의 다시래기는 사람들에게 죽음을 삶의 한 과정으로 보고 통과의례 가운데 하나인 상례를 통과하면서 죽음에 마냥 슬퍼하지 말라는 가르침을 주고 있다는 점에서 자랑스러운 세계적

문화유산입니다.

서양에는 레퀴엠이 있다

한편 서양에는 '레퀴엠(requiem)'이라는 종교음악이 있습니다. 레퀴엠은 기독교 위령 미사 때 연주되는 음악의 총칭입니다. 레퀴엠은 '죽은 이를 위한 위령미사'에 연주되는 무겁고 침울한 예식 음악이므로 분위기가 엄숙할 수밖에 없습니다. 무덤에 잠든 사람의 영혼이 최후의 심판 날에 구제되어 천당에 들어갈 수 있도록 기원합니다. 정식이름은 '죽은 이를 위한 미사곡'이지만 처음 시작하는 입제창(入祭唱, Introitus)이 라틴어의 'Requiem aeternam dona eis Domine(주여, 영원한 안식을 그들에게 주옵소서)'로 시작되므로 레퀴엠 미사, 줄여서 레퀴엠이라 하고 진혼곡, 또는 진혼미사곡 등으로 번역됩니다. 세상 사람들은 흔히 4대 레퀴엠이라고 보통 모차르트, 베를리오즈, 브람스, 포레, 베르디의 곡들을 열거하기도 하는데, 이는 사람들이 선호하는 대중성과 관련 있겠지만 감상에는 사람마다 취향이 다르기 때문에 이 작품들도 사람들의 일반적인 선호도가 높은 곡이라고 설명할 수 있을 것입니다.

장례미사나 기독교적 예식이 완성되지 않았던 초기 기독교에서는 여러 지역 수도원에서 각기 다른 방식으로 예식을 진행하다가 15세기 그레고리오 성가 선율을 바탕으로 한 다성 레퀴엠이 등장하였고, 17세기 이후 트렌토 공의회의 결정으로 장례 예식이 확정되면서, 레퀴엠이 작곡되고 이후 기악으로 발전하고, 푸가 형식이 등장하고, 독창, 합창, 관현악으로 발전하였습니다. 종교의식과 레퀴엠이 밀접한 관련이 있다는 것을 알겠지요? 하지만 예외가 있습니다. 브람스의 '독일레퀴엠', 힌데미트의 '레퀴엠', 브리튼의 '전쟁레퀴엠' 등은 종교의식과 관계없이 연주회용으로 작곡된 음악입니다. 또 레퀴엠 대부분은 라틴어로 쓰였으나 브람스의 독일레퀴엠과 프란츠 슈베르트의 레퀴엠은 독일어로, 그리고 펜데레츠키의 레퀴엠은 폴란드어로 썼습니다.

레퀴엠은 일반적으로 다음과 같은 순서로 구성됩니다.
자비송(Kyrie, 키리에), 대영광송(Gloria, 글로리아), 크레도(Credo), 상투스(Sanctus), 하느님의 어린 양(Agnus Dei, 아뉴스 데이)

레퀴엠을 작곡한 주요 작곡가들은 다음과 같습니다. 르네상스 및 바로크 시대에 토마스 빅토리아, 조반니 팔레스트리나, 클라우디오 몬테베르디, 하인리히 프란츠 폰 비버 고전파시대에 모차르트, 요제프 아이블러, 루이지 케루비니 낭만파시대에 샤를 구노, 안톤 드보르작, 프란츠 리스트, 주세페 베르디, 헥토르 베를리오즈, 요하네스 브람스, 로베르트 슈만, 프란츠 슈베르트, 카를 체르니, 가브리엘 포레가 있고, 낭만파시대 이후 현대까지에는 리게티, 프랭크 마틴, 안톤 브루크너, 벤저민 브리튼, 앤드류 로이드 웨버, 펜데레츠키, 그리고 한국인 류재준이 있습니다.

요 몇 년째 레퀴엠 감상에 시간을 아주 많이 투자하고 있습니다. 각별히 애착이 가서 수십 수백 번 반복해 들느라 귀에 못이 박힌 곡이 몇 개 있습니다. 바로 브람스의 독일레퀴엠, 모차르트, 드보르작, 포레, 베르디의 레퀴엠이 그것입니다. 곡을 즐기는 마니아도 많고, 세상에 널리 알려지고,

대중성도 갖춘 유명한 이 곡 전체를 감상하려면 곡당 한두 시간 가까이 소요됩니다만 엄숙함과 비장함, 탄식, 그리고 하늘에서 들려오는 듯한 거룩한 소리와 환희의 기쁨에 길들기 시작하면 마치 깊은 수렁에 빠져들면 매몰되어 헤어나지 못하듯 깊은 맛에 빠져듭니다. 이 곡들을 장례미사라는 주제를 염두에 두고 듣기 시작하면 너무 엄숙할 것 같고 똑같을 것 같지만, 삶과 죽음에 대한 작곡가마다의 성찰과 인생에 대한 깊은 생각들이 다양하게 반영되어서인지, 듣노라면 어느새 그 작곡가와 함께 호흡하고 있는 것 같은 착각과 환각의 세계 속으로 빨려 들어갑니다. 실제로 레퀴엠은 작곡가가 가족, 친지들과 사별한 아픔을 겪은 경험이 반영된 경우가 많습니다. 그래서 나이를 많이 먹고, 가족과 사별한 경험도 있는 나 같은 어른들에게는 실감이 더 나겠지요. 요즘 잘 쓰는 말로 표현하자면 레퀴엠 음악에는 중독성이 있습니다.

내 귀에 익숙한 이 곡들을 간단히 요약해 소개하겠습니다.

레퀴엠의 명곡들

이탈리아 사람 베르디의 '레퀴엠'은 규모가 커서 연주에 네 명의 독창자, 혼성 4부 합창, 대편성 오케스트라로 구성되고 전곡 연주에는 80분 이상 걸립니다. 초연 당시에 무려 110명으로 구성된 오케스트라와 합창단원 120명이 동원되었다고 합니다. 연주 규모가 무척 크고 내용면에서도 극적 장치가 커서 공연장에서 연주되는 경우가 많고, 특히 합창곡 '진노의 날(dies irae)'은 워낙 유명한 곡이라 사람들의 귀에 친숙합니다. 이 곡이 '역사상 가장 강렬하고 장엄한 레퀴엠'이라는 평가를 받습니다.

전체 곡은 다음과 같이 구성되었습니다.

제1곡. Requiem et Kyrie(영원한 안식을 주소서, 자비를 베푸소서) – 합창, 4중창

제2곡. Sequenza(속송, 續誦)

　　　1. Dies irae(진노의 날) – 합창

　　　2. Tuba mirum(최후심판의 나팔소리) – 합창, 베이스

　　　3. Liber scriptus(적혀진 책은) – 메조소프라노, 합창

　　　4. Quid sum miser(가엾은 나) – 메조소프라노, 소프라노, 테너

　　　5. Rex tremendae(위엄의 왕이시여) – 합창, 4중창

　　　6. Recordare(자비로우신 예수님) – 소프라노, 메조소프라노

　　　7. Ingemisco(저는 탄식하나이다) – 테너

　　　8. Confutatis(심판받은 자들) – 베이스, 합창

　　　9. Lacrymosa(눈물의 날) – 4중창, 합창

제3곡. Offertorio(봉헌송) – 4중창

제4곡. Sanctus(거룩하시다) – 합창

제5곡. Agnus Dei(하느님의 어린양) – 소프라노, 메조소프라노, 합창

제6곡. Lux aeterna(영원한 빛) – 메조소프라노, 베이스, 테너

제7곡. Libera me(저를 구원하소서) – 소프라노 독창, 합창

내가 개인적으로 가장 좋아하는 브람스의 '독일레퀴엠'은 여러 가지 면에서 특색이 있습니다. 가사도 라틴어가 아닌 마틴 루터의 독일어 성서에서 가져온 가사에 곡을 붙였고, 가톨릭 미사용이 아닌 연주회용이라는 점입니다. 전곡 7부로 되어있고, 하느님의 위대한 힘과 인생의 무상함, 심판의 공포, 누구나 다 죽는다는 인간의 숙명, 남은 자에게 주는 위안, 남겨진

자의 슬픔, 그리고 부활의 희망을 다루고 있다는 점은 다른 레퀴엠들과 크게 다르지 않습니다.

이 곡은 어머니의 죽음에서 영감을 얻었고, 또 절친했던 작곡가 슈만의 죽음과도 연관이 있다고 합니다. 실제로 그는 1865년 2월 어머니가 세상을 떠났을 때 슬픔에 잠긴 채 제1악장과 제4악장을 완성하였다고 알려졌습니다. 제2악장은 슈만이 정신분열증으로 자살을 시도하였을 때, 평생 흠모했던 슈만의 부인 클라라를 돌보기 위해 뒤셀도르프로 가는 길에 작곡했는데 클라라를 평생 진심으로 사모하였던 그가 슈만의 죽음과 관련한 감정을 담아냈다고 합니다. 1868년 4월 10일, 브레멘 교회에서 브람스가 직접 지휘하여 초연하였고, 현재 많은 사람이 가장 사랑하는 레퀴엠 중 하나입니다.

신세계 교향곡으로 우리에게 낯익은 작곡가 드보르작의 '레퀴엠(Dvorak-Requiem Op.89)'도 개인적으로 아주 좋아합니다. 정서적으로 친근감을 느끼는 선율이 담겨있기 때문입니다. 이 곡은 1890년에 영국의 위촉을 받아 작곡하였고, 1891년 10월 9일 영국 버밍엄 음악제에서 그의 지휘로 초연되었습니다. 드보르작 특유의 서정적 선율에서 오는 아름다움이 돋보입니다. 이 곡은 청중에게 죽음이라는 공포에서 구원이라는 희망을 보여 준다는 평가와 함께 다른 작곡가의 레퀴엠과 달리 '죽은 자를 위한 미사가 아니라 산 사람들에게 희망의 메시지를 주는 따뜻한 곡'이라는 평가를 받습니다. 그래서인지 나도 개인적으로 한국사람의 정서에 가까움, 친근감을 많이 느껴서 아주 많이 듣고 있습니다.

프랑스 작곡가 가브리엘 포레(Gabriel Fauré)의 '레퀴엠'은 웅장한 관현악으로 심판의 공포를 강조한 베를리오즈나 베르디의 레퀴엠과 달리, 망자의 영혼에 대한 위로라는 레퀴엠 본연의 목적에 충실한 작품으로 평가받습니다. 서정적인 선율미와 군더더기 없는 담백한 오케스트레이션으로 종교적 감정 못지않게 인간적 구원의 감정에 충실하려 했다는 점에서 망자의 죽음을 위로하는 진혼미사곡이라기 보다 콘서트용 레퀴엠이라는 성격이 강하다고 합니다.

모두 7개 악장으로 구성되었고 다른 레퀴엠과 달리, 분노의 날(Dies irae)은 생략되고, 대신 자비로운 예수(Pie Jesu)로 대체하였다는 특징이 있습니다.

내가 각별히 좋아하는 베르디, 브람스, 드보르작, 포레의 레퀴엠을 간략하게 소개했습니다. 근데 첫째 자리에 있어야 할 모차르트의 레퀴엠은 생략하였습니다. 모차르트와 그의 레퀴엠을 말하기보다는 밀로스 포먼 감독의 유명한 영화 '아마데우스'를 소개하는 게 낫다고 생각하기 때문입니다. 영화 '아마데우스'는 비엔나 왕실 궁중음악가 살리에리가 혜성처럼 나타난 후배이자 천재 작곡가 모차르트의 소문을 듣고, 그의 천재성을 확인하려 하는데 방탕하고 오만한 모차르트의 행동과 모습에 충격을 받고 모차르트의 천재성을 시기하고 자신에게 재능을 주지 않은 신에게 분노하면서 자유분방한 영혼의 모차르트를 파멸시켜간다는 줄거리입니다.

모차르트의 경쾌한 소품곡에서부터 시작하여 점차 오페라와 레퀴엠에 이르기까지 그의 음악을 배경으로 한층 깊이를 더해가는 영화는 후반부에 이르러 파국으로 치닫는 주인공의 모습과 함께 레퀴엠의 장엄함을 화면으로 실감하게 됩니다. 오늘 다시 한 번 3시간짜리 긴 영화 '아마데우스'를 감상해야겠습니다.

장례를 배경으로 하는 음악이지만 레퀴엠은 사람의 마음을 고요와 평화로 이끌어주는 매력을 가졌습니다. 고인에게는 정중하게 명복을 빌고, 육친을 비롯하여 주변의 가까운 사람들과 영원한 이별의 아픔을 당한 사람들을 위로하는 일이 사실은 살아있는 사람들에게 삶이 무엇보다 중요한 일이자 건강한 삶을 약속하는 아주 중요한 행위라는 사실을 알리는 것이기 때문입니다. 지위고하나 재산의 많고 적음과 아무 상관없이 세상에 삶보다 소중한 것은 없습니다.

—

설거지하는 아빠가
딸도 잘 키운다

—

양성 평등과 성 역할

인터넷언론 허핑턴포스트 2014년 5월 30일자에 실린 기사 제목인데, 아래에 이 기사를 전재하였습니다.
http://www.huffingtonpost.kr/2014/05/30/story_n_5413416.html

가사 분담에 적극적인 아버지가 딸들의 성공 가능성을 높여 준다는 연구 결과가 나와 눈길을 끌고 있다. 가사에 적극적인 아버지가 보여 주는'롤 모델'이 딸들에게 전통적인 성역할에서 벗어나 다양한 꿈과 희망을 유도하게 돼 인생에서의 성공 가능성을 높여 준다는 것이다.

아버지가 요리와 설거지, 빨래를 많이 하는 집에서 태어난 딸일수록 장래희망을 '여성에 대한 벽이 높은'의사나 경찰관, 회계사나 과학자 등으로 다양하게 꿈꿀 가능성이 높았다.

반면에 아버지가 가사분담 등을 통한 실천은 하지 않고 '양성평등적 발언'

만을 통해 딸에게 동기 부여를 하면 거의 효과가 없는 것으로 나타났다. 아버지가 가사를 분담하지 않고 어머니에게 맡기는 모습을 딸들이 계속 보게 되면 '여성은 가사 전담'이라는 의식을 갖기 때문으로 풀이됐다.

알리사 크로퍼드 박사는 "아버지가 양성평등을 옹호하더라도 실제로 집에서 가사분담을 하지 않으면 딸들이 전통적인 여성 역할에서 크게 벗어나지 않는 '간호사, 교사, 사서, 전업주부'가 되기를 선호할 가능성이 높았다"고 설명했다.

여러분은 댁에서 딸을 어떻게 키우시나요?

나는 무남독녀 외동딸을 키웠습니다. 현재 대학 2학년 마치고 미국에 공부하러 갔습니다. 어느 집이나 마찬가지겠지만, 외동이 키우는 집 자식은 금지옥엽이지요. 중국에서는 한 자녀 한정 양육을 국가에서 법으로 정해 놓았기 때문에 너나없이 한 자녀만 두어야 하고 그래서 그 자녀들은 '소공자' '소공주'로 불린다고 하지요. 어린 시절 읽었던 동화 '소공자, 소공녀'의 주인공이 생각납니다만 왕자나 공주처럼 떠받들어 키우니 귀한 자식이라지만 못된 버릇도 크게 자랄 수밖에 없을 것입니다. 우리 부부도 마찬가지로 누르면 꺼질세라 불면 날아갈세라 조바심하며 딸을 키웠습니다.

부부가 모두 직장생활을 해야 하는 사정 때문에 신생아 때부터 아이 돌보기를 철저하게 역할분담 하였지만 그래도 가능하면 남자인 내가 더 많은 역할을 맡았습니다. 새벽 두세 시쯤 깨는 아이의 기저귀 갈고 분유 한 번 먹이고 기저귀 등 빨래 챙기고 출근하면서 놀이방에 데려가거나 데려오는 일도 맡아서 했지요. 아내의 체력이 감당 안 되었기 때문이기도 했지만 부부는 일심동체인데 능력이나 체력에 더 여유 있는 남자가 육아의 책임도 더 지는 것이 당연하다고 생각했습니다.

경청하는 부모 되기

　　　　　　　　　　　　　　아이의 말문이 터지고 언어체계가 잡히기 시작하는 3세를 넘자 아이의 사고력도 자리 잡기 시작한다는 판단이 생겼습니다. 자연히 가족이 서로 주고받는 일상의 대화와 놀이에도 기승전결을 구분하고, 모든 행위에도 인과관계를 분명히 해야 아이의 지적 성장에 도움이 되겠다는 생각이 들었습니다.

이 시기에 아이들은 끝도 없는 질문, '왜?'를 쏟아내기 시작합니다. 자상한 대부분의 부모들은 끝도 없이 이어지는 아이의 질문에 인내하던서 친절하게 답변을 합니다만, 반복되면서 서서히 지쳐가고 인내의 한계에 도달하면 답변을 대신할 만한 것, 아이에게 그림책을 던져주거나 뽀로로 같은 방송 비디오를 켜주고, 비디오 게임기, 동화 카세트테이프, 그리고 요즘은 스마트 폰을 아이의 손에 맡겨서 문제를 쉽게 해결하기도 합니다. 그런데 학자들의 연구 결과에 의하면 그런 첨단 전자기기가 아이들의 지적 신체적 성장에 긍정적 효과는 적고 오히려 역효과를 가져온다는 주장이 나오기도 합니다.

아이 양육에 지치고 인내가 한계에 당도하더라도 부모라면 모름지기 절대로 아이에게 화내면 안 됩니다. 부모가 화를 내거나 대답을 회피하게 되면 아이는 하던 질문을 중단하게 되고, 눈길도 회피하게 되고, 당연히 지적 성장에도 마이너스가 되겠지요.

일찍 자고 일찍 일어나는 생활 습관, 소위 아침형 인간으로 키우는 것이 건강면, 생활 습관면, 시간 활용면에서 유리하다고 합니다. 게다가 본격적인 성장기에 접어들면서 너나없이 아이들 걸음걸이는 집안에서 종종걸음이기 마련이라 아파트 아래층 층간소음도 여간 신경 쓰이는 게 아니라서 우리 부부는 일찍 재우려고 거의 매일 밤 9시만 되면 집안의 전등을 모두 끄고 가족이 함께 잠자리에 들었습니다.

그렇다 할지라도 아이가 곧바로 꿈나라로 가는 것은 아닙니다. 이때가 진정한 자녀 교육의 시간이 되고 부모와 자식 간 신뢰와 신체적 유대관계를 공고히 하는 기회가 됩니다. 아이는 비록 어리지만 낮에 어린이집이라는 열린 외부세계로 나들이하고 돌아왔기 때문에 나름의 사연과 관심사가 매일 매일 생깁니다. 그래서 아이의 입을 통해 그날 어린이집이나 유치원에서 선생님이나 또래들과 함께 생활하면서 겪었던 갈등이나 에피소드를 침대에 누운 채 들을 수 있습니다. 이때 아이가 조잘거리면서 말하는 화제는 어른의 입장에서는 하찮거나 대꾸할 가치가 없는 것이 태반이지만 아무리 하찮은 말이라도 싫은 표정 없이 아이의 말에 맞장구쳐 주고 동조해 주는 부모의 진지한 경청 태도는 아이에게 안정감과 자신감을 안겨 주는 중요한 동기가 됩니다.

아빠가 들려주는 구연동화

하루의 고단한 일과를 마치고 잠자리에 누우면 피로가 몰려옵니다. 고단한 몸을 누인 어른에게 초롱초롱한 아이는 부담이 되기도 합니다. 그래서 카세트나 시디플레이어 스위치를 눌러 기계에게 동화 들려주기를 맡겨 버리고 자신은 잠들어 버리기 쉽습니다. 하지만 기계에서 나오는 일방향 소리에 아이는 별로 흥미를 느끼지 못합니다.

아이들은 의인화된 동물 이야기인 우화를 좋아합니다. 그 속에서 여우, 늑대와 까치, 사자와 호랑이가 서로 친구가 되어 말을 하고, 고양이와 쥐, 뽀로로와 크롱은 무서운 짐승이 아니라 어린이의 친구입니다. 국문학 전공을 살려서 밤마다 딸과 침대에 함께 누워 온갖 이야기보따리를 풀어냈습니다. 동화책을 펼쳐 보이면서 읽어 주기보다는 아빠의 구어체 동화 구연이 아이를 훨씬 잘 재울 수 있고 아이가 어릴수록 이솝우화 한 꼭지로 아이를 쉽게 재울 수 있습니다. 우화를 들려주다 보면 아이는 아빠 품에서 쌔근쌔근 잠들곤 하지요. 이솝우화 이야기보따리가 바닥날 때쯤이면 다음 단계로 삼국유사에 담긴 주옥같은 이야기보따리를 밤마다 하나씩 풀어헤칩니다. 혹부리 영감의 혹 속에 그득 담겨 있던 이야기 주머니처럼 삼국유사는 끝도 없는 옛날이야기의 화수분입니다. 단군과 웅녀로부터 시작한 이야기는 해모수와 주몽, 김수로왕을 거쳐 박혁거세, 온조, 선덕여왕, 진성여왕, 김유신과 문희, 연오랑 세오녀, 원효대사의 해골바가지와 의상대사, 의자왕과 삼천궁녀가 이야기 주머니에서 아이의 잠자리에 흘러나와 꿈길로 이끌고 갔습니다.

아이가 초등학생이 되면서는 안델센, 그림형제의 성냥팔이소녀, 인어공주, 미운오리새끼, 백설공주와 일곱 난쟁이, 소공자 소공녀 같은 동화를 거쳐 야사 중심의 고려와 조선시대 이야기로 연결되었습니다. 왕건의 삼국통일과 건국, 고려청자, 몽골의 침공과 삼별초 전쟁, 공민왕과 노국공주의 사랑이야기를 거쳐서 이성계의 왜구토벌과 조선 건국, 왕자의 난, 위대한 세종대왕, 성삼문과 사육신, 그리고 세조의 꿈속에 나타나 "네가 내 아들을 죽였으니 나도 네 자식을 잡아가겠다."는 단종 어머니의 저주로 자녀가 급사한 세조, 이순신 장군, 임진왜란과 병자호란, 삼전도의 치욕을 이야기로 들려주다 보니 아이가 중학생 시절, 국어시간 역사시간에 나오는 이야기 가운데 어떤 것이 낯익다 했는데 어려서 아빠가 잠자리에서 들려주었던 이야기더라고 하면서 신기해했습니다. 그렇게 아이는 중학교와 고등학생 시절이라는 문을 통과해 지나갔고, 자연스럽게 아빠의 품에서 벗어났습니다.

만약 아빠의 동화 구연 목소리가 아닌 카세트플레이어의 기계 소리가 아이의 잠자리를 대신하였더라면 부녀간의 신뢰관계를 지금처럼 만족스럽게 얻을 수는 없었을 것입니다. 대개 딸들은 엄마와 신뢰관계가 굳게 형성되지만 우리는 부녀지간이 모녀관계 못지않게 굳건합니다.

요리하는 아빠와
함께 자란 딸

이 이야기의 시작인 부엌을 점령한 아빠 이야기로 돌아오겠습니다. 나는 학창시절 자취경력이 길어서 요리와 부엌일에 익숙합니다. 여자형제가 없는 집안의 장남으로 성장하다 보니 어려서부터 어머니 일을 자연스레 도와드렸고, 가사노동에 남녀구분이 없었던 덕택이기도 하고, 개방적인 어머니 덕택이기도 합니다. 어머니는 일제강점기에 일본 히로시마에서 살았고, 그곳에서 초등학교를 졸업하였으며 자연히 성장기에 일본문화를 직접 경험하셨지요. 비록 식민지 출신이었지만 사업가였던 외할아버지 덕택에 일본에서 유복한 어린 시절을 보낸 어머니는 신식 문물에도 밝았고, 초등학교에서는 4년간 반장을 할 만큼 똑똑했고 독서를 유독 좋아해서 일본인 담임선생님의 총애를 받았다고 합니다. 내가 어려서부터 책을 좋아했던 이유도 어머니에게서 물려받은 정신적 유산이라 믿고 있습니다. 그 세대 어른들이 당연히 가진 남아선호 의식도 드러냄 없이 외동딸만 있는 우리 가정에 눈치 한 번 주지 않으셨습니다.

아이는 아빠가 만들어 주는 떡볶이를 좋아했습니다. 특히 양파를 잘 볶고 라면발을 추가한 다음, 슈레드치즈를 약간 얹은 라볶이는 딸이 제일 좋아한 음식입니다. 라볶이를 요리 하노라면 곁에서 "나중에 우리 꼭 떡볶이집 하자."고 말 건네던 초등학생 딸의 그림자가 아직도 여전히 곁에 남아있습니다. 어려서부터 부엌에서 요리하는 아빠를 자연스럽게 보며 자란 딸은 아빠가 해 준 밥을 먹는 데도 익숙합니다.

외동딸이 떠나버린 집은 적막합니다만 스카이프 화상채팅을 언제든지 할 수 있고, 카톡 그룹채팅을 이용하여 우리 세 가족이 실시간으로 옆 사람과 대화하듯 통신하니 아이가 먼 곳에 있다는 실감이 잘 나지 않습니다. 금지옥엽 기른 자식이라고 행여나 다칠세라 과도나 가스불도 못 만지게 했는데, 낯선 땅에서 불고기와 부추전을 직접 만들고 과일을 깎아서 외국인 학우들에게 접대했다면서 보내온 상차림 사진을 보고 깜짝 놀랐습니다. 또 인종의 전시장이라고 하는 미국에서 국적도 다양하고 피부색도 제각각인 사람들과 스스럼없이 어울리는 모습의 사진을 보면서, '참 잘 컸구나.'하고 흐뭇해합니다.

대한민국은 스포츠나 정치나 교육이나 어느 쪽으로 보아도 여성의 인적 파워가 대단하고 타고난 재능도 남성을 능가하는 것 같습니다. 단지 과거 인습과 잘못된 정치 때문에 그동안 이 땅의 딸들에게는 수난과 어려움이 많았지만 소프트파워, 소프트웨어가 제 값을 더해가는 4차 산업혁명과 정보화시대에 여성의 가치는 점점 더 가파르게 상승하고 있습니다.

여러분은 설거지하고 빨래하는 아빠인가요? 그렇다면 따님이 성공할 확률이 아주 높습니다.

세계는 지금
인재전쟁 시대

소프트웨어교육을 선도하다

　　　　　　　　　지난 3월17일 KTX오송역 컨벤션센터에서 열린 전국 소프트웨어교육 연구학교 47개교 대표자 연수에 정보부장이랑 함께 다녀왔습니다. 그 전날 교육부 업무담당자에게서 전화를 받았습니다. 행사 시작 전인 오전 10시경까지 참석해 줄 수 있는지 묻는 전화였습니다. 공교롭게도 우리는 10시 9분에 오송역에 도착하는 열차표를 예약해 둔 상태였습니다.

'지난해 명현중학교가 타의 추종을 불허하는 성과를 거두었기 때문에 10시 10분부터 예정된 교육부차관 주재의 사전협의회에 꼭 참석해 주십사'하는 내용이었습니다. 학교법인카드로 열차표 예매가 된 상태에서 일과가 끝난 뒤에 예약을 변경하는 것이 사실상 불가능하여 아쉽지만 차관님을 비롯한 소프트웨어교육 관련 고위인사들과 따로 만나서 상황도 알아보고 의견도 제시할 수 있는 좋은 기회를 포기해야 했습니다.

사실, 우리 학교는 2014년도부터 자타가 공인하는 소프트웨어교육 선도학교로서 전국 최고로 두각을 나타내 왔습니다. 2015년에는 미래부장관이 학교를 방문하여 수업을 참관하였고, 2016년에는 교육부 주관 행복교육박람회 부스 운영에 참가하여 대통령께 관련 교육활동 내용을 성공적으로 브리핑하고 칭찬과 호평을 받았습니다. 물론 EBS, YTN, KBS 등 방송 전파도 수차례 탔고, 수많은 수상실적과 소프트웨어 마이스터고교 진학 등 관련 실적을 많이 쌓아 올리며 끊임없이 노력해 온 만큼, 이번 사전협의회에 초대장을 받는 것은 자연스러운 이치일 것임에도 교통편 때문에 아쉽게 기회를 놓친 것입니다.

10시 30분부터 개회식과 특강이 이어졌고, 점심식사 후 컨설팅 전문가 보고와 전년도 운영교 보고, 마지막으로 분임협의 순으로 행사가 진행되었습니다. 연수에 참여한 전국 여러 학교의 면모에는 스펙트럼이 다양했습니다. 우리처럼 선도학교 경험을 충분히 쌓아 올린 다음, 연구학교의 순서를 밟는 것이 가장 바람직한 도입형태라고 생각되지만, 관련 경험이 전혀 없는 학교도 있었고, 연구방향을 감 잡지 못하고 있는 경우도 있어서 어려움이 예상되기도 하였습니다.

선도학교가 관련 교과인 정보 교과 수업에서 소프트웨어교육 방법을 도입하면서 겪게 될 여러 시행착오를 거치면서 소프트웨어적 사고방식을 학생들에게 확산시키는 모델이라면, 연구학교는 선도학교를 운영하면서 정보 교과 학습을 통해 관련 마인드를 확산시킨 바탕 위에서 유관 교과인 기술가정, 수학, 과학교과는 물론, 관련성이 먼 일반교과 일반으로 소프트웨어적 사고방식을 확산시키는 수업 방법과 교육과정 모델을 개발합니다.

우리 학교는 2014년부터 선도학교를 운영하면서 정보교과에서 쌓아올린 노하우를 바탕으로 2017년부터 두 해 동안 전 교과가 참여하는 소프트웨어교육 연구활동을 하고, 이를 바탕으로 소프트웨어적 사고가 모든 학생들과 교사들에게 확산되고 정착될 수 있도록 노력합니다.

'소프트웨어교육'을 거론하면 많은 교사들이 거부감을 갖습니다. 그들이 대학생 시절에 만났던 소프트웨어들은 C++, BASIC, PASCAL, JAVA 등 난해한 텍스트 기반의 ㄱ 계어로서 사람들을 주눅 들게 하는 것들이었습니다. 이것들을 학생들에게 가르치라는 말인가 하는 의구심과 두려움, 생경함이 그것입니다. 그래서 교사들에게 소프트웨어교육의 정체를 바르게 알려야 합니다.

2018년부터 소프트웨어교육이 초중등학교의 교육과정 정규과목이 되었습니다. 초등학교는 17시간, 중학교는 34시간 이상 의무적으로 교육해야 합니다.

미래의 먹거리를 창출하는
소프트웨어교육

영국, 미국, 일본, 중국, 이스라엘, 에스토니아, 핀란드 등 많은 나라에서도 이미 소프트웨어교육을 정규교육과정에 편성하였고, 발 빠르게 소프트웨어 중심 사회로 나라를 이끌어 가고 있습니다. 그 가운데 가장 앞선 나라가 영국입니다. 영국은 100여 년 이어 온 국가교육과정을 개편하여 소프트웨어 컴퓨팅 사이언스 교육을 2014년부터 의무화하였습니다. 미국은 오바마 대통령까지 나서서 코딩교육을 독려하고 있습니다. 소프트웨어교육이 미래의 먹거리라는 인식에 세계 모든 나라가 공감하고 있습니다.

여기서 잠깐, 절대 오해는 하지 마십시오. 소프트웨어교육이 모든 학생들을 프로그래머로 만들려는 것이 아니라는 사실을 알아주시기 바랍니다. 단지 인공지능과 IOT로 대변되는 제4차 산업혁명의 물결에 휩쓸리고 있는 시대적 흐름을 인식하고, 가까운 미래의 변화를 모든 사람들이 바르게 알고, 소프트웨어를 이해하고. 바르게 사용할 수 있는 사람으로 키우자는 것입니다. 지금까지는 전혀 관련이 없거나 무관심했던 직종으로 여겨졌던 교육자, 의사, 법조인, 예술가, 운동선수까지 세상에 존재하는 어떤 직업이든 소프트웨어에 대한 이해와 함께 소프트웨어적으로 생각하기가 필수인 세상을 여러분은 살고 있습니다.
소프트웨어교육은 '컴퓨터적 사고(Computational Thinking)를 통해 문제를 해결하는 인재를 길러내는 교육'일 뿐 프로그래머 양성 교육이 아닙니다.

EBS에서 방영한 '글로벌 인재전쟁'이라는 프로그램을 재미있게 시청했습니다. 과거 20세기에는 석유, 식량, 광물 등 자원부국이 세상을 호령했는데 이제는 인재(사람)가 세상을 지배한다는 사실을 말하는 내용이었습니다. 물론, 스티브 잡스, 마크 저커버그, 앨런 머스크 등이 현재 세상을 지배하는 인재들이고요. 그들이 세상을 바꿔가고 있다는 데 이의 제기할 분은 없을 것입니다. 한 사람의 혁신인재로부터 세상의 변화가 시작된다는 사실을 증명할 수 있는 증거들입니다. 그런데 세상을 바꿔 나간 인재들이 언제나 환영받았던 것은 아니라는 사실도 의미심장했습니다. 그들은 초창기에 괴짜, 파괴자, 몽상가로만 불렸을 뿐, 환영받지 못했습니다만 굴하지 않앉고 실패를 두려워하지 않았습니다.

그들의 목소리를 들어볼까요?

"실패는 하나의 옵션이다. 만약 무언가 실패하고 있지 않다면, 충분히 혁신하고 있지 않은 것이다."앨런 머스크의 목소리입니다.

"자신이 세상을 바꿀 수 있다고 생각하는 미친 사람들이 진짜 세상을 바꾼다." 스티브 잡스의 목소리입니다.

"모두가 원하지만 아무도 하지 않는 일에 도전하라." 마크 저커버그의 목소리입니다.

이들이 왕성한 호기심을 바탕으로 세상을 향하여 자신만의 시각으로 끊임없이 많은 질문을 던지고 세상을 바꿔나가는 데에는 시대 상황과 그 나라의 토양이 중요한 역할을 하였습니다. 만약 스티브 잡스가 한국에서 태어났다면 지금쯤 용산전자상가의 한 귀퉁이에서 전자제품을 파는 판매원이 되는데 그쳤을 것이고, 저커버그의 페이스북 아이디어는 네이버나 삼성전자에 공짜로 먹혀 버리고 그는 하청직원이 되어 버렸을 거라는 자조적인 이야기를 흔히 듣습니다. 혁신가들의 호기심과 모험을 용납하지 못하는 우리의 풍토는 참 척박합니다.

학생의 당돌한 질문에 선생님은 혹시, '어디서 어린 것이, 어디서 배워먹은 버릇이야, 싸가지 없이, 버릇없이, 당돌하게, 무례하다, 선도위원회에 회부하겠다, 예의를 지켜라'로 첫걸음에 제동을 걸고 있지는 않으신가요?

직업생태계의 급변사태

　　　　　　지금 세상은 정보통신의 융합으로 사물

인터넷과 인공지능의 발달, 그리고 로봇의 등장으로 빠르게 변하면서 전통적인 일자리들도 함께 사라지고 있습니다. 우리뿐만 아니라 미국, 영국, 일본, 중국 등 세계 모든 나라에서 공통적으로 직업생태계에 급변사태가 일어나고 있습니다. 세계 1등 강국 미국에서도 스팀교육 프로젝트 학습이 강조되고 오바마 정부도 융합교육, 소프트웨어 코딩교육을 중요하게 추진하고 있다고 합니다.

스팀(STEAM)교육은 2006년 미국 국가경쟁력 강화 차원에서 도입된 교육 방식입니다. 스팀이란 과학, 기술, 공학, 예술, 수학의 약자로 이들 과목의 벽을 과감히 뛰어넘는 융합형 혁신 인재를 키우고자 합니다. 우리나라에 과학예술영재학교가 설립된 것도 같은 차원으로 이해할 수 있습니다.

지금 세상은 정보통신기술의 융합으로 이루어진 4차 산업혁명이 삶의 패러다임을 흔들고 있습니다. 인공지능, 사물인터넷, 3D프린팅, 로봇공학, 클라우드, 빅데이터 신기술이 세상을 바꾸고 있기 때문에 이런 영역에서 능력을 발휘할 수 있는 인재가 필요합니다.

이런 흐름을 잘 읽고 대응하는 국가나 기업, 개인에게 기회가 무궁무진하게 열릴 것이라는 점에 대해 주목하고 있는 프로그램 기획자의 의도가 읽히면서 학교교육이 할 몫이 무엇인지를 생각하게 합니다.

융합형 인재를 키우기 위해 설립한 과학예술영재학교가 취지에 맞도록 학교 교육에 혁신이 일어나기를 기대해 봅니다. 재작년 우리 학교 졸업생이 과학예술영재학교에 진학하여 장래가 촉망됩니다만, 우리나라 풍토에서 뛰어난 재능의 융합형 인재가 무럭무럭 자라날지는 사실 의심반입니다. 해마다 최고의 인재들이 전국 각지의 과학고등학교에 입학하지만, 졸업생의 90%가 의대나 법대에 진학합니다. 이 같은 한심한 현실이 나라의 장래를 걱정하는 많은 사람들을 좌절하게 합니다. 20명이 넘는 과학자들이 노벨상을 수상한 일본과 비교해 보아도 우리의 토양은 척박하기 그지없습니다.

우리가 가고 있는 인천형 혁신학교인 행복배움학교의 교육활동 길에 2018년도부터 정규교육과정으로 편성되어 시대적 대세가 된 소프트웨어교육이 더해지면서 시대를 앞서가는 글로벌 인재를 길러내는 교육을 더 잘 할 수 있게 되었다는 점이 우리가 지정받은 소프트웨어교육 연구학교의 사명과 역할이라고 생각합니다. 전년도까지 열심히 했던 선도학교 활동으로 풍성한 수확도 거둔 만큼, 새로 시작하는 연구학교 활동에서는 정보교과에만 한정되지 않고 모든 교과가 다 함께 소프트웨어적 사고 개념을 도입한 교육을 충실히 하여 국가적 먹거리 마련 교육에 기여하는 기회가 될 것임을 확신합니다. 변하려는 노력에다 공부 잘 하는 분위기 마련에까지 힘을 모아서 미래형 학력이 뛰어난 우리 학교가 되리라고 확신합니다.

자신의 행복을 위해서 최선을 다하는 사람이 세상을 아름답게 만듭니다. 유튜브에 올라있는 어느 전 다통령의 대학생 대상 특강 영상을 볼 기회가 있었습니다. 대통령이 되신 분이니 크게 성공한 사람이고 또 남다른 비결이 있었겠죠? 잉태 직후부터 어머니가 지극정성으로 기원하셨을 것이고, 어쩌면 그분이 세상에 태어날 때 어떤 별이 밝게 빛났을지도 모릅니다. 그런데 의외로 쉽고 단순하고 평범한 비결이 있었습니다. 그분은 자신의 성공 원인을 두 가지로 정리했습니다. 첫째는 자신의 일에 멈추지 않고 끊엄

없이 변화하려고 노력했다는 것. 둘째로 항상 공부에 게으르지 않았다는 것이 그것입니다.

세상이 급변하는 시대를 살면서 부지런히 공부하지 않으면 누구나 단숨에 뒤처질 수밖에 없습니다. 특히 지금처럼 지식이 폭발하는 시대에 공부하지 않는 사람은 쓸모가 없고, 설 자리가 좁습니다. 과거 우리 전통 농경사회에서 오랫동안 노인과 장로는 가장 존경받았습니다. 왜냐하면 그들이 가장 많이 아는 사람들이었기 때문이고 그래서 어른으로 우대받았습니다. 하지만 지금은 아닙니다. 오히려 젊은 세대일수록 더 많이 알고, 빠르게 알고, 각종 첨단기기를 능숙하게 사용합니다. 과거에 오랫동안 존재하였던 존경과 권위가 순식간에 송두리째 사라져버린 시대를 우리는 살고 있습니다. 불행한 일이지만, 대비하고 노력하지 않으면 안 되는 이유입니다.

다가온 미래,
분명한 전망

소프트웨어

교육 정책 설명회에 가다

이틀 동안 특별한 출장을 다녀왔습니다. 중구 인천항 부근에 있는 하버파크 호텔에서 인천시교육청과 미래부, 한국과학재단이 함께 주관한 소프트웨어교육 학교관리자 정책설명회란 꽤 긴 제목의 행사에 연사 겸 수강생으로 참여했습니다.

2018년도부터 초중등학교 교육과정에 필수과목으로 편성 예정인 소프트웨어교육의 방향과 인재 양성 방안, 디지털 세대의 미래역량 강화, 소프트웨어와 미래, 그리고 소프트웨어교육에 대해 설명하는 내용이었습니다.

프로그램 가운데 하나로 지난 1월말에 인천 초중등학교장 대표로 둘러보고 온 영국 초중등학교의 교육과정과 소프트웨어교육 현장에서 견문하고 온 해외연수 사례를 보고했습니다.

내게 주어진 시간은 30분, 미리 준비한 프리젠테이션과 영상자료를 사용했고, 무대에 올라간 기회에 우리 학교의 교육활동 모습과 실적들, 행복배움학교, 다문화예비학교, 소프트웨어교육 선도학교, 학교 내 대안교실 운영교 등 여러 타이틀과 콘텐츠, 교육 성과를 설명하는 기회였습니다. 특히 해마다 줄어드는 재학생 등 학교마다 안고 있는 문제와 당면한 과제들을 감안할 때, 초등학교장들에게 우리의 괄목상대한 성장과 교세의 신장세를 널리 알려서 대외 이미지를 높이는 효과를 기대할 만했고, 내년도 신입생 지원자를 추가 확보하는 기회가 될 것이라 기대하고 열심히 학교 홍보를 하였습니다.

금년 들어서 우리는 자타가 공인하는 유명한 학교가 되었습니다. 속되게 말해서 무척 잘 나갑니다. 지난 3월 입학식에 교육감님이 모든 학교를 제치고 우리 학교를 찾아 행복배움학교의 출범을 축하해 주었습니다. 입학식에서는 학교장부터 중견교사들이 신입생들의 발을 씻겨 주는 세족례로 학생들을 귀하게 여기고 교육하겠다는 약속을 학부모 앞에서 했으며, 1주일간 학교적응기간 프로그램을 운영하여 신입생들의 학교 적응을 도왔습니다. 학급별로 교장실에 초대하여 1시간씩 자존감 높이기 수업도 진행했습니다.

우리는 올해 많은 성과를 거두고 있습니다. 단순히 교육과정과 수업의 정상운영에만 그치지 않고 여러 가지 타이틀과 콘텐츠로 학생들의 성장과 교육 기회를 다양하게 제공하려고 학교장은 항상 바쁘고, 또 출장 나갈 일도 무척 많습니다. 전국적으로 지명도 높은 정보부장을 비롯한 여러 선생님들을 우리 인천지역은 물론, 전국적으로 요청하는 데가 많아서 출장 다니느라 학교업무에 지장이 있지 않을까 걱정도 되지만 오히려 요청은 하나도 거절하지 말고 다녀오시라고 격려합니다. 교내에만 머물면 우리 학생들만 가르치지만 밖으로 나가면 인천교육과 대한민국 교육에 기여하게 되는 것이라 훨씬 이익이기 때문입니다.

우리 학교의 간판, 3대 브랜드

우리 학교에는 학교의 간판이라고 할 수 있는 3대 브랜드 이미지가 있습니다. 구성원의 헌신과 노력, 그리고 성과가 구체화 되면서 브랜드 가치가 해마다 올라가고 있습니다.

첫째는 엄청나게 활성화된 체육활동입니다. 건강한 신체로 자신을 잘 가꾸고, 운동과 신체활동을 즐겨하는 학생들이 공부도 잘 하게 마련입니다. 실제로 학계에서도 체육활동과 학업성취도의 연관 관계를 연구한 결과, 둘 사이가 매우 유의미하다는 평가를 한 바 있고, 거기에 이견이 없다는 것을 알고 있습니다. 그래서 학생들의 체육활동을 적극 지원하고 있습니다. 정규 체육수업 이외에도 각종 동아리활동, 방과후활동이 지속적으로 이루어지고 있고, 젊은 체육과 선생님들의 열성과 헌신 덕택에 모든 학생들이 체육을 정말로 좋아합니다.

브랜드 둘째는 전국 제일이라고 해도 과언이 아닐 만큼 잘 하고 있는 동아리활동입니다. 40여 명 교사들이 지도교사를 맡고 있는 동아리가 60개를 넘을 만큼 활동이 다양하고 활발합니다. 갤럭시 동아리는 천문관측대회에서, 유비쿼터스 동아리는 전국정보올림피아드에서, 핸드볼 동아리는 교육감기 스포츠클럽대회에서 우승했습니다. 진로를 탐색하는 드림나비 동아리는 모든 학생이 가입하고싶어하는 인기 최고 동아리입니다.

셋째 브랜드는 전국을 선도하는 소프트웨어교육입니다. 2014년부터 시작된 미래창조과학부 지정 소프트웨어교육 선도학교를 운영하여 수많은 수상과 진학 실적을 거두었고, 장관이 학교를 방문할 만큼 전국에서 제일 앞서가는 소프트웨어교육 선도학교입니다.

컴퓨팅적 사고(Computational Thinking)의
생활화

이날, 해외연수 사례보고에서 나는 세 가지 질문. 즉 3WHY란 의문을 제시하고, 그에 대한 답을 보여 주도록 구성했고, 질문에 대한 답변도 자연스럽게 위 의문으로 연결시켰습니다.

먼저, 첫 번째 질문은 '왜 소프트웨어교육인가?'입니다.

이에 대한 답변은 급변하는 시대상황, 변화하는 직업, 그리고 미래의 전망에 대한 고찰로부터 시작됩니다. 스위스 다보스에서 열린 2016다보스포럼 메인 주제는 '제4차 산업혁명'이었습니다. 지금까지 세계는 18세기 이후 3차에 걸쳐 산업혁명을 경험했으며 그동안 경제, 정치, 사회 문화, 예술 등 모든 분야에서 우리 생활과 사회에 엄청난 변화를 가져왔습니다. 지금은 4차 산업혁명의 시대라고 진단합니다. 핵심은 디지털, 바이오, 오프라인 등의 기술을 융합하는 것입니다. 참고로 1차 산업혁명은 1784년경 물을 활용한 증기기관 혁명, 생산의 기계화가 시작된 것으로부터, 2차 산업혁명은 1870년경 전기를 활용한 대량생산 체제의 구축과 노동의 분화로부터, 3차 산업혁명은 1969년경 컴퓨터를 활용한 정보화 자동화 시스템을 구축한 시기로부터, 그리고 4차 산업혁명은 현재인 2010년대로 디지털, 바이오, 나노 기술 융합, 인공 지능 체제 구축이란 시대적 변화를 말합니다.

'직업의 이해'란 보고서를 보면, 지금 초등학교에 가는 학생들의 65%가

장차 현재 존재하지 않는 직업에 종사하게 될 것이라고 전망합니다. 진로와 직업세계가 급격하게 변하고 있습니다. 현존하는 직업의 45%가 앞으로 수년 내에 사라지게 된다고 합니다. 당연히 지금 존재하지 않는 직업도 생길 것입니다. 이런 변화의 흐름에 대한 대비 없이 학생들에게 낡은 지식만 가르치는 것은 죄를 짓는 행위입니다. 그래서 소프트웨어교육이 있습니다. 소프트웨어교육은 단순히 소프트웨어 개발법을 가르치는 것이 아닙니다. 컴퓨팅적 사고(Computational Thinking)를 생활화하자는 것입니다.

두 번째 질문은 왜 명현중학교인가입니다. 이번 해외연수단으로 선정된 전국의 열 개 학교 중 인천에서 유일하게 선정된 우리 학교는 소프트웨어교육에 자랑거리가 많습니다. 영국 이야기는 안 하고 명현중학교 이야기만 하는지 오해할 수 있는데, 우리 학교의 소프트웨어교육 현황과 각종 실적을 살펴보아야 선정된 이유가 설명되기 때문입니다.

세 번째 질문인 '왜 영국인가?'는 프레젠테이션 내용 중에서 자연스럽게 설명되었습니다. 프레젠테이션의 시작과 함께 우리 학교 소개부터 했습니다. 소프트웨어교육활동을 먼저 이해하는 것이 이번 해외연수의 배경이 되기 때문입니다.

우리 학교는 미래창조과학부 지정 소프트웨어교육 선도학교를 2014년부터 지정받아 줄곧 운영해 왔습니다. 또 시교육청 지정 2015행복배움학교 준비교를 거쳐 올해 행복배움학교로 지정되었습니다. 그 밖에 다문화예비학교, 학교단위 대안교실 운영교 등 여러 타이틀을 갖고 정성을 다하고 있습니다. 덕택에 기본운영비 외에도 관련 사업비를 금년에만 1억5천만 원 추가 확보해서 학생들에게 아주 질 높은 교육서비스를 제공하고 있습니다.

우리 학교 소프트웨어교육 현장을 소개하자면 정규 정보수업 시간 이외에

유비쿼터스동아리가 자율 동아리활동으로 아두이노 이해교육을 진행합니다. 또 방과후 로봇동아리는 EV3 로봇을 이용한 방과후학습으로 소프트웨어교육을 진행합니다. 이런 내실 있는 소프트웨어교육이 소문나면서 소프트웨어 공부를 위해서 멀리 이사 간 학생이 전학을 거부하고 원거리 통학하는 사례가 있고 타 지역에서 우리 학교에 진학하겠다는 문의전화도 받고 있습니다. 올 10월에는 교육부 주관 2016행복학교박람회에 '첨단기술을 만난 학교'로 선정되어 부스를 운영하게 되었고 이어서 인천과학대제전에도 참가합니다.

이런 활동의 성과가 소문이 나면서 해마다 신입생 지망률이 수직상승하였습니다. 작년에 신입생이 7학급이었는데, 금년에는 9학급, 내년에는 10학급으로 증설될 예정입니다.

소프트웨어교육 공로상 수상

우리 학교의 소프트웨어교육 현장이 TV 방송 등 미디어에 여러 차례 소개되었습니다. 최근 사례는 지난 9월 1일에 YTN 사이언스 채널에서 방영된 '무인버스 만들기'프로그램입니다.

우리가 소프트웨어교육 선도학교를 운영하기 시작하면서부터 YTN 사이언스 채널에서 미래부장관 내교 소식 '2018 SW교육 의무화'가 2015년 5월 22일에 방송되었고, KBS1 TV에서 영국 방문 소식 '위클리T'의 '창의성 길러주는 소프트웨어교육? 영국에 가 봤더니'가 16년 2월 12일에, 그리고 2016년 4월 5일에 EBS1 TV에 지도교사와 학생이 함께 스튜디오에 출연한 '미래를 여는 교육'이 방송되었습니다.

소프트웨어교육 관련 교사와 학생들의 수상실적도 짧은 기간에 무척 많았습니다. 작년 미래부의 소프트웨어교육 선도학교 중간보고회에서 우리 지도교사가 우수사례를 발표했고, 인천에서 유일하게 2015 소프트웨어교육 선도학교 최우수교로 선정되어 학교장과 지도교사가 영국 연수를 다녀왔습니다.

2015, 2016년 인천시 정보올림피아드 공모 부문에서 연속 금상을 수상하였고, 전국 정보올림피아드에도 연속 출전하였습니다. 색칠하기 앱 'Play play Coloring'을 개발한 팀은 중학생으로 전국대회에 출전한 유일한 인천 팀입니다. NAVER 주관 2015 SEF(Software Edu Fest)에서 지도교사가 대상 수상자로 선정되어 미래부장관상을 수상하였습니다. 결과는 네이버 '소프트웨어야 놀자'방에 탑재되어 있어서 교육활동 과정과 결과, 수업 모습을 직접 확인할 수 있습니다.

최근 주목할 만한 소프트웨어교육 사례로는 일정 시간 소프트웨어교육을 이수한 학생에게 부여하는 시티인증제, 자유학기에 실시하는 소프트웨어교육, YTN과 EBS의 현장 취재와 스튜디오 출연 등 여러 차례의 방송 출연, 여름방학 때 인근 3개교 연합 소프트웨어교육 캠프가 있었습니다.

지난 2월초 다녀온 영국 출장은 소프트웨어교육 우수 현장 사례 조사를 통한 소프트웨어교육 사업의 꾸준한 발전 모색입니다. KBS취재팀 2명도 동행하였습니다. 우리가 둘러본 기관들은 BCS(British Computer Society), Digital School House, King's College, 소프트웨어교육 우수 초중등학교 네 곳이었습니다. BCS(British computer Society)는 영국 각급학교의 컴퓨터교육을 지원하는 기관입니다. 여기서 컴퓨터 교육 실태와 지원 방법 등을 설명 들었고, 킹스 칼리지에서는 코딩교육을 체험했고 헤이든학교 등 초중등학교 네 곳에서는 컴퓨터교육 환경과 시설 전반을 둘러보았습니다. 그 밖에 과학박물관에서 배비지의 차분기관, 에이다 러브레이스의 부스를 관람하고, 영국박물관과 국립미술관 등 문화공간도 함께 둘러보았습니다.

이 방문을 통해서 영국 초중고교의 앞선 코딩교육과 프로그래밍 교육 현장을 확인하고, 소프트웨어교육 정책과 BCS같은 조직의 지원 활동을 살펴보면서 우리 소프트웨어교육 발전 방향을 모색하는 기회가 되었습니다. 왜 영국인가란 의문에 대한 답은 바로 이 나라가 컴퓨터의 발상지라는 점입니다. 배비지의 차분기관은 컴퓨터의 원형이고, 에이다 러브레이스는 여성으로 세계최초의 프로그래머이며, 앨런 튜링은 최초의 컴퓨터 콜로서스를 만들었고, 2차 세계대전 때 독일 암호기 애니그마를 해독하여 승전하는 데 기여했습니다, 그는 영화 '이미테이션 게임'의 주인공입니다. 이 나라에서 컴퓨터의 개념이 탄생했고, 알고리즘이 만들어졌고, 최초의 컴퓨터가 만들어졌습니다.

주요국의 소프트웨어교육 현장

주요국 소프트웨어교육과정을 살펴보면 영국은 초중고교가 필수로 지정되었고 많은 선진국들이 적극 도입하고 있습니다. 미국의 저커버그, 스티브 잡스, 빌 게이츠, 구글창업자(래리 페이지), 영국의 에이다 러브레이스, 찰스 배비지, 앨런 튜링, 알파고 개발자(하사비스)와 같은 사람들, 굴뚝 없는 IT기업들이 지금 세계를 지배하고 있습니다. 소프트웨어의 위력을 느낄 수 있습니다. 그렇다고 이 나라가 저 멀리 앞서가고 있는 것은 아닙니다. 영국도 2012년에야 비로소 ICT교육에서 소프트웨어교육으로 전환하였고 코딩교육으로 스스로 소프트웨어를 만드는 방법을 배울 수 있는 환경을 만들었고, 2013년에야 방과후 SW교육 프로그램 '코드클럽'을 정규교과르 채택하였으며, 코드클럽은 구글, MS 등 ICT기업의 기부금과 정부보조금, 온라인 성금으로 무료 코딩교실을 운영하고 있습니다.

2014년에야 '코드의 해(The Year of Code)'를 지정하고 코딩 및 프로그래밍 교육을 초중고교에 필수 교과과정으로 반영하였습니다. 우리가 많이 뒤처진 것은 아닙니다.

영국 연수 결과와 소프트웨어교육 실태를 보고 내린 요약입니다. 5세부터 시작하는 영국의 소프트웨어교육은 학습이 아닌 놀이로 익히기 때문에 자연스럽게 소프트웨어교육이 이루어집니다. 따라서 고등학생이 되면 데이터베이스와 연계해 깊이 있는 프로그래밍 언어로 프로그램을 작성할 능력을 갖출 수 있습니다.

우리의 문제로 돌아와야겠습니다. 교육과정에 정보교과가 없는 학교는 2018년부터 정보교과 편성과 교사 배치의 문제를 어떻게든 해결해야 합니다. 관련하여 우리 학교 소프트웨어교육 현장 몇 장면을 소개해 드리겠습니다.

잘 갖춰진 첨단 컴퓨터실이 없어도 소프트웨어교육은 가능합니다. 바로 언플러그드 교육이 그것입니다. 언플러그드란 컴퓨터 없이 소프트웨어교육을 하는 것입니다. 학생들이 보드게임을 통해서도 명령어와 센서의 개념을 이해하도록 지도할 수 있으며, 이진수의 개념 이해도 가능합니다. 크기가 다 다른 공을 들고 있는 학생들의 모습에서 정렬 알고리즘을 학습할 수 있습니다. 알고리즘을 이용하면 공이 크기별로 정렬되는 결과를 가져옵니다. 학생들이 한 줄로 서게 한 다음, 알고리즘을 적용하여 얻어지는 키순서 정렬을 배울 수 있습니다.

수학교과와 연계된 확률 프로그래밍도 학생들의 창의성을 자극하기 좋습니다. 확률에서 동전을 자꾸 던지면 앞면과 뒷면이 거의 반반씩 나온다는 사실을 모두 알고 계시죠? 소프트웨어를 이용하여 간단하게 프로그램을 짜서 실험해 볼 수 있습니다. 천 번이고 만 번이고 동전을 던져 확률을 산출할 수 있습니다.

미술교과와 연계된 프로그래밍 앱 개발도 학생들이 좋아합니다. 제33회 정보올림피아드 전국대회에 인천에서 유일하게 출전한 'Play play Coloring' 앱은 미술교과와 연계하여 수업시간에 만든 색칠하기 프로그램입니다. 그림 그리기 좋아하고 미술에 관심 있는 학생들이라면 이 앱을 구현할 수 있습니다. 실제로 이 앱은 지극히 평범한 여학생 셋이서 그림을 즐겨 그리다가 선생님께 발탁되어 코딩교육을 받고 만든 작품입니다.

피지컬 컴퓨팅은 실생활 문제 해결에 기여하는 소프트웨어교육입니다. 아두이노를 이용하여 수조와 어항, 그리고 화분을 동시에 관리하는 시스템을 만들었고 2015 대전 융합과학축전에 출품하여 금상을 수상했습니다. 이런 경력 덕택에 이 학생들은 관련 마이스터고로 진학했고, 현재 성공적으로 학교생활을 하고 있습니다.

피지컬 컴퓨팅이란 각종 센서(음향 거리 측정 센서, 열 센서, 빛 감지 센서, 고주파센서)의 아날로그 값을 아두이노 같은 보드에서 디지털로 변환(컴퓨터가 알아들을 수 있는 0과 1)하며 컴퓨터는 그 값을 이용하여 프로그래밍을 하는 개념입니다. 화재감지, 도둑 침입방지 등에도 사용되고 있는 개념입니다.

방과후에 모이는 로봇동아리는 간단한 프로그래밍 과정과 레고사의 EV3 로봇 조립을 통해서 창의성을 계발하고 있습니다. 바이킹 로봇, 쇼핑카트 로봇, 블루투스 이용 운송 로봇, 로봇 팔 등 방과후 로봇동아리는 최고 인기 동아리입니다. 청소년기는 호기심이 왕성하기 때문에 컴퓨터와 결합한 조립로봇으로 진행하는 수업은 학생들에게 참으로 매력만점일 수밖에 없습니다.

디지털경제 시대의 인재

결론입니다. 협업하여 문제를 해결하는 능력, 논리적 사고능력, 창의적으로 문제를 해결하는 능력, 재사용 능력, 생각하는 것을 표현하는 능력, 실패로부터 배우는 능력 등 이 모든 것이 잘 계획되고 실천하는 우리 학교 소프트웨어교육을 통해서 긍정적으로 길러질 것이라고 확신합니다. 여기서 알파고와 이세돌의 대결을 들먹일 필요도 없습니다. '왜 소프트웨어교육인가?'라는 처음에 제기했던 의문에 대한 답변입니다. 차세대 먹거리가 바로 IT이고 소프트웨어이기 때문입니다. 제조라인이 없고 굴뚝이 없는 애플, 트위터, 페이스북, 아마존이 세계 최고의 기업이란 사실이 증명합니다. 다가온 미래, 분명한 전망입니다.

오늘날 교육은 이렇게 혁신하고 있습니다. 피동에서 자기주도적으로, 획일에서 창조적 다양성으로, 경쟁과 소유에서 개방과 공유, 협업 방식 디지털소프트웨어 역량으로, 지식습득을 위한 노력 중심에서 기업가적 개척정신으로, 배타적 태도에서 공익적 태도로, 지식습득 여부 평가에서 포괄적 융합적 평가로, 비교평가에서 절대평가로 변했습니다.

디지털경제 시대의 인재는 정보적 사고, 창조적 사고, 공유와 협업 능력,

글로벌적 가치에 더하여 도덕적 소양과 공익적 사고방식을 고루 갖춘 사람입니다. 우리 학교는 이런 인재를 기르기 위해 타교과와도 과감히 연계하여 교과간 벽을 허무는 교과융합교육을 통한 소프트웨어교육에 최선을 다하여 전국을 선도하는 교육을 하겠습니다.

실수해도
괜찮은 이유

코카콜라병

지구상에 오직 북한에만 없다는, 세상 어디를 가도 만나볼 수 있는 친숙한 상품이 있습니다. 탄생한 지 백 년이 넘었지만 여전히 세계인이 압도적으로 좋아하는 그것, 바로 코카콜라입니다. 그리고 그것을 담은 코카콜라병. 생김새도 특별하지만 손에 착 감기는 촉감을 좋아하지 않을 수 없습니다. 전 세계 모든 사람에게 익숙한 이것의 아름다움과 탁월한 기능성이 타의 추종을 불허한다는 점에 이견을 말할 사람은 별로 없습니다. 세계에서 거의 유일한 경쟁자가 펩시콜라이지만, 디자인에서만큼은 여전히 넘사벽, 한 수 위 같습니다.

그래서일까요? 이 병이 주인공으로 등장한 영화가 있습니다. '부시맨', 개봉된 지 좀 되었지만, 개봉 당시 꽤 인기가 있었고, 여세를 몰아 2탄, 3탄도 나왔었는데, 그 영화 보셨나요?

아프리카 칼라하리 사막에서 원시생활을 하는 부시맨 마을 위를 날아가던 소형비행기 조종사가 밖으로 집어던진 콜라병이 마을 한가운데 떨어지면서 소동이 벌어집니다. 하늘에서 왔기 때문에 신의 선물이라고 여겨진 콜라병은 처음에는 신기하고 유용한 물건이었지만 시간이 가면서 사람들 사이에서 다툼과 분쟁을 일으키는 애물단지가 됩니다. 골머리를 앓던 추장 카이는 결국 마을의 안녕을 위하여 병을 신에게 돌려주기 위해 땅 끝으로 길을 떠납니다.

서구 문명사회에 대한 날카로운 풍자를 잘 담아냈다는 평가를 받은 이 작품은 흥행에도 성공하였는데, 영화 속에서 콜라병은 문명의 상징으로 등치될 만큼 특별한 존재임에 틀림없습니다.

'발명 이야기'란 책에 이 병의 디자인을 만든 사람 이야기가 나옵니다. 주인공은 미국의 유리병 공장 노동자였던 당시 18세 청년 루드, 그는 이 병의 디자인 하나로 600만 달러를 벌었다고 합니다. 우리 돈 72억 원, 하지만 100년 전 가격이니 지금 돈으로 환산하면 그보다 수십 배 가치가 될 겁니다.

코카콜라병은 발명특허품입니다. 1923년, 이 회사는 물에 젖어도 손에서 미끄러지지 않고 병 속에 콜라가 많이 들어 있는 것처럼 보이는 새로운 디자인을 공개모집하고 있었고 이 청년도 유리병 디자인을 거듭 궁리하고 있었습니다. 어느 날, 여자 친구를 만났는데 그녀가 입은 주름치마의 엉덩이 부분이 가진 아름다운 곡선에서 힌트를 얻어 콜라병 디자인을 만들어 냈습니다. 그리고 특허출원한 그의 디자인이 당선되었고, 덕택에 그는 여자 친구와 결혼해서 행복하게 살았다고 합니다. 그가 만든 병 디자인은 이후 백여 년 동안 코카콜라의 상징이 되어 세계를 지배하고 있습니다. 코카콜라가 없는 세계 유일한 나라가 북한이라고 합니다.

4차 산업혁명의
거센 흐름 속에서

　　　　　　　　세상은 이미 4차 산업혁명의 거센 흐름 속에 빨려 들어가고 있습니다. 인류는 큰 기술혁신으로 사회, 경제적으로 큰 변화가 발생한 3차례의 산업혁명을 겪으면서 놀라운 문명의 진보를 이루어 냈습니다.

사회 책에서 배워 다들 잘 알지만 1차 산업혁명은 영국에서 증기기관의 등장과 함께 시작되어 대량생산 제조업으로 세상을 바꾸었고 2차 산업혁명은 전기와 석유 덕택에 강철, 화학, 자동차, 전기 분야에서 일어난 놀라운 혁신을 말하며 3차 산업혁명은 전자회로와 정밀제어 등 컴퓨터와 인터넷의 등장으로 시작된 세상의 변화를 말합니다.

그럼 최근 각광 받고 있는 4차 산업혁명이란 뭐지?

지금까지 인류가 개발하고 편리하게 사용해 온 전자기기가 인공지능을 얻게 되면서 사물인터넷IOT로 데'터가 집약되면서 현재 일어나고 있는 기술혁신을 말합니다. 모든 가정과 학교와 공공기관, 시스템과 산업이 온라인으로 연결되면서 우리 생활을 아주 빠르게, 그리고 송두리째 바꾸고 있습니다. 이제 모든 산업이 데이터화되어 연결되고 있으며, 빅데이터를 보유한 자와 기업이 인공지능으로 세상을 지배하게 된다고 합니다. 그런데 정말로 중요한 것은 머지않은 미래에 현재의 직업 다수가 사라진다는 예측입니다. 대신 듣도 보도 못한 새로운 직업이 다수 생겨날 것이고, 극단적으로 말하자면 지금 여러분이 공부하고 있는 모든 지식들이 가까운 미래에 아무런 도움이 되지 않을 것이라는 무시무시한 전망에 강한 설득력이 있습니다.

어때요? 몇 년 지나지 않아서 아무짝에 쓸모없을 공부를 지금 열심히 한들 무엇 하나요? 미래를 대비하는 공부를 해야지요.

실수로 탄생한
기발한 발명품들

'유튜브(Youtube)'에 실수로 탄생한 기발한 발명품을 소개한 영상이 있는데 이들 발명품은 애초에 기대하지 않았지만, 개발자에게 막대한 부와 명예를 가져다 준 아이러니가 들어 있습니다.

영국 과학자 플레밍이 발견한 의약품 페니실린은 연구실에서 포도상구균을 배양한 접시를 실수로 열어 두었다가 우연히 푸른곰팡이를 발견하면서 알게 되었고 세계대전 때 수많은 부상자들을 구해 낸 기적의 약품이 되었으며 덕택에 그는 노벨상을 받습니다.

비아그라는 원래 협심증 치료제로 개발됐지만 임상실험 과정에서 남성 성기능 치료에 탁월한 효과가 있는 것을 알게 되면서 애초 개발목적과 전혀 다른 치료제가 되었고, 세계적으로 히트한 약품이자 성기능 치료제의 보통명사가 되었습니다.

우리가 평상시 널리 사용하는 포스트잇의 등장 또한 재미있습니다. 북마크로 즐겨 사용하여 기억하거나 정리하는 데 유용한 생활필수품이지만 애초에는 강력접착제를 만들다 실패한 사례였습니다. 붙인 자국을 안 남기고 쉽게 붙였다 뗄 수 있는, 평범하지만 놀랍고 소중한 이 발명품이 실수의 부산물이라는 점은 참 재미있습니다.

아침식사 대용으로 먹는 시리얼 제품도 역시 실패한 밀가루 반죽을 버리기 아까워 롤러에 넣어 돌렸다가 튀긴 것으로서 오늘날 세계인의 간편한 대용식이 되었다는 점이 재미있습니다.

나일론도 화학회사에서 합성물질을 연구하던 연구원이 시험관을 세척하면서 우연히 열을 가하다 발견한 인공 화학섬유입니다. 나일론 없는 현대 생활은 상상도 할 수 없죠? 여성들의 필수품인 스타킹과 속옷을 비롯하여 온갖 기능성 의류, 낙하산, 아웃도어 의류와 용품들, 방탄복, 타이어, 의료기기 등 안 쓰이는 데가 없는 귀한 물질입니다.

엉뚱한 상상력과 실수들이 모여서 인류를 풍요롭고 행복하게 해 주는 사례들입니다. 실수를 두려워하면 결코 아무 것도 얻을 수 없습니다. 학교 마치자 학원으로 가서 어두워질 때까지 교과서 참고서만 들여다볼 것이 아니라 마구 뛰놀아야 합니다. 또, 넘치는 십대들의 혈기를 운동으로 발산시켜야 합니다. 평소 체육수업에 정성을 다하는 체육교사들이 방과후는 물론 방학 때도 스포츠동아리를 운영하는 등 열성이라 감사하기 짝이 없고 그래서 우리 학교는 체육활동을 할 수 있는 환경을 잘 갖췄습니다. 생각이 자유로워야 상상력이 늘어나고, 자기발전이 따라옵니다. 혹시 압니까? 공부는 안 하고 아무 생각 없이 천장만 바라보며 뒹굴던 여러분의 머리에서 번쩍 떠올랐던 아이디어가 인류를 구해 줄지.

올 여름방학은 54일간으로 깁니다. 학교 화장실 전체 리모델링 공사라는 기분 좋은 일 때문에 어쩔 수 없이 잡은 기간이지만 학교 도서실만큼은 사서의 휴가 이틀을 빼고 내내 상시 개방합니다. 냉방도 줄곧 빵빵하게 가동하니 하루 한 번씩 꼭 나들이하고, 최근 구매한 천만 원어치 신간도서로 머리를 식히기 바랍니다. 휴식과 두뇌 개발이 동시에 가능한 것이 학교 도서실 나들이입니다. 교과를 떠나 아무런 제약 없이 다방면의 책을 들여다보면 여러분의 상상력에 날개를 달게 될 것입니다.

도서실에서 칼 세이건의 명작 '코스모스'를 들여다보노라면 거시적으로 여러분의 생각을 키울 수 있습니다. 깨알보다 더 작은 존재, 우주에서 바라보면 창백한 푸른 점에 불과한 지구에서도 가장 작은 나라의 개인으로 살면서 그동안 나는 얼마나 속 좁고 부족한 사람이었는지 성찰하게 됩니다. 이런 성찰을 통해서 여러분은 너대니얼 호손의 소설 속 '큰 바위 얼굴'과 같은 존재로 성장할 수 있습니다.

베르나르 베르베르의 '개미'를 들여다보노라면 미시세계가 갑자기 크게 확대되어 눈앞에 나타나면서 지금껏 보이지 않았던 새로운 세상을 만나게 되고, 보이지 않는 곳에 보이는 것보다 더 많은 세상이 있음을 깨닫고 겸손함을 배우게 됩니다.

방학기간 학교는 아무 것도 안 하고 숨죽이고 있나요? 아닙니다. 정중동(靜中動)입니다. 다문화교육을 겸하는 징검다리문화학교 깨알캠프 활동에 16명이 참가합니다. 작전중학교 진로캠프에 21명의 학생이 참가합니다. 두드림학교 활동에 30명이 꾸준히 참여합니다. 봉사단과 청소년단체에서도 주기적으로 봉사활동과 체험학습을 실시합니다. 핸드볼동아리, 축구동아리도 운영합니다. 누구나 자신이 관심 있는 영역에 취미와 적성을 감안하여 신청하면 그 학생들을 대상으로 방학기간 운영하는 재미있는 프로그램입니다. 이 프로그램들은 학교와 지역사회에서 운영비를 부담하기 때문에 학생들은 무료로 참여만 하면 됩니다. 팀은 당연히 학생의 자발적인 참여 신청에 의해서만 편성됩니다. 학생의 선택권을 보장하기 위해서죠. 긴 방학기간일수록 일정한 생활계획을 세워서 자신을 관리하지 않으면 한없이 나태해질 수 있음에 유의하여 보람 있는 여름방학을 보내세요.

—

인생의 본 경기는
아직 시작도 안 했다

—

한글 워드프로세서

'바퀴벌레가 냉장고 안에서도 살 수 있을까?'

'장님은 꿈을 어떻게 꿀까?'

'콩쥐의 성씨는 무엇일까?'

'물로 움직이는 자동차를 만들 수 있을까?'

'물 위를 걸을 수 있는 신발은 없을까?'

'무한동력 장치로 에너지 문제를 해결할 수 있을까?'

그대는 어렸을 때 이런 궁금증이 참 많았을 거야. 엉뚱한 상상은 그대가 지닌 최고의 재산이다. 아무리 똑똑한 어른이라도 엉뚱한 상상력에서만큼은 젊은 그대가 세상에서 최고다. 그대의 상상력은 어른들이 발 벗고도 따라갈 수 없다. 그대의 상상력은 마음먹기에 따라서 육백만 불이란 천문학적 현금이 되기도 하고, 천만 불만큼 마음을 행복하게도 하지.

이런 신기루 같은 꿈을 이뤄내는 사람들이 벤처기업가들이야. 마이크로소프트의 빌 게이츠도, 애플의 스티브 잡스도, 페이스북의 저커버그는 물론, 대통령 선거에 출마했던 안철수도 벤처기업가 출신이지. 의대 출신 의사이지만 컴퓨터 바이러스 연구에 꾸준히 노력한 결과가 회사 창업으로 이어졌고, 한때 세계적 사이버보안 회사가 그의 벤처회사를 거금 2천만 불에 인수하려고 했지만 거절하고 꿋꿋하게 제 갈 길을 갔던 결과가 오늘의 그를 있게 만들었지. 벤처기업가는 부모에게 한 푼도 물려받지 않고 자수성가했다는 공통점도 있다네.

전 세계 피시에 깔린 워드프로세서의 90% 이상이 MS사의 '워드', 자국의 토종 워드프로세서 프로그램에게서 시장을 빼앗지 못한 지구상 거의 유일한 나라가 '흔글'을 가지고 있는 대한민국이고 주인공 벤처회사가 바로 한글과컴퓨터회사야. 어때, 우리나라의 저력이 대단하지? 그래서 나는 한글과 '흔글'에 큰 자부심을 느껴.

그런데 이 토종 IT기업이 IMF 때 하마터면 사라질 뻔 했지. MS사에서 이 토종 프로그램 '흔글'을 2천만 불에 사서 없애 버리고 자기네 '워드 오피스'로 통일해 버릴 속셈으로 한글과컴퓨터 회사를 팔라고 유혹했지. 거의 성사될 뻔했는데 이 소식을 들은 나를 포함한 전국의 네티즌들이 오로지 애국심 하나로 주머니를 털어 이 회사를 살렸고 덕택에 우리는 오늘도 세종대왕님이 만들어주신 아름다운 한글을 '흔글'을 가지고 자유자재로 워드프로세싱 할 수 있게 된 거지. 여러분이 쓰고 있는 흔글 워드프로세서에 이런 사연이 있다는 사실을 알고 자랑스럽고 고맙게 사용해야 해.

위인들의 공통점

　　　　　　　여러분의 자유분방한 상상력은 한 살 두 살 나이 들어가면서 시들어 간다. 그걸 어른들은 '철들었다'는 말로 칭찬해 주기도 하지만 교육제도라는 시스템에 발 담그기 시작하는 유초등 학생시절부터 부모님과 가족의 끔찍한 자녀사랑 덕택에 학원으로 내몰리고, 학교 내신 성적에 매달리면서 여러분의 왕성했던 호기심은 차차 사그라지고 하루하루는 바쁘기만 하다. 교사인 내가 볼 때 학원에 가도 학습 효과가 전혀 기대되지 않는 학생, 학원비 부담이 커서 만류하고 싶은 학생도 그 부모의 마음을 알기 때문에 어쩌지 못하는 안타까운 경우가 너무도 많다. 다수는 학교와 학원을 의미 없이 뱅뱅 돌고, 또 타성에 젖으면서 일찍부터 어른의 흉내를 내고, 어떤 이는 또래보다 완력이 약해서 친구들에게 끌려 다니거나 부당한 금품 요구에 시달리면서, 또 부모의 기대치에 못 미치는 학업성취 때문에 자존감을 상실해 간다. 같은 상황이 반복되고 학년이 올라가면서 여러분의 상상력 원천인 뇌 속 공간은 점점 시들어간다. 치매환자처럼.

하지만 그대의 인생에서 아직 본 경기는 시작도 안 했다. 학교만 졸업하면 다시는 공부 안 하고, 시험 안 볼 것 같니? 사람은 일생을 경쟁 속에 끝없이 시험을 보면서 살아간다. 세상은 급격하게 변하고 학창시절 배운 지식은 아주 짧은 기간에 하나도 쓸모없는 게 되고 누구든 죽는 날까지 평생교육으로 배워야 생존할 수 있다. 그래서일까? 공부라면 대한민국 최고의 고수라 할 수 있는 어떤 서울대 교수님은 이렇게 말하지.

"제도교육은 학생들의 인간성과 상상력을 말살하고 있다. 학원에 가는 일을 과감하게 포기하고 차라리 마음껏 놀게 하고 운동에 미치도록 해야 한다."

중국 역사에 한신이라는 유명한 장군이 있다. 장기판에 등장하는 한나라를 세운 고조황제 유방을 보좌하여 초패왕 항우를 물리친 유명한 인물, 하지만 그는 젊은 시절 동네 불량배와 싸우기 싫어 불량배 바짓가랑이 사이를 기어가는 모욕을 견뎠다(과하지욕, 胯下之辱). 고종의 아버지인 흥선대원군은 당시 지배세력들의 눈을 피하기 위해 일부러 품위를 버리고 망나니 노릇을 하였으며 왕족으로서 체면을 버리는 일도 서슴지 않았다. 훗날 고종임금이 된 자신의 아들을 보호하려고 이름을 일부러 천한 뜻인 개똥이로 불렀다. 에디슨과 나폴레옹, 위인전에 나오는 인물들이지만 에디슨은 학교 선생님이 가르치기를 포기했던 부진아였고, 나폴레옹은 키가 작아서 또래들에게 놀림을 받던 사람이었다.

이들 위인들의 공통점은 모두 한때 어려움이 있었지만 게으르거나 좌절하지 않았고, 미래를 준비했으며, 큰 업적으로 후세에게 많은 영향을 끼쳤다는 점이다.

그대는 아름다운 십대. 인생의 출발점에 선 그대가 너무 일찍 강퍅한 어른이 되지 않고, 항상 부지런하고, 남을 배려하며, 몸이 불편한 이에게는 양보하고, 병든 이와 불쌍한 이에게는 연민의 눈물을 흘릴 줄 아는 사람으로 성장하길 바란다. 무엇보다도 열심히 미래를 대비하는 사람이 되었으면 해. 그대 인생의 본 경기는 아직 시작도 안 했거든.

—

가까운 미래,
진로교육 어떻게 해야 할까?

—

학생들이 희망하는 직업

　　　　　　　　장차 나는 자라서 무엇이 될까? 내 자녀가 장차 무슨 일을 직업으로 삼고 행복한 삶을 살 수 있을까 고민하는 부모님과 학생들을 위해서 직업 관련 좋은 정보를 여럿 얻을 수 있는 사이트를 소개합니다. 이 사이트에서 '직업'이란 이름으로 자료를 검색하면 최근은 물론, 가까운 미래에 일어날 세상의 변화와 직업세계에 대한 나름의 전망을 할 수 있습니다. 변화하는 사회 변화와 직업 관련 최신 트렌드를 적극 이해하는 것은 자신의 미래를 대비하는 진로 결정에 영향을 미치게 될 것이고, 기성세대 어른들에게도 은퇴 후 노후생활을 준비하는 데 나름대로 방향을 제시해 줄 것이라고 믿습니다.

우리나라 중·고등학교 학생들이 희망하는 직업은 무엇일까요?
한국직업능력개발원의 '학교진로교육 실태조사'보고서를 살펴보면 전국

초·중·고교생 18만 402명의 희망 직업을 설문조사한 결과를 알 수 있는데, 설문에서 초등학생의 87.1%, 중학생의 68.4%, 고등학생의 70.5%가 장래 희망 직업이 있다고 응답했습니다. 청소년들이 자신의 미래에 대해 나름대로 비전을 갖고 있다고 긍정적으로 해석할 수 있습니다.

희망하는 직업으로 고등학교 남학생은 9.0%, 여학생은 15.6%가 교사라고 응답해 가장 큰 비중을 차지했고 고등학교 남학생이 그다음으로 많이 뽑은 직업은 박사·과학자 등 연구원(5.0%), 회사원(4.5%), 경찰관(4.2%), CEO 등 경영자(4.1%), 기계공학 기술자 및 연구원(4.0%) 순이며, 여학생은 교사 다음으로 연예인(3.6%)을 많이 꼽았고 박사,과학자 등 연구원(3.3%), 의사(3.3%), 경찰관(2.9%) 등의 순으로, 중학교 남학생의 희망 직업은 교사가 8.9%로 1위고, 의사(5.8%), 운동선수(5.5%), 경찰관(5.3%), 요리사(5.1%) 등이 뒤를 이었으며 여학생 역시 교사가 19.4%로 가장 많았고 연예인(7.4%), 의사(6.2%), 요리사(3.5%), 경찰관(3.2%) 등의 순으로 나타났습니다.

교사 직업을 선호하는 이런 응답 결과는 교사가 학생들과 가까이에서 생활하면서 가장 많은 영향을 미치는 전문직종이자 롤 모델이기 때문으로 해석됩니다만 학생들이 더 진취적이고 창의적인 다양한 직업군에 접근할 수 있도록 지도하여 급변하는 세상 변화에 대한 이해의 폭을 넓혀 주어야 할 필요성을 느낍니다. 다행히 요즘 모든 중고등학교에 진로진학상담교사가 배치되어 있기 때문에 예전보다는 더 많은 진로정보를 제공하고 구체적인 진로교육이 이루어지고 있어서 그 성과가 나타난다고 긍정적으로 평가합니다.

근래, 우리 학교는 진로진학상담부가 중심이 되어 연중 진로진학 교육을 열심히 하고 있습니다. 모든 학생들에게 진로포트폴리오를 작성하도록 지도하여 자신의 미래를 탐색하도록 돕고 있으며, 직업엑스포 참관, 부모님 직장 탐방하기, 직업 체험학습도 하고 진로탐구 발표대회를 개최하며, 진로캠프를 운영하고, 직업인 초청 진로특강도 수시로 개최하고 있지요.

이런 노력의 성과들이 점차 가시화되고 있다는 증거들이 나타나고 있습니다. 전통적으로 성적이나 내신에 따라 갈라지던 특목고, 일반고, 특성화고 진학 패턴이 깨지는 등 일련의 변화가 일어나고 있습니다. 학부모나 어른들의 상식을 깨는 진학이 이루어지고 있는데 특히 특목고 진학 열기가 주춤하고 대신 마이스터고나 특성화고의 특정학과에 성적 상위권 학생들이 과감히 지원하고 있으며 영상고, 정보고, 현대공고 등 전국에 산재하는 특성이 분명한 학교의 특정 학과에 진학하는 학생들도 있습니다. 실제로 요리고, 승마고, 골프고, 게임고, 한옥고, 만화와 애니메이션고, 모바일고, 관광고, 통역고, 금은보석 세공고, 인터넷과 소프트웨어고, 멀티미디어고, 원예고, 공예고, 디자인고, 도예고, 뷰티미용고 등 특별한 것을 가르치는 학교들이 전국적으로 많이 생겼습니다.

점점 줄어드는 일자리

사실 최근 우리나라뿐만 아니라 전 세계 많은 나라마다 경제성장이 정체되면서 고용은 줄어들고 노동력도 고령화하면서 덩달아 미래 세대들의 삶에 대한 전망도 점차 어두워져 갑니다. 우리나라가 미국 중국 유럽 등 세계 주요 국가들과 FTA 자유무역협정을 차례대로 체결하듯 경제 블록화와 세계화는 급진전하고 있으며, 이에 따라 우리 경제가 유럽이나 중국 경제의 위축, 세계 유가 하락 등 세계 경제의 영향을 더 직접적으로 받게 되었을 뿐 아니라 인구의 감소, 노동력의 고령화, 기술의 진보에 따른 자동화 및 로봇화 진전에 따른 고용증대 없는 성장, 기업의 투자 부진과 경제성장 위축 등으로 미래 경제 전망이 어둡고, 특히 젊은 세대들에게 일자리를 줄 수 없는 현실이 국가적 부담이 되고 있습니다. 젊은 세대들에게 일할 기회가 안 주어지면 자연스레 인구는 더 줄어들 것이고 그에 따라 소비까지 침체되는 악순환에 빠지게 될 것입니다.

현대의 엄청난 기술 발전으로 인하여 공장의 생산자동화는 말할 것도 없고 사무자동화, 가사자동화 등 우리 생활의 모든 분야에서 자동화, 로봇화가 빠르게 진행되고 있습니다. 인간이 하던 많은 일을 기계가 대신하게 되고, 그 결과 수많은 전통적인 직업이 사라지고 있으며 일자리를 잃는 사람들도 점점 늘어나고 있습니다.

100년 전 서울에서 번창하던 직업인 북청물장수가 도시에 상수도가 설치되면서 일시에 사라졌듯이 30년 전에는 버스출입문이 자동화되면서 버스안내원이 사라졌고, 전화 자동화와 디지털화로 전화교환원도 사라졌으며, 고속도로 통행료를 징수하던 사람들은 하이패스에게 일자리를 빼앗기고, 아파트 출입구마다 근무하던 경비원은 무인경비가 도입되면서 단지 전체에 1명만 남게 되었고, 가스·수도·전기 검침원도 사라졌으며, 대형마트의 계산원, 주차장 관리원, 은행원도 머지않아 로봇이 그 자리를 대신하게 될 것입니다.

그런데 사라지는 속도가 직업과 직군에 따라 조금씩 다릅니다. 단순노동이나 컴퓨터가 잘 하는 숫자계산 관련 직업은 사라지는 속도가 더 빠르지만, 기계가 대신할 수 없는 정신노동, 고급노동, 의료서비스 관련 직업들은 자동화시대에도 계속 존재할 것이라고 전망됩니다. 미국의 어떤 교수가 미국 노동시장이 가까운 미래에 일자리의 약 47%가 자동화될 거라는 전망을 내놨는데 특히 저임금 저숙련 노동자 일자리가 우선적으로 사라질 것이라고 말합니다. 이어서 저임금 노동자는 물론 중산층까지 자동화와 인공지능 기계에게 일자리를 뺏기는 희생자가 될 가능성이 높다는 전망도 함께 내놨습니다.

21세기에 우리가 어떻게 해야 살아남을 수 있고, 젊은 세대일수록 장차 어떻게 일하게 될 것인지에 대한 고민과 궁금증이 일어나는 것은 당연한 일입니다. 그것이 바로 자신의 미래이기 때문입니다. 그래서 지금처럼 미래 전망이 어두운 시대상을 반영하는 것이 젊은이들의 공무원 직종에 대한 선호입니다. 어떤 대학교는 자기네를 공무원사관학교라고 홍보하면서 학생을 모집하고 있는데 이런 사례가 젊은이들의 미래가 어둡고 취업 전망이 무척 좁다는 반증이겠지만, 학문의 전당이고 진리를 깨우치는 곳이라는 대학이 공무원 만드는 데만 집중하겠다는 이 어이없는 현실이 안타까울 따름입니다. 게다가 노동개혁, 연금개혁이라는 정부정책 방향을 바라보노라면, 젊은 대학생들이 그렇게 되고 싶어 하는 공무원 자리도 넉넉하지 못한데다가 그나마 쉬운 해고 방법 연구, 임금피크제 도입, 연금의 하향지급 검토 등 기업의 요구와 보조를 맞추려는 음직임이 예고되고 있기 때문에 공무원 직업의 미래도 전망이 어둡기는 매일반입니다. 그래서 미래세대는 평생직장이 아니라 전문성을 갖춘 직업인으로서 이직이 쉬운 상황에 대응하는 노력을 해야 하고, 멀티 잡(Multi Job)을 염두에 두는 진로설계를 해야 할 것입니다.

인구 감소세에 따른 문제가 우리에게도 현실화하고 있습니다. 우리 학교에도 해마다 입학하는 신입생 숫자가 떠나가는 졸업생 숫자에 훨씬 못 미치는 현상과 이에 따른 학급 감축, 교사 정원 축소, 급식 인원 감소에 따른 식자재 구매량 감소 등의 문제가 발생하고 있으며, 점차 심각한 부수적 문제들을 함께 가져오고 있습니다.

그 다음 문제로 자동화 로봇화의 진보속도가 예상을 뛰어넘게 빠르고, 그에 따른 인력 감축과 일자리 감소가 심각합니다. 로봇이 생산현장의 일자리나 단순노동, 계산하는 일을 빠르게 대체하면서 정규직이 계약직으로 변하고 노동자들의 삶의 질을 떨어뜨립니다. 자연히 젊은이들이 일할 자리도 함께 줄어들고 있습니다.

새로 생겨나는 일자리들

위기입니다. 그럼, 일자리는 계속 줄어들고만 있는 걸까요? 아닙니다. 시대 변화에 따라 예전에 없던 일자리들이 덩달아 생겨나고 있습니다. 그렇다면 우리 젊은 세대들이 미래에도 안정적인 삶을 유지하기 위해서는 지금 사라지거나 장차 도태될 것으로 예상되는 일자리가 아니라 새로 생겨나는 일자리, 앞으로도 꾸준히 존재하리라고 예상되는 진로로 방향을 정해야겠지요.

실제로 특성화고등학교의 변화노력에 대한 관심을 가져 보기 바랍니다. 상업계, 공업계 학교들이 변화하는 시대 흐름에 맞춰 졸업생들의 안정적인 취업을 위하여 마이스터고, 뷰티고, 보건고, 쥬얼리고, 관광경영고와 같은 특성화고등학교로 이름과 학과, 가르치는 내용까지 통째로 바꾸면서 몸부림치고 있습니다.

'로봇과 싸워야 할까? 미래의 전망 좋은 직업들'이야기를 이어가겠습니다. '러다이트(Luddite)운동'이라는 세계사 속 사건이 있었습니다. 19세기 초 실업과 생활고에 시달리던 영국의 노동자들이 기계에 반기를 들고 벌였던 기계 파괴 운동입니다. 당시 영국 노동자들은 산업혁명과 기계 산업의 발달이 오히려 자신들의 삶을 황폐화시켰다고 판단하고 닥치는 대로 기계를 파괴했습니다. 물론 당랑거철(螳螂拒轍)이라는 한자성어처럼 도도한 시대적 흐름을 거스를 수는 없는 일이었고, 성공할 수도 없었지요. 운동은 한때의 해프닝으로 끝나버렸습니다.

100년이 지난 현대에도 비슷한 반발이 생겼습니다. 컴퓨터의 급속한 보급과 함께 정보과학 기술시대가 도래하자 첨단 기계문명이 인류를 파멸로 이끌 수 있다는 인식이 퍼지면서 컴퓨터를 거부하고, 출퇴근은 승용차, 버스나 지하철이 아니라 자전거를 이용하고, 산업화의 산물인 패스트푸드가 아닌 슬로푸드를 먹는 사람들도 늘어났는데 이처럼 첨단 기계문명에 반대하는 사람들을 가리켜 네오러다이트족(族)이라고 부릅니다.

여러분은 컴퓨터나 스마트폰, 그리고 로봇이 없는 생활을 생각해 볼 수 있나요? 또, 그것들을 거부할 용기가 있나요? 생각하기 쉽지 않을 것입니다. 아니, 절대로 불가능할 것입니다. 그런데 이 편리하고 스마트한 것들이 여러분과 여러분 부모의 일자리를 위협하고 있습니다.

미래 직업 관련 전망을 해 보려고 합니다. 텔레마케터는 99.0%, 조립라인 생산직은 98.5%, 은행원은 94.7%, 택시기사는 89.4%를 로봇이 대신하게 되리라는 전망입니다. 당연히 이 직종들에서 실직자가 대량으로 생겨나고 사람 대신 기계가 그 일을 대신하겠지요. 그 다음으로는 판사가 40.1%,

번역가가 38.4%로 사람들이 전통적으로 선호하는 이 직업에서도 실직자가 상당히 많이 나올 것으로 전망됩니다. 중학교사도 17.4%나 됩니다. 하지만 변호사 3.5%, 중학 특수교사 1.6%, 뮤지션(음악가) 7.4% 대학교수 3.2%, 고등학교 교사는 0.8%로 이 업종은 미래에도 안정적인 직업이 될 가능성이 높습니다. 실제로 자동차 용접 같은 생산 작업에 로봇이 도입된 것은 오래되었지만, 최근 스포츠뉴스 신문기사를 로봇이 작성하기 시작했으며 작곡이나 외국어번역 같은 직업도 컴퓨터만 있으면 가능하게 되었습니다. 각종 설문조사나 전화번호 안내 같은 서비스는 이미 로봇이 하고 있다는 사실을 알고 있나요?

미국의 경제전문지 월스트리트저널(WSJ)이 향후 고용전망이 급격히 나빠져 '사양·몰락 직종'이 될 가능성이 큰 직업 열 가지를 소개했는데 비슷한 전망을 담고 있습니다. 우선 우체부의 고용하락률이 모든 직종 가운데 가장 높은 28%에 달할 것이라고 예측하고 있는데 이는 스마트폰과 이메일, 소셜네트워크 SNS의 발달 때문입니다. 요즘 크리스마스카드나 개인 편지를 직접 우표 붙여 보내는 사람들은 아예 없습니다. 우체부에 이어 농부 19%, 검침원 19%, 신문기자 13%, 여행사 직원 12%, 벌목공 9%, 항공기 승무원 7%, 천공기술자 6%, 인쇄공 5%, 세무공무원 4% 등도 사양직업에 포함되었습니다.

반면에 빅데이터 가공 기술과 밀접한 관련이 있는 수학·통계 관련 부문은 미래의 유망 분야이고, 통신, 항공기정비, 전자 관련 기술자, 웹 개발자 등이 미래에 각광받을 미래 유망 직업으로 선정되었습니다.

미래 노동 환경에 적응하려면

세상의 빠른 발전과 변화 속도에 현대인들은 멀미가 날 지경이지만 세상의 변화를 잘 읽고 그에 빨리 대응하는 현명한 사람들에게는 기회가 됩니다. 현대의 부자들은 모두 IT와 소프트웨어를 가지고 성공했습니다.

그렇다면 미래 노동 환경에 적응하기 위해 우리는 무엇을 해야 할까요? 나라를 지키는 군인 직업도 멀지 않은 장래에 로봇에게 상당부분 대체될 것입니다. 전투기 조종사도 마찬가지입니다. 본국에 앉아서 멀리 떨어진 적국을 공격하는 드론을 조종하는 군인을 본 적이 있을 것입니다. 현대는 더 이상 하드웨어 산업이나 굴뚝산업의 시대가 아닙니다. 미래에는 감성에 호소하고 감정을 요구하는 소프트한 영역의 직업이 각광받을 것이고 직업으로서도 살아남을 가능성이 큽니다. 왜냐하면 엄청난 속도로 계산하지만 단순하고 반복되는 일에도 지치지 않고 계속할 수 있는 로봇에게 인간이 절대로 대적할 수 없지만 감성과 감정 영역은 로봇이 인간에게 대적할 수 없기 때문입니다.

예술가나 음악, 미술 치료, 운동 처방과 같이 약이나 주사 등을 이용치 않는 새롭고 다양한 치료를 하는 직종인 테라피스트, 불치병 환자를 돌보는 호스피스 영역, 건강복지 관련 직종, 종교 관련 직종이나 종교인, 연애 상담사, 전문상담사와 같은 직종은 기계가 절대로 할 수 없습니다. 기계가 대체할 수 없는 인간의 영역을 찾아 특화시키는 것이 로봇과 개결에서 이길 수 있는 길입니다. 학생이나 젊은이들이 미래의 진로 설계와 직업 계획을 세울 때 잊지 말아야 할 것들입니다.

혁신교육,
오직 사랑과 칭찬으로

사랑과 칭찬, 친절

선생님의 사랑과 칭찬, 그리고 친절이야 말로 우리 학생들이 행복해지고 그들이 자신의 진로를 스스로 잘 찾아가는 인재로 키우는 거름이 됩니다. 혹시 오늘 선생님은 칭찬을 몇 번 하셨나요? 학생의 장점이나 노고를 발견하여 칭찬하고 상점을 준 사례가 몇 건이나 있나요?

Awesome! 칭찬 잘 하고, Excuse me. 먼저 사과하고, Thank You! 감사 인사 잘 하는 영국에는 칭찬전화도 있다고 하죠? 영국인들의 칭찬에 관해 알려주는 블로그를 소개합니다. 영국에서 살고 있는 어떤 이의 블로그인데, 영국에서 자녀 키우는 이야기가 생생합니다. (품절녀의 영국 귀양살이)

블로그의 전체 내용이 다 신기하고 놀랍지만 특히 다음 글이 인상적입니다.

선생님에게 우리 애의 학교생활 혹은 학업에 대해 물으면 항상 하는 말이,

"Brilliant, clever, Good, Excellent, smart 등등"

하나같이 다들 긍정적인 단어뿐이다. 내가 보기에는 한참 모자란 것 같은데, 영국인 교사는 잘하고 있다면서 전혀 걱정하지 말라고 한다.

매주 수요일 오후 5교시 수업이 끝나면 교정이 아연 활기를 띕니다. 특히 운동장에는 젊음의 열기가 끓어오릅니다. 축구경기, 피구, 농구 경기가 열리고, 전에는 볼 수 없던 풍경도 생겼습니다. 핸드볼 패스 연습에 열중하는 모습이 바로 그것입니다. 핸드볼 전공 교사가 부임하고 생긴 풍경입니다. 선수로 뛰는 학생들은 물론, 응원단에다 구경꾼까지 운동장에 그득합니다.

지난 4월부터 체육활동 활성화 대책으로 실시하는 학교장배 축구 피구 경기가 학급 대항으로 열리기 때문입니다. 종목별 리그전으로 열리는 체육 경기는 학급원이 단합하는 효과와 넘치는 젊음을 건강하게 발산하는 좋은 기회를 제공하는 효과를 잘 거둘 것으로 기대하고 있습니다. 넘치는 젊음의 기운을 건강한 표현방식으로 발산하는 체육활동 장려 정책은 학창시절에만 누릴 수 있는 멋진 추억을 만들어 주고, 서로 배려하고 협동하여 세계시민으로 성장하게 하는 교육 효과가 따라옵니다. 부수적으로는 전자오락 게임에만 몰두하는 아이들을 일깨우고 학교폭력이나 왕따 등 학교에서 발생할 수 있는 어두운 것들을 미연에 방지하는 효과도 있습니다. 그리고 공부에는 젬병이라도 운동에는 재주와 흥미가 있는 학생이라면 친구들의 주목을 받고, 존재감을 드러낼 수 있는 기회가 되기 때문에 그들을 학교에 오게 하는 중요한 동인이 됩니다.

요 근래에 교장실 문을 두들기는 학생들이 부쩍 많아졌습니다. 학교장배

운동 경기에 나가야 하는데 벌점이 있는 학생의 출전자격을 제한하는 규정 때문에 출전자격을 잃었다고 발을 동동 구르며 교장실에 뛰어와 도와달라고 통사정 합니다. 학교장배 축구 피구대회가 공식 개막한 뒤 생긴 풍경입니다.

주요 대학이 2018학년도 입시에서부터 학생부 종합전형 비율을 정원의 40~50%로 크게 확대하고 있는데, 학생부 종합전형은 내신 성적뿐 아니라 교내 동아리·봉사활동, 독서활동, 수상 실적 등 비교과 영역을 종합적으로 판단해 학생을 선발하는 제도입니다. 2010년에 도입된 이 제도가 7, 8년 만에 대입전형의 대세가 되었고, 이에 따라 모든 고등학교가 이 시스템을 도입하는 중입니다. 우리도 이런 흐름을 인지하고, 맞춤형 학생 교육 시스템을 구축하고 있습니다. 특히 인천형 혁신학교 모델인 행복배움학교로서 민주적 가치관을 키우고 학생 중심의 교육활동을 장려하여 미래형 인재를 기르는 학교 시스템을 만들어 학종의 요구에 발맞춤 하려 노력하고 있습니다.

우리의 교육목표는 '배려와 나눔을 실천하는 세계시민 양성'이며, 이 목표 달성을 위해서 '소통과 배움으로 성장하는 꿈과 사랑의 학교'라는 행복배움학교의 비전을 세워서 중학교 재학 중 학생들이 배움에 행복하고 미래를 안정적으로 설계할 수 있도록 지도하고 있습니다.

학생들의 기와 끼를
살리는 교육

오월 가정의 달을 맞아 우리는 참 많은 행사를 준비하여 진행했고, 학생들을 데리고 밖으로도 많이 나갔습니다.

어버이날을 맞아 효행편지를 써 어버이 은혜에 감사하는 기회를 마련했습니다. 아버지와 자녀가 함께하는 해피트래킹 행사를 주최하여 부모와 자녀가 함께 가족의 소중함을 확인하도록 했습니다. 모든 학년이 직업현장을 탐방하는 진로체험의 날을 운영했고, 직업인 멘토 초청 특강 '직업인 멘토와 함께하는 나의 꿈 디자인'행사를 개최하여 진로를 스스로 개척할 수 있는 능력을 키워 주었습니다.

교사 혁신동아리를 상시 운영하여 교육현장이 더 좋아지도록 함께 고민을 하고, 현장 교육전문가 초청 비폭력대화 연수를 실시하여 교육전문가로 전문성을 높이도록 하였습니다. 학부모에게 공개하는 수업공개의 날을 운영하였고, 모든 교사가 함께 수업 혁신을 위한 노력을 계속하고 있습니다.

교내 대안교실, 다문화예비학교, 그리고 교육복지학교로 지정받아 학생들의 가정환경과 개성, 학업능력에 맞춤형으로 대응하였으며, 세계 어디에서도 당당하게 어깨를 겨룰 수 있는 교양 있는 세계시민으로 키우는 데 게으르지 않으려 노력했습니다. 방과후학교 사이다관현악단을 조직하여 악기 연주 기회를 무료로 제공하였고, 중국어, 일본어 원어민 무료강좌, 생활요리교실, 기초학력강좌, 창체 동아리와 상설동아리활동, 체육활동을 활성화시켜 학생들의 기와 끼를 살리는 교육에 최선을 다하고 있습니다.

주말에 계산여중에서 열린 서부교육청 주최 토론대회에 대표학생들이 참여하여 당당하게 활동하는 모습을 보면서 흐뭇했습니다. 식전행사에서 특별히 초청받은 우리 학교 난타동아리가 신나는 난타공연을 한마당 펼쳤습니다.

주말에는 남동구청 주최 피구대회에 출전한 스포츠동아리 학생들과 인솔교사가 입상 소식을 알려왔습니다. 대회 참가 준비하느라 학생들과 함께 운동장에서 땀 흘리다 까맣게 탄 지도교사의 얼굴에서 숭고한 아름다움을 보았습니다.

토요일에는 스포츠클럽 참가 학생들이 구슬땀을 흘리면서 축구 기량 연마에 열중합니다. 마침 인천의 자랑인 인천유나이티드 축구 리그전이 시작되었고, 학생들의 참여 열기가 뜨겁습니다. 또, 청소년단체를 지도하는 선생님들은 주말마다 단원들과 곳곳을 다니면서 놀라운 체험을 하고 있습니다. 정규교육과정 이외에도 참 다양한 활동이 이루어지고 있습니다. 과거 신라시대 화랑도들이 산천을 주유하며 심신을 단련했던 모습과도 견줄 만하다고 생각됩니다.

우리는 학생들의 가능성을 보고 교육합니다. 학생의 성장과 발전 가능성만을 적극적으로 살펴주는 영국의 선생님들에게서 사랑과 칭찬과 배려를 더 배우려고 노력합니다. 그리고 우리 학교에 사랑과 칭찬으로 배려하고 학생들과 함께하는 선생님들이 계셔서 감사하고 만족하고 행복한 오월입니다.

함께 만들어가는 민주적 학교,
2017 학교혁신 한마당

모두를 위한 교육,
모두가 함께하는 교육

11월 4일에 인천대 송도캠퍼스에서 '인천교육혁신한마당'행사가 열렸습니다. 시교육청이 주최한 이 행사는 금년도 인천혁신교육의 성과를 점검하고, 함께 고민하며 미래를 대비하는 기회인데 해마다 열리고 작년에도 같은 곳에서 열렸습니다.

올해 행사 구호는 '모두를 위한 교육, 모두가 함께하는 교육'입니다. 학교 구성원들이 소통과 협력을 바탕으로 교육과정과 수업을 바꾸는 노력, 학생들에게 놀라운 배움의 기회를 제공하려는 수고, 또, 교사들이 서로 협력하고 연구하고 실천하는 전문적학습공동체를 발전시키고, 학부모들도 당당한 교육주체가 되어 함께 발전하도록 고민하는 교육적 지향점이 이 행사가 추구하는 목표입니다.

이 행사는 오전 1부와 오후 2부로 나뉘었는데 1부는 강당에서 참석자 전체가 함께 모이고 2부는 주제별로 각 실별로 나뉘어 주제를 탐구하는 형식으로 진행되었습니다. 1부 행사 시작과 함께 인천혁신교육 영상을 상영했습니다. 이 영상은 지난주 우리 학교에서 종일 촬영했고 임진아 선생님을 비롯한 우리 선생님들과 학생들이 출연한 스토리텔링 형식으로 전개되었고 앞으로 1년 동안 인천혁신교육의 상징 영상물로서 널리 활용될 것입니다.

여기서 나는 학교장 대표로서 '학교장이 만들어가는 민주적 학교'주제로 그동안 우리 행복배움학교 운영의 성과와 문제점, 고민, 그리고 과제에 대해 발제했습니다. 제목을 보면 알 수 있듯 민주적 학교를 만들어가는 과정을 중심으로 논의를 진행했습니다. 학교장이 만드는 학교라 하더라도 결국 구성원이 함께 만듭니다. 학교장 혼자서는 아무 것도 할 수 없기 때문입니다. 그래서 '학교장이 만든다'지만, 학교구성원이 함께 만드는 민주적학교가 적절한 이름이 아닐까 생각해 보았습니다. 다음은 발제 내용입니다.

배움에 행복을 더하는 우리 학교는 강력한 학부모조직과 성공적인 네트워크로 유명합니다. 학운위와 학부모회 조직은 언제나 학교편이고 아버지회는 활동 공로로 교육감 감사패를 받았습니다. 학생과 학부모와 교사가 함께하는 학부모네트워크는 가장 큰 힘입니다.

오늘 이 기회가 인천형 혁신학교 2년을 보낸 우리의 여러 교육적 성과뿐 아니라 성공비결을 함께 알릴 좋은 기회라 여깁니다. 물론, 성공의 뒤에 가려진 고민과 과제도 함께 말씀드려 서로 배우고 민주적 학교를 운영하고자 하는 분들에게 도움 되었으면 좋겠습니다.

오늘 이야기는 첫째, 내 가치관의 성장판, 둘째, 오늘의 학교 진단, 셋째, 민주적 학교 운영 사례, 넷째, 혁신 과제와 전망의 순서로 말씀드리겠습니다. '웃프다'는 말 아시죠? '웃기지만 슬프다'는 준말 유행어이자 1970년대의 단면입니다. 그 시기가 내 청소년기이자 성장판이었습니다. 대한민국이 짧은 기간에 압축 성장하던 산업화 시기입니다. '새마을'과 '하면 된다'는 구호에 담긴 유신독재, 모로 가도 서울만 가면 된다는 몰개성과 획일적 목표지향적 환경, 억압적 사회 분위기 속에서 헤르만 헤세의 소설 '수레바퀴 아래서'의 주인공처럼 여린 소년이 성장하면서 겪었던 청춘의 좌절과 고민이 역설적으로 지금 학생들을 귀하게 여기는 민주적 학교 운영의 자양분이 되지 않았을까 생각합니다.

배움에 행복을 더하는 학교

초임교사 시절부터 나는 학생들마다 각각 다른 형태로 과제를 부과하여 학생들을 당황하게 했고, 수업의 많은 부분을 학생들이 자신의 과제를 발표하고 진행하도록 했습니다. 국어과 학습자료라곤 괘도가 유일하던 시절, 학생들이 과제를 하면서 생각을 정리하고 구조화한 다음, 자신의 괘도를 만들어 발표하게 하는 훈련을 시켰습니다. 이런 형태의 수업은 학생들 누구도 졸지 않게 하고 자기주도적 학습을 촉진하면서 동시에 교사는 짬짬이 쉴 여유를 가질 수 있어서 참 좋았습니다. 요즘 말하는 배움 중심 수업이었습니다. 수업 이외에 신문부, 교지부를 지도해 글 쓰고 발표할 기회를 자주 만들었고 독서 지도와 독후감 지도에도 노력했습니다. 물론 이 모든 과외활동의 대가는 사명감과 보람뿐이었습니다. 나는 일찍부터 혁신교육을 했던 셈입니다. 하지만 이후에도 학교는 경쟁과 서열 중심의 신자유주의적 가치를 요구했고 성적순 교육이란 제도가 항상 고통스러웠습니다.

이런 굴레를 벗어나 함께 행복할 수 있는 교육이 가능한 세상을 오랫동안 꿈꿔 왔는데 진보교육감 등장과 정권교체가 행복배움학교를 가능하게 만들었습니다. 내가 지향하는 행복배움학교의 가장 중요한 가치는 학생이 주인 되고 쌍방향으로 소통하는 학교, 배려와 존중하는 교육, 시대 변화와 미래를 대비하는 교육, 그래서 배움에 행복을 더하는 학교입니다.

학교에는 상반되는 수많은 생각과 관심과 이슈가 존재합니다. 혁신교육의 가치에도 호감과 비호감이 있습니다. 하지만 다양한 생각은 민주사회를 더욱 고도화시키는 영양분입니다. 격렬한 논쟁 속에서 타협이 나오고, 갈등은 폭발하는 게 아니라 해소되며 국민의 이익에 봉사하게 됩니다. 민주주의는 그래서 무지개처럼 아름답습니다.

모두가 평등하고 구성원이 두루 행복할 때 민주적 학교가 만들어집니다, 또 그러려면 무엇보다 교사가 행복해야 한다고 생각합니다. 따라서 학교장은 교사가 행복하도록 노력해야 하며 이를 통해 학생, 학부모가 함께 행복한 선순환 구조를 만들 책임이 있습니다.

학교가 행복한 선순환구조를 갖추게 되면 신뢰와 존경, 경청, 공감, 칭찬, 높은 사기, 긍정적 사고와 자존감이 서로 잘 물려 돌아갈 것이고 현재 직면한 여러 부정적 문제들도 해소될 것입니다. 이런 선순환 구조의 추진동력은 학교장의 혁신마인드라고 생각합니다.

나는 예전부터 세상의 변화와 미래세상이 무척 궁금했습니다. 미래를 점치는 학자들의 예측을 알아보고, SF소설과 과학상상화에 등장하는 미래

세상을 상상하는 것은 참 재미있는 일입니다. 인류의 상상력은 결국 현실이 된다는 것도 이 분야에 대한 관심 덕택에 얻게 된 결론입니다.

우리는 행복배움학교, 소프트웨어교육연구학교, 다문화예비학교, 학교 내 대안교실 운영교, 자율학교, 두드림학교, 혁신지구학교 등 시대 변화를 담은 미래지향적 여러 타이틀을 동시에 가지고 있습니다. 그리고 기꺼이 이 사업들을 담당하는 선생님들의 자발성 덕택에 학교 발전과 교육 성공의 시너지 효과를 거두고 있습니다. 이것들이 가지고 있는 미래지향성이 행복배움학교의 가치와 통한다는 생각에 구성원들이 동의하고 있고, 관련 활동성과 덕택에 학교브랜드 가치가 상승하였습니다. 학교 소문을 듣고 학생들이 모여듭니다. 다문화예비학교 소문에 연고지가 아님에도 불구하고 외국에서도 전학 오고, 자율학교, 두드림학교, 대안교실 등 시스템을 잘 갖추었으며 교사들의 역량으로 야생마를 조련하듯 거칠고 힘든 학생도 잘 가르칩니다. 우리는 누구든 잘 품어서 잘 안아 주고 있습니다.

그런데도 우리는 자주 딜레마 상황에 부딪힙니다. 교무실에 와서 놀고 싶은 학생을 용납하지 못하고 쫓아내는 교사를 보고 절망한 적이 있습니다. 이런 상황은 학생과 교사 서로에게 불행합니다. 나는 열린교장실 팻말을 붙이고 교장실을 언제나 개방하여 학생들이 상시 출입하도록 하고 있습니다. 그리고 교사가 수업지도 힘든 학생이나 수업이 싫은 학생들이 원하면 기꺼이 한 시간씩 맡아 주기도 합니다.

교사 역할의 변화

4차 산업혁명과 인공지능의 발전으로 급격한 사회 변화와 자동화가 진전되면서 필연적으로 단순 일자리는 격감하고 심지어 현존하는 직업군의 45%가 소멸한다는 전망에 마음이 다급해집니다. 그런데 이런 전망이 먼 미래의 것이 아닙니다. 이미 의사, 변호사 등 고소득 전문직은 물론 교사의 위상이 하락하고 불안정성이 증대되며 전통적 교직관에도 큰 변화가 일어나고 있습니다. 과거에 강력한 권위를 가진 지식전달자였던 교사의 역할이 이제 정보제공자나 학습안내조력자로 변하였으며 취학인구의 격감, 학교 규모의 급격한 영세화는 발등에 떨어진 불이 되었습니다.

게다가 대한민국의 교육 현실과 정책을 쥐락펴락하는 대학입시 제도는 학교생활기록부종합평가와 수시입학 방식이 대세가 되었고, 인재 채용은 블라인드 방식으로 변하고 있습니다. 그야말로 눈이 핑핑 돌만큼 세상이 변하고 있습니다. 그런데 미래 인재를 길러 내는 책임을 진 학교가 제일 안변한다는 차가운 외부 시선은 여전합니다. 과거에는 19세기 교실에서 20세기 교사가 21세기 학생들을 가르친다는 조롱 섞인 말이 유행했습니다만 교실은 이미 스마트화 했고 신규임용 되는 교사는 최상위 엘리트급 인재인데, 학생들은 수업시간에 스마트폰으로 SNS와 게임에만 몰두하고 있다고 합니다. 이 현실이 교사의 책임인가요, 세상 탓인가요? 또 장차 우리 학교가 살아남을까요?

이스쿨 뉴스란 외국사이트에서 요즘 학생들의 요구사항을 제시했는데 우리가 주목해야 할 것이라고 생각되어 인용해 봅니다.

- 실제적이고 쓸모 있는 것을 가르쳐 주세요.
- 교사가 아니라 학생이 선택할 수 있도록 해 주세요.
- 학생 중심 수업으로 지루하지 않은 수업을 해 주세요.
- 단순 지식정보 전달이 아니라 공부하는 방법을 가르쳐 주세요.

• 멀티미디어로 상호작용이 일어나는 수업을 해 주세요.

세상의 변화를 읽지 못하고 과거에 머물러서 학교 혁신에 걸림돌이 되는 현장의 일부 관리자들 문제를 생각해 봅니다. 이들은 권위주의적 사고방식에다 민주적 가치를 잘 인정하지 않습니다. 업무와 권한 위임에 소극적입니다. 교육3주체들과 대화하거나 소통하는 데 익숙하지 않습니다. 정보화시대의 변화에 무관심하고 사고가 산업화시대에서 정체되어 있습니다. 모든 길은 상급학교 입시 실적과 학생의 성적으로 통합니다. 교육활동 중에 일어날 수 있는 사고의 예방에만 관심이 있어서 방어적, 소극적으로 학교를 운영합니다. 새로운 아이디어와 혁신적 제안의 수용에 부정적이며 미래에 대한 비전 제시 능력이 없습니다. 물론, 요즘 이런 분들 많지는 않습니다.

교사들의 문제를 짚어봅니다. 학생을 고압적, 권위적, 비민주적 태도로 대합니다. 자신의 솔선수범보다는 학생들을 시키는 일에 더 익숙합니다. 질의응답과 토론에 익숙지 못합니다. 참을성이 부족하여 인내하고 기다려야 하는 '멀리 돌아가는 길'보다 지름길을 택합니다. 전통적 강의 방식인 '열강(熱講)'에는 익숙하나 학생이 스스로 공부하게 하는 '열공(熱工)'지도에는 서툽니다. 새로운 교육이론과 학습지도 방법 수용에 소극적입니다. 시대 변화에 대한 두려움을 갖고 있고 혁신교육과 새로운 시도에 냉소적이거나 방관적입니다. 동료교사와 함께하는 협업과 연구, 연수활동에는 인색합니다. 낮은 자존감으로 학생을 적극적으로 사랑하지 못하며, 수업공개를 꺼립니다. 학교 혁신 활동에 후배교사를 사주하거나 은근히 방해합니다. 시대 변화 속에서 경쟁력을 가진 교사로 다시 태어나려면 자발적 혁신 동기와 노력이 있어야 하고 시대 흐름을 읽는 부지런함에다 교육전문가로서 학생의 가능성과 장점을 읽을 줄 알아야 합니다.

학생들은 독서 시간 투자가 인색하여 독서 능력과 배경지식이 현저히 부족합니다. 당연히 텍스트 이해 능력이 전반적으로 하락하여 배경지식이 낮고 문맥과 맥락 읽기 능력이 떨어집니다. 텍스트보다는 비주얼에 익숙하기 때문에 상상력 측면에서 불리합니다. 집중력이 떨어지며 쉽게 싫증을 내는 경향도 있습니다. 공동체적 가치보다는 개인주의적 성향이 강합니다. 전통적 가정의 틀이 해체되는 경향 증가 등 다양한 양육환경에서 자존감이 낮은 경향이 있습니다. 때문에 자신의 의견을 논리적으로 잘 말하지 못하고 민주주의적 사고와 행동 능력 훈련이 부족한 특성도 있습니다.

학생은 독서활동과 자기주도 학습에 투자하고, 특기와 장점을 살리고, 동아리활동에 적극 참여해야 합니다, 또 민주주의 경험과 자치 역량, 학습 역량을 길러야 합니다.

교육의 본질

민주적 학교라면 무엇보다도 사람을 귀중하게 여겨야 합니다. 교육의 본질은 교사와 학생이 신뢰와 존경을 바탕으로 한 인간관계 속에서 이루어지는 상호작용입니다. 인간에 대한 이해와 융복합적 사고, 인문학적 소양을 가진 사람이라야 교수학습 활동을 통해서 상호작용을 일으킬 수 있습니다. 동학의 '사람이 하늘[人乃天]'이라는 생각과 대통령이 말하는 '사람이 먼저다'는 얼마나 당연한 생각입니까? 그래서 민주적 혁신학교는 일반학교와 다르지 않지만 분명히 다른 학교가 되어야 합니다.

우리 학교의 성공적 교육성과들은 모두 교사의 자발적, 내재적 역량을 극대화할 수 있기 때문이며 학교장의 능력은 교사의 전문성과 자발성을 어떻게 끌어내느냐에 달려있습니다.

우리의 혁신은 행복배움학교 신청부터 시작되었습니다. 하지만 교사들을 움직이는 것은 쉽지 않았습니다. 42%의 낮은 동의율, 하지만 학부모의 열망(동의율 100%)을 배경으로 행복배움 준비교를 신청했고, 2015 행복배움학교 준비교, 2016년 교사 80%의 동의로 4년간 행복배움학교를 지정받았습니다.

운영 결과, 2015년 22학급 2016년 24학급 2017년 26학급으로 학급수가 해마다 2학급씩 증가했고 신입생 지망자들이 선호하는 학교가 되었습니다. 물론 이 과정에서 사서와 실무원 배치, 사업 지원금 등 교육청의 인적, 물적 지원이 크게 도움 되었습니다.

혁신학교로서 우리 학교의 정체성은 학교 CI에 들어있습니다. 세련되지는 않았지만 구성원에게 공모하여 만든 이 상징물에 학교의 정체성과 교육철학을 담고 '배움에 행복을 더하다'의 이미지를 널리 알리고 두루 활용하여 학교브랜드 가치를 높였습니다.

우리는 4대 과제 영역을 조화롭게 추진하여 일상의 모습은 일반학교와 하나도 다르지 않은 학교, 그러나 분명히 차별화된 혁신학교 만들기를 목표로 하고 있습니다. 한편으로는 일부의 거부감과 부정적 시각도 존재함에 유의하여 공감대 형성을 위한 지속적 노력도 합니다.

학교에 민주적 운영체제를 구축하는 과제는 교사가 행복한 근무 환경을 만드는 데부터 시작됩니다. 단순한 지시전달을 위한 교직원회의는 일찍

폐지하였습니다. 대신 기능별 직능별 소모임을 장려하고 일반적인 의사소통은 메신저를 활용하고 있습니다. 아버지회, 학부모회 등 학부모 네트워크 조직을 잘 운영하여 교육수요자와도 소통하고 있습니다. 아버지회 조직은 개교 이래 단 한 번도 단절되지 않았고 운영이 최고로 활성화된 인천 제일 조직입니다. 학부모회는 각종 연수와 교육복지 반찬나눔 사업에 참여하고, 아버지회는 가족과 함께 교육활동 사업을 함께하면서 좋은 성과를 지속적으로 내고 있습니다.

정성을 다하는 교육

나는 교육수요자, 특히 신입생과 학부모의 마음을 얻고자 노력합니다. 해마다 입학 날 '신입생 세족의례'를 하면서 '가장 낮은 자세로 언제나 정성을 다하겠다'고 약속합니다. 정성을 다해서 매일 아침 따뜻한 등교맞이를 하고, 점심시간에는 급식 봉사활동을 합니다. 사제동행 영화 관람은 최고 인기 행사입니다. 연중 문턱 없는 열린교장실을 운영하여 학생들이 자유롭게 출입하며 서로 소통하고 있습니다. 또, 모든 학생들에게 참여와 나눔, 봉사의 가치를 가르치고 함께 실천하고 있습니다. 입학날 세족행사에서 신입생들은 강한 인상을 받고 학부모들은 학교를 신뢰하며 안심합니다. 6월과 추석명절, 김장철 등 연3회 반찬나눔 봉사활동에 참여하는 어머니들 얼굴은 왜 그리 천사 같은지요? 최근 일본에서 귀국하여 편입학한 다문화학생 가정에 추석 명절음식과 송편을 보내 한국에서 맞는 첫 명절에 전통음식을 맛볼 수 있게 한 일은 시의적절 했고 감동이었습니다. 선생님과 함께 짜장면 먹고 영화를 함께 보는 사제동행 행사 일정은 교사와 학생 모두가 손꼽아 기다립니다.

교육과정 재구성과 함께 교과 간 융복합 수업을 협업하면서 시너지 효과를 거두고 있습니다. 행복배움학교와 자율학교로 동시 지정된 덕택에 수행평가 100%와 50% 이상 반영 교과목을 확대해 나가고 있습니다.

이미 EBS, YTN 등 방송에 우리 학교가 여러 차례 소개되었고, 미래부장관, 창의과학재단이사장, 교육감 등 많은 인사들이 학교를 수차례 방문했으며, 교육부 주관 2016 행복교육박람회에 소프트웨어교육 주제로 참가하여 대통령 앞에서 시연하고 칭찬을 받은 바 있으며, 2017 대한민국미래교육박람회에서는 대안교육관을 운영하였습니다. 학교 내 대안교실 운영을 잘 한다는 소문이 난 덕택입니다. 방학 기간에는 다문화캠프를 운영하였고 스포츠 동아리활동을 장려한 결과, 금년에만 시장배, 남동구청장배 피구 핸드볼 클럽대회에서 다섯 차례나 우승했습니다.

교육혁신

마지막으로 혁신 지속을 위한 과제와 전망을 정리해 봅니다. 교육혁신 활동에 동참하지 않거나 냉소적인 20%의 교사들과 가치를 공유하고 동행하기는 쉽지 않습니다. 다만 학년도 시작전 2월 중순에 신규전입교사를 포함한 워크숍을 통하여 일체감, 소속감, 전문성으로 묶는 프로그램을 운영하고, 가치공유 기회를 마련하여 함께갈 수 있도록 하고 있습니다. 하지만 강요하지는 않습니다. 교육혁신에는 자발성과 지속성이 가장 중요하기 때문입니다.

혁신학교 운영 이후 연차별 상급기관의 행정적 재정적 지원이 축소될 예정입니다. 그에 대한 대응방안은 무엇일까요? 교사들의 역량을 강화하는 것이 옳은 방향이라고 생각합니다. 교사들의 뛰어난 역량을 바탕으로 교육청이나 지자체에서 지원하는 각종 목적사업비를 계획적으로 확보하고, 다채로운 교육활동을 잘 지원하도록 학교시스템을 갖추고 학교브랜드 가치를 제고하는 노력이 함께 필요할 것입니다.

혁신학교가 지역에서 섬처럼 고립된 존재는 아닌가 하는 의문도 있습니다. 사실 우리 지자체 관내에서 동교급 혁신학교는 우리가 유일하여 가치를 공유하는 추가 합류 학교가 없기 때문에 섬처럼 외로운 것이 사실입니다. 학교혁신에 뜻 있는 관리자들이 있지만 대개는 교직원의 의견을 수렴하는 데 실패하기 때문에 혁신학교가 증가하지 못하는 것이 현실입니다. 하지만 학교는 교사 말고도 학부모와 학생이라는 교육수요자의 몫이 훨씬 큽니다. 학부모 네트워크에 기대고 그들의 요구를 강력한 동력으로 삼아서 전진해야 합니다. 학교 관리자에게 혁신교육의 당위성을 적극 홍보하고 그동안 축적된 성과를 바탕으로 2기 혁신학교 정책에 반영하려는 노력이 필요합니다. 우리가 추구하는 혁신학교, 민주적 학교가 거역할 수 없는 시대적 대세라는 사실만큼은 분명하기 때문입니다.

민주적 혁신학교의 갈 길이 교육수장의 성향과 부침에 영향 받을 수밖에 없는 현실과 세간의 일부 부정적 인식을 함께 극복하려 노력해야 합니다. 쉼 없는 혁신만이 학교의 존재 가치임을 인식하고, 명백하고 체계적인 성과를 지속적으로 제시하는 노력이 필요합니다. 일부 교사의 열정과 헌신에만 의지하는 혁신활동은 어젠다(agenda) 확산에 한계가 있기 때문입니다. 교육수요자에게는 행, 재정 지원 효과가 크나 교사에게는 업무 부담만 증대된다는 인식도 문제입니다. 학습연구년제, 학위취득 프로그램, 해외시

찰, 포상, 가산점 부여 등 오직 사명감으로만 헌신한 혁신교육 유공교사들을 제도적으로 보답하고 사기를 진작하여 혁신마인드 확산에 기여할 수 있는 방안을 마련하면 도래하는 인천혁신교육 2기가 더 좋은 성과를 낼 수 있을 것이라고 기대합니다.

쉼 없는 혁신만이 학교의 존재 가치입니다. 교육 3주체가 다 함께하기 때문에 명현중학교는 행복합니다, 계속 응원해 주십시오.

에필로그 _____

우리는 언제나
희망을 노래해야 한다

운명은 자신이 개척하는 것

"인생이란 초콜릿 상자와 같단다. 뭐가 걸릴지 아무도 모르거든."

(Life is like a box of chocolates. You never know what you are going to get.)

"바보는 바보처럼 행동할 뿐이에요."

"과거는 뒤에 남겨 둬야 앞으로 나갈 수 있어."

"때가 된 것 뿐. 두려워하지 마. 죽음도 인생의 일부란다. 우리 모두에게 주어진 운명이지."

"신이 주신 능력으로 최선을 다해야 해."

"네 운명은 네가 알아내야 해."

'포레스트 검프(Forrest Gump)'는 원작소설을 바탕으로 1994년에 개봉한 독특하고 재밌는 영화입니다. 방학 때와 명절에 몇 차례씩 봤지만 질리지 않을 뿐더러 그때마다 큰 감동을 줍니다. 주인공 포레스트는 비록 바보로 불리지만 아름다운 동반자들을 만나고 여러 역사적 사건 한가운데를 우직하게 헤쳐 가면서 감동과 재미를 주고, 영화는 관객들에게 저 명대사들을 선사합니다.

어머니의 임종 자리에서 나누는 모자간의 저 명대사들을 만날 때마다 코끝이 찡해지고 그래서 되씹어 보고 자꾸 음미해 봅니다. 이 대화에 '인생'과 '운명'에 대한 철학적 메타포가 있습니다. 사람은 누구나 똑같은 모습으로 공평하게 태어나는 듯하지만 아닌 것도 같고 알쏭달쏭합니다. 빈부격차가 점점 심해지는 세상의 추이에 따라 이 의심은 갈수록 증폭됩니다. 몇 년 전 학교 무상급식 도입 여부가 논란이 될 때 재벌회장의 손자와 일용노동자 자녀가 함께 먹는 학교급식이 과연 옳은 것인가 어처구니없는 설왕설래가 그랬습니다. 하지만 이제 학교에서는 누구든 평등하게 밥을 먹고 있습니다.

어떤 모양의 초콜릿이 튀어나올지는 상자를 열어 보아야 하고 운명은 자신이 개척해야 한다는 너무나 당연한 이야기에 감동하고 동감합니다. 자신의 선택이 아니지만 태어나면서부터 힘든 삶을 살아야 하는 어려운 형편의 학생들에게 더 특별히 응원의 박수를 보내는 것도 영화 속 모자간 대화에 감동하기 때문입니다.

그리스 신화에서 제우스는 판도라에게 상자(Pandora's box)를 주지만, 절대 열지 말라고 경고합니다. 그런데 결혼하여 행복하게 잘 살던 판도라는 어느 날 호기심을 참지 못하여 상자를 열고 맙니다. 상자가 열리자마자 증오, 질투, 잔인성, 분노, 굶주림, 가난, 고통, 질병, 노화 등 장차 인간이 겪게 될 온갖 재앙들이 빠져나와 세상으로 퍼져나가고 평화로웠던 세상은 금세 험악해지고 맙니다. 그나마 급하게 닫은 상자 속에 그래도 희망만은 남았다는 이야기, 다들 알고 계시죠? 현실이 어렵더라도, 갈수록 나빠지더라도 우리는 언제나 희망을 노래해야 합니다. 학생은 누구나 행복한 미래를 누릴 권리가 있고, 학교는 우리의 미래이기 때문입니다.

플로우차트와 대안교실

우리 학교는 인천형 혁신학교인 행복배움 학교 겸 자율학교로, 다문화예비학교로, 소프트웨어교육 선도학교와 연구학교로, 학교 내 대안교실 운영학교 등 여러 개 타이틀을 내걸고 교육의 본질에 충실하려는 고민과 노력을 지난 3년간 계속해 왔습니다. 권위적이고 때로는 부정적인 전통적 학교상과 바깥세상의 고정관념을 깨뜨리기 위한 노력이자 몸부림이라고나 할까요. 이것들이 서로 다르거나 낯설지 않으며 유기적 긍정적으로 화학작용을 하리라는 믿음을 갖고 우리는 행복배움학교 구성원으로서 민주적 의사소통 능력을 높여서 긍정적 인간관계를 형성하고 협의와 소통이 자연스런 분위기를 만들고 있습니다. 자율학교에서는 창의적 교육과정 운영과 교과 간 융합교육 설계가 가능해졌습니다. 소프트웨어교육 연구학교 운영 덕택에 교과 간 융합과 알고리즘적 사고를 더한 수업을 설계하는 교육이 가능해졌습니다. 나경숙 보건선생님이 응급조치 수업을 설계하면서 잘 짜인 알고리즘 플로우차트를 도입한 것을 보고 깜짝 놀란 적이 있습니다. 미리 정의된 기호와 연결하는 선을 사용해 문제를 해결하는 논리적 흐름을 그림으로 표현한 것이 순서도, 즉 플로우차트입니다. 정보교과와 상관없는 모든 교과에다 디지털 논리를 반영한 수업설계를 하고 있다는 사실이 소프트웨어교육 연구학교인 우리 학교의 강점입니다.

다문화예비학교에서는 우리가 다문화학생들을 누구보다 더 잘 교육할 수 있는 역량을 갖추게 되었다는 자부심과 함께 남과 다름을 이해하고 배려하며 국제적 시야를 키우는 교육이 가능해졌습니다. 이는 장애 이해 교육이 지향하는 목표와 유사하고, 거두는 효과도 동일합니다. 소수약자, 이민자 등 디아스포라에 대한 따뜻한 이해와 배려, 공존이 사회 정의의 실현이라는 높은 가치를 구성원들이 공유해 가고 있습니다. 그래서일까요. 피부색이 달라서라든가 장애가 있다거나 허약하다는 이유로 왕따나 차별한다는 사례를 아직까지 본 적이 없습니다.

학교 내 대안교실 운영이 우리의 포용능력을 보여 줍니다. 우리는 폭력에 노출되거나 학업 흥미가 아주 낮아서, 또는 불우한 가정환경 때문에 자존감이 낮거나 학교생활에 적응이 어려운 단 한 명의 학생이라도 포기하지 않습니다. 대안교실에 편성된 학생들은 당구, 골프, 승마와 체력단련 등 일반학생들과 달리 특별한 프로그램을 추가로 이수하고 있습니다. 단지 정해진 교육과정만 이수하는 학교가 아니라 학생 개개인이 가진 신체적, 정신적 특징과 가정의 양육 환경과 성장 특성을 배려하고 고려한 학교 운영을 목표로 교육공동체를 만들자는 것이 내 소망이고 구성원들 모두가 학교장의 교육철학에 공감해 주시기 때문이 아닐까 생각합니다.

과거 정권 어느 시기에 모든 학생의 기초학력 보장을 강력하게 요구했습니다. 그 취지에는 동감합니다. 학생 누구나 기초학력을 잘 갖추어서 지식 정보화시대에 낙오하지 않고, 원만한 인격과 지적 능력도 두루 갖춰 제몫을 다하는 사람으로 잘 살 수 있기를 기대하기 때문입니다. 하지만 현장에는 시험 성적으로만 평가하는 기초학력 보장 목표에 결코 쉽게 닿을 수 없거나 출석 자체가 고마운 사례들이 어쩔 수 없이 존재합니다.

한때 미국에서는 기초학력 성취목표에 미달하는 학교는 폐쇄해 버리는 방식으로 학력을 올린다는 소식과 함께 어떤 한국계 교육감이 한국식 경쟁교육을 도입하여 새바람을 불러일으킨다는 소식도 들려왔지만 걱정과 의심이 들었습니다. 그런 방식의 경쟁교육이 과연 옳은 것인지.

디아스포라를 포용하는 교육

마을의 지정학적 위치나 지역사회의 특색, 경제력, 주거공간의 유형에 따라 모여 사는 사람들도 제각각이지만 학력도 천차만별인 것이 우리의 현실입니다. 강남을 비롯하여 신도시일수록 학력이 높고 학부모가 교육투자도 많이 하지만 그런 곳의 삶은 한층 각박하다고 합니다. 반대로 넉넉지는 못하지만 전통 향토사회와 같은 분위기 속에 따뜻한 마음으로 서로를 잘 돌보고 아끼는 동네도 있습니다. 몇 년 전 시청률 높았던 TV드라마 '응팔'처럼, 다행스럽게 우리 학교와 지역사회가 이런 특성을 가졌기에 나는 우리 학교를 사랑합니다. 하지만 수많은 원도심 지역은 마을 공동화와 시설의 낙후, 노후화, 인구의 노령화, 가정 해체로 인한 결손가정 등이 점증하고, 장시간 일하는 부모들로 인해 청소년들이 방치되는 나쁜 양육 환경, 그리고 부모들의 자녀교육 역량 부족 등으로 인한 어려움이 많습니다. 게다가 최근 다문화학생의 점증은 우리 모두에게 새 과제를 안겨주고 있습니다.

학교와 학생의 존재가치를 학업성취도만 가지고 판단할 일은 결코 아닙니다.
유교적 세계관과 가치관이 매우 강한 우리나라에서 부모 중 한 편이 없는 한부모가정의 경우, 학생이 성장하면서 장기간 누적된 심리적 결손이 인격

형성에 끼치는 부정적 영향이 클 뿐 아니라 알게 모르게 체화된 낮은 자존감 때문에 대인관계에도 어려움이 있습니다. 게다가 이들 가정은 대부분 공통적으로 빈곤문제를 갖고 있습니다. 그래서 경제적 어려움으로 생업에 매달리느라 사랑하는 자녀를 바르게 가르칠 교육방법을 배울 기회가 없어서 잘 모르거나 잘못 알게 되고 결과적으로 자녀가 잘못 방치될 가능성이 높습니다. 이런 가정의 보호자는 양육과 교육 태도에서 공격적, 자기방어적 성향을 보이기도 하며, 일탈한 자녀를 바르게 이끌어야 할 상황에서도 학교를 신뢰하지 않거나 교사에게 마음을 안 열고 곁을 주지 못하는 경우가 많습니다.

가정 해체 등의 사유로 조부모나 친척에게 맡겨진 학생들은 밝게 성장하는 데 더 어려움이 많고 교사와 학교에 맡겨진 책임도 더 큽니다. 손자를 교육적으로 돌보기에 조부모는 체력으로나 소통방식이나 정서적 경제적으로도 감당하기가 너무나 벅찹니다.

성장하면서 부모에게 지속적으로 폭력을 당해 온 학생들이 의외로 많습니다. 성장기에 일찍부터 폭력에 반복적으로 노출되었던 학생들의 경험은 일상생활에서 낮은 자존감과 자신감 부족으로 나타나 학업은 물론 교우관계나 동아리활동 등 학교생활 전반에 소극적이 되며 성과를 내기에도 어려움이 많습니다. 특히 폭력 피해자로 성장기를 보낸 경우, 성인이 되어 가해자가 되기 쉽습니다. 폭력을 당하면서 배운 경험이 성인이 된 다음 자신도 모르는 사이에 가족에게 가해로 나타납니다. 게다가 폭력과 갈등 속에 성장한 자녀가 부모가 폭력을 행사할 수 없을 만큼 자라면 더 이상 훈육할 수 없게 된 부모는 권위를 상실하면서 정상적인 가족관계도 깨지게 마련입니다. 이렇게 성장한 청소년은 성인이 되어도 원만한 가정을 꾸리겨 못하는 등 심각한 어려움에 부딪히게 된다고 합니다.

외국에서 태어나 일찍부터 현지의 조부모에게 맡겨진 채 한국으로 취업 나간 부모와 장기간 격리되어 성장하다가 청소년이 되어 입국한 다문화학생들은 언어 소통이나 학업 자체가 어려울 뿐 아니라 낯선 나라에서 정체성 혼란이란 장벽에 부닥칩니다. 입국 전까지 그 나라 국민으로 성장하였기 때문에 입국 후 갑자기 바뀐 낯선 외국이란 환경이 당사자에게는 매우 적대적으로 느껴지므로 새 환경에 적응하기가 녹록치 않습니다.

순수 외국국적이었다가 부모의 재혼으로 입국하여 국적을 얻게 된 중도입국자녀의 경우에는 어려움이 훨씬 큽니다. 그동안 학교에서도 다문화와 다문화가족에 대한 이해와 적응교육이 점진적으로 진행되어 왔지만 그들을 타자화하고 낯선 존재로 바라보는 시각이 존재하는 것도 엄연한 현실이라는 점에서 그들의 어려움을 헤아리고 더 적극적으로 포용하려는 노력이 필요합니다.

외형적으로는 유복한 환경에서 정상적으로 성장하여 특별히 외적 요인을 찾아보기 어려운데도 불구하고 자전거, 오토바이, 심지어 차량 절도를 반복적으로 저지르는 학생도 있습니다. 게다가 10세 이상 14세 미만은 형법이 적용되지 않고 소년법으로 임시조치, 감호위탁, 수강명령, 사회봉사, 보호관찰, 보호처분 등 관대하게 관리하는 점을 악용하여 반복 범죄를 저지르는 영악한 녀석들도 있고, 소년법 처분 받은 것을 영웅시 하고 우쭐해 하는 철부지도 있습니다.

학교의 새 과제들

인터넷 사이버 세계와 모바일 게임에 지

나치게 몰두하는 문제도 심각합니다. 폭력성과 선정성이 과도한 사이버 게임 몰입은 가족이나 친구들과 바람직한 교류를 저해하여 사회성 형성을 방해할 뿐 아니라 정신적 황폐와 함께 신체 건강에도 심각한 저해를 가져올 가능성이 큽니다. 밤새 사이버 게임 세계에서 놀던 학생이 비몽사몽 등교하여 정상적인 학교생활이 될 리 없습니다. 병적으로 과도하게 몰입한 학생의 경우, 사이버 세계와 캐릭터를 현실과 혼동하는 인지 장애가 나타나서 현실과 사이버 세계의 경계 구분에 혼돈을 보인다면 '매트릭스신드롬(matrix syndrome)'입니다. 1999년 개봉한 할리우드 영화 매트릭스에서 창조된 세계 매트릭스는 수학적 기반으로 제공되는 일상 환경입니다. 주인공 네오는 실재인 줄 알았던 현실 세계가 사실은 컴퓨터가 만든 가상세계임을 알게 되면서 큰 혼돈에 빠집니다. 우리 학생들이 또 다른 '네오'입니다. 이들이 혼돈 없이 현실세계의 인재로 '리로드(reload)'되도록 이끌어야 합니다.

제4차 산업혁명의 진전에 따라 세상이 정보화 사회로 급격하게 이동하고 있습니다. 이런 변화가 인류문명의 진보라는 측면에서는 당연한 일이고 거역할 수 없는 흐름이자 발전임에 틀림없지만 그 아래 필연적으로 소외되고 그늘 드리워지는 약자들이 있을 수밖에 없습니다.

노매드(Nomad)란 단어가 있습니다. 몽골이나 아프리카, 아라비아에서 사막과 초원을 떠돌며 삶을 이어가는 유목민을 말합니다. 그들은 정착지가 없는 사람으로서 음식을 얻거나 가축을 위해 목초지를 찾아서 이동생활을 합니다.

노매드가 정착하지 않고 떠돌아다니는 유목민이라면 자동차와 첨단 경보통신기기를 가지고 시공간을 넘나드는 21세기 신인류를 디지털 노매드 (Digital Nomad)라고 한다지요? 그들은 매일 먹는 밥처럼 자연스럽게 디지털 아이템을 가지고 다닙니다. 당신도 이미 그렇다고요? 당신을 포함한 이 땅의 젊은이들은 이미 디지털 노매드 족입니다. 세상이 발전할수록 노매드는 자연스런 현상이 될 것이고, 디지털과 결합한 이 땅의 젊은이들은 국내외를 구분하지 않고 자유자재로 옮겨 다니면서 디지털 노매드 족으로 살아갈 것입니다.

전통적 노매드는 사막과 목초지를 이동하는 유목민이지만 경제활동을 위해 나라와 나라를 이동하는 이주민들로 현대의 노매드가 세상에 넘칩니다. 건설현장에서 땀 흘리는 건설노동자, 어선에서 열심히 그물질 하는 어부, 하우스 농작물을 수확하는 농부, 가구공장, 주물공장, 조립공장에서 바쁜 손을 더 바쁘게 움직이는 공장노동자 등 생산과 경제활동의 최일선에 수많은 외국인 노동자들이 있습니다. 그리고 그들의 가족도 점점 늘어나고 있습니다. 이런 추세는 앞으로도 심화될 것이고, 일정 세월이 흐르면 외국 출신 노매드 족이 자연스럽게 우리 이웃으로 함께 살아가게 될 것이며 세상은 노매드와 디지털 노매드로 가득 찰 것입니다. 학교에서는 다양한 피부색의 학생들을 만나게 되겠지요. 그것이 우리가 불원간에 마주칠 학교의 미래입니다. 당연히 지금까지와는 확연히 다른 수많은 과제가 주어질 것입니다. 교사는 단순히 시험지로 산출한 성적표가 아닌 학생 개개인의 개성과 가능성을 보고 판단하고, 가르치고, 특히 소수 약자가 보살핌 받지 못해 그늘 속에서 시들지 않도록 해야 합니다. 학교 밥을 먹으려고 정오쯤에야 겨우 등교하는 학생을 범생이와 같은 기준으로 지도할 수 없습니다. 학교급식이 그에게는 하루 딱 한 끼의 제대로 된 식사일지 모르니 등교 사실 자체가 너무나 감사한 일입니다.

누가 됐건 인생이란 열어봐야 비로소 알맹이의 정체를 알 수 있는 초콜릿 상자처럼 우리가 가르치는 젊은이들이 장차 보석이 될지 쓸모없는 막돌이 될지는 끝까지 지켜봐야 알겠지만, 바보란 타고나는 것이 아니라 바보짓 하는 자이고, 운명도 자신이 개척하는 것이라는 영화 속 대사에 무릎을 칩니다. 미래의 주인공들을 돌보고 가르치는 우리는 그들이 예외 없이 황홀한 보석으로 탄생할 귀중한 원석임을 알아보는 혜안을 가지도록 끊임없이 노력해야 할 의무가 있고, 그래서 언제나 희망을 노래해야 합니다.